高 等 学 校 省 级 规 划 教 材
卓越工程师教育培养计划土木类系列教材

建设工程项目管理

主　编　郭建营

副主编　陈安英　于竞宇

合肥工业大学出版社

图书在版编目(CIP)数据

建设工程项目管理/郭建营主编．—合肥：合肥工业大学出版社，2017.4
ISBN 978-7-5650-3291-2

Ⅰ.①建… Ⅱ.①郭… Ⅲ.①基本建设项目—项目管理—高等学校—教材
Ⅳ.①F284

中国版本图书馆CIP数据核字(2017)第044754号

建设工程项目管理

主编 郭建营　　责任编辑 陆向军 刘 露

出 版	合肥工业大学出版社	**版 次**	2017年4月第1版
地 址	合肥市屯溪路193号	**印 次**	2017年4月第1次印刷
邮 编	230009	**开 本**	787毫米×1092毫米 1/16
电 话	综合编辑部：0551-62903028	**印 张**	13
	市场营销部：0551-62903198	**字 数**	312千字
网 址	www.hfutpress.com.cn	**印 刷**	安徽昶颉包装印务有限责任公司
E-mail	hfutpress@163.com	**发 行**	全国新华书店

ISBN 978-7-5650-3291-2　　定价：26.00元

前　言

建设工程项目管理是将现代工程技术、管理科学的基本原理，现代计算技术和建设工程项目的自身特点及工程建设实践相结合的一门综合性学科。“建设工程项目管理”课程作为土木工程类专业的一门专业通识基础课，课程设置的目的是培养学生在掌握工程技术的专业知识基础上，能主动从实现项目目标角度出发，认识工程项目系统，并能综合运用项目管理方法对项目进行控制和协调。

在人类发展的历史长河中，人类的智慧在土木工程行业得到不断的应用和发展，建设工程项目管理的概念也很早就被人们所运用。从中国古代长城、埃及金字塔、古罗马的供水渠、都江堰工程到现代社会的综合性大型项目的建设，无不贯穿着建设工程项目管理的理念。在当今社会中，一切都是项目，一切也将成为项目。有项目就要进行项目管理。现代建设工程项目管理理论的建立和发展充分利用现代先进技术手段，将知识管理等先进的管理理念与科学严谨的工程项目管理方法有机结合，既发挥了工程项目管理方法上的优势，又为传统的项目管理插上了知识管理的翅膀。现代社会的项目管理更加面向市场和竞争，更注重人的因素、注重客户的利益，更注重人性化和柔性管理。

本书根据“卓越工程师教育培养计划”通用标准编写，以最新行业规范为基础，结合新时期社会经济的发展，以培养学生的卓越工程师能力和素质为目标。本书以建设工程项目为对象，以建设工程项目整个寿命期为主线，主要内容包括建设工程项目管理概论、建设工程项目组织、建筑工程项目成本与投资控制、建设工程项目进度管理与控制、建设工程项目质量管理与控制、建设工程项目职业健康安全与环境管理、建设工程合同管理、建设工程项目信息管理等内容。

本书由合肥工业大学郭建营（第1章、第6章、第7章）、陈安英（第2章、第5章）、于竞宇（第3章、第4章、第8章）编写，全书由郭建营统稿。

本书编写过程中参考了本学科相关专家学者的出版文献，并在书后一一列出，在此深表感谢。由于编者学识水平所限，书中难免有谬误之处，恳请读者批评指正。

编　者

2017年4月

前言

目　录

第 1 章　建设工程项目管理概论

1.1　建设工程项目和项目管理

1.1.1　项目与项目管理的概念

1. 项目的定义

在人类的社会生活中，项目作为人类活动的内容组成，有着久远的历史。关于“项目”(Project)的定义，许多标准化组织和管理方面的专业人士给出了不同的解释。

国际标准《项目管理质量指南 ISO 10006》给出的项目的定义是：“由一系列具有开始和结束日期、相互协调和控制的活动组成的，通过实施而达到满足时间、费用和资源等约束条件目标的独特的过程。”它给出的项目的含义有以下内容：

(1)一个单个项目可以是一个大项目结构的组成部分。

(2)对某些类型的项目，项目的目标和产品特性要随项目的进展逐步精确和确定。

(3)一个项目的结果可以是一个或几个项目产品。

(4)组织是临时的，并且只存在于项目寿命期内。

(5)项目活动之间的相互关系可能是复杂的。

美国项目管理协会(Project Management Institute，PMI)的项目管理知识体系(PMBOK)给出的项目定义为：“项目是为了创造某一独特的产品或服务所做的临时性的工作(A project is a temporary endeavor undertaken to create a unique product or service)。”每个项目都创造出独特的产品、服务或成果，项目的产出可能是有形的，也可能是无形的。

德国国家标准 DIN 69901 对项目的定义是：“项目是指在总体上符合如下条件的具有唯一性的任务：①具有预定的目标；②具有时间、财务、人力和其他限制条件；③具有专门的组织。”

项目的例子包括(但不限于)：

(1)开发一种新的产品、服务或成果。

(2)改变一个组织的结构、流程、人员配备或风格。

(3)开发或购买一套新的或改良后的信息系统(硬件或软件)。

(4)执行一项研究，其结果将被恰当地记录。

(5)建造一座大楼、工厂或基础设施。

(6)实施、改造或提升现有的业务流程和程序。

2. 项目的特性

“在当今之社会，一切都是项目，一切也将成为项目。”项目的概念存在于社会生活的各个领域，在不同的行业和领域，项目自身有着独特的重要位置。项目的重要性赋予了它能够占有资源，并有着其固定的目标。

从项目管理的角度，项目作为一个专门术语，它具有如下几个基本特点：

(1)项目必须有明确特定的目标,质量(工作标准、功效)、进度、成本是项目普遍的目标组成(图1-1)。

(2)项目是在一定的限制条件下进行的,项目所利用的资源是有限的,所以有着包括资源条件的约束(人力、财力和物力等)和人为的约束。

(3)项目是独特的(unique),由于目标、环境、条件、组织和过程等方面的特殊性,不存在两个完全相同的项目,即项目不可能重复。

(4)项目具有时间限制的生命周期(temporary),任何项目都有其明确的起点时间和终点时间,它是在一段有限的时间内存在的。项目先后衔接的各个阶段的全体一般称为项目生命期。项目生命期一般由启动、计划、控制实施、结束四个阶段。

(5)项目在组织活动互相发生作用,项目的工作存在冲突和相互依赖。

(6)项目有着不确定性,多数项目在进行过程中,往往有许多不确定的因素。

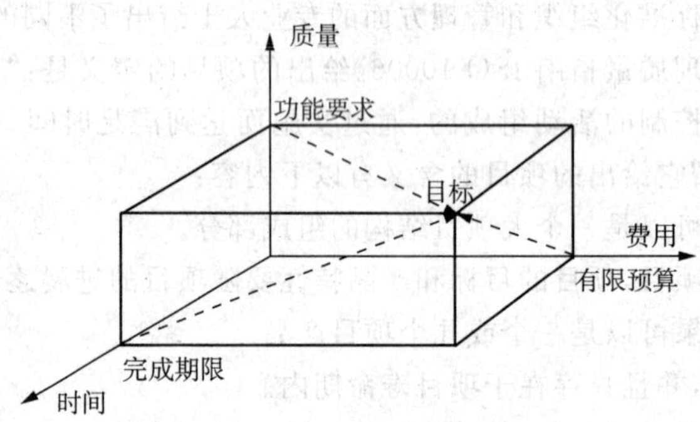

图1-1　项目的目标系统

3. 项目管理

项目管理就是以项目为对象的系统管理方法,通过一个临时性的、专门的柔性组织,对项目进行高效率的计划、组织、指导和控制,以实现项目全过程的动态管理和项目目标的综合协调与优化。项目管理通过把各种知识、技能、工具和技术应用于项目活动中,以达到项目的要求。

PMBOK把项目管理定义为:通过运用现代化的管理技术,在整个项目中,指导和协调人力和物资资源以达到预定的范围、成本、时间、质量和参与者满意目标的艺术。项目管理既是科学,又是艺术;它是对变化的管理,是一门学科、专业、职业,也是一种理念、一种方法。

项目管理的范围比较广,其内容涉及各个方面如:新产品开发、研制项目,技术改造项目,世界银行及其他国际贷款项目,IT项目,投资项目等。它包括在一个连续的过程中为达到项目目标对项目所有方面所进行的规划、组织、监测和控制等。

1.1.2　建设工程项目

1. 建设工程项目

《辞海》(1999年版)中"建设项目"的定义为:"在一定条件约束下,以形成固定资产为目标的一次性事业。一个建设项目必须在一个总体设计或初步设计范围内,由一个或若干个互有内在联系的单项工程所组成,经济上实行统一核算,行政上实行统一管理。"

建设工程项目管理规范(GB/T 50326—2006)定义建设工程项目(construction

project)：为完成依法立项的新建、扩建、改建等各类建设工程而进行的、有起止日期的、达到规定要求的一组相互关联的受控活动组成的特定过程，包括策划、勘察、设计、采购、施工、试运行、竣工验收和考核评价等，简称为项目。

通常建设项目是指为了特定目标而进行的投资建设活动；建设工程项目也称为投资建设项目，又简称为工程项目(以下均简称工程项目)，其内涵如下：

(1)建设工程项目是一种包含投资行为和建设行为的项目，其目标是形成固定资产。建设工程项目建设就是将投资转化为固定资产的经济活动过程。

(2)“一次性事业”即一次性任务，表示项目的一次性特征。

(3)“经济上实行统一核算，行政上实行统一管理”，表示项目是在一定的组织机构内进行，项目一般由一个组织或几个组织联合完成。

(4)对一个工程项目范围的认定标准，是具有一个总体设计或初步设计。凡属于一个总体设计或初步设计的项目，不论是主体工程还是相应的附属配套工程，不论是由一个还是由几个施工单位施工，不论是同期建设还是分期建设，都视为一个工程项目。

2. 建设工程项目的特点

建设工程项目既具有一般项目的基本特点外，又有着其自身的特点，主要表现在以下几个方面。

(1)建设工程项目具有明确的建设任务，如建设一个住宅小区或建设一座发电厂等。

(2)建设工程项目具有明确的质量、进度和费用目标。

(3)建设工程项目建设成果和建设过程固定在某一地点。

(4)建设工程项目产品具有唯一性的特点。

(5)建设工程项目产品具有整体性的特点。

(6)建设工程项目管理的复杂性，工程项目的过程一般比较复杂。其复杂性主要表现在：涉及的单位多，各单位之间关系协调的工作量比较大，难度也大；伴随着工程技术的不断提高，出现了许多新技术、新材料和新工艺，技术复杂性不断提高；大中型工程项目往往建设规模都比较大；社会、政治和经济环境对工程项目的影响大，特别是对一些跨地区、跨行业的大型工程项目的影响，越来越复杂。

3. 建设工程项目的类型

工程建设项目类型也比较多，表1-1给出了按照项目规模、复杂程度、项目结果和行业等常见的分类。

表1-1　建设工程项目的类型

分类依据	项目分类
项目规模	大型项目、中等项目、小项目
复杂程度	复杂项目、简单项目
项目结果	结果为产品的项目、结果为服务的项目
所属行业	农业项目、工业项目、投资项目、教育项目、社会项目
用户状况	有明确用户的项目、无明确用户的项目

1.1.3 建设工程项目管理

工程项目管理的含义有多种表述，英国皇家特许建造学会(CIOB)对其作了如下的表述：自项目开始至项目完成，通过项目策划(Project Planning)和项目控制(Project Control)，以使项目的费用目标、进度目标和质量目标得以实现。此解释得到许多国家建造师组织的认可，在工程管理业界有相当的权威性。

在上述表述中(图1-2)：

(1)"自项目开始至项目完成"指的是项目的实施期；

(2)"项目策划"指的是目标控制前的一系列筹划和准备工作；

(3)"费用目标"对业主而言是投资目标，对施工方而言是成本目标。项目决策期管理工作的主要任务是确定项目的定义，而项目实施期项目管理的主要任务是通过管理使项目的目标得以实现。

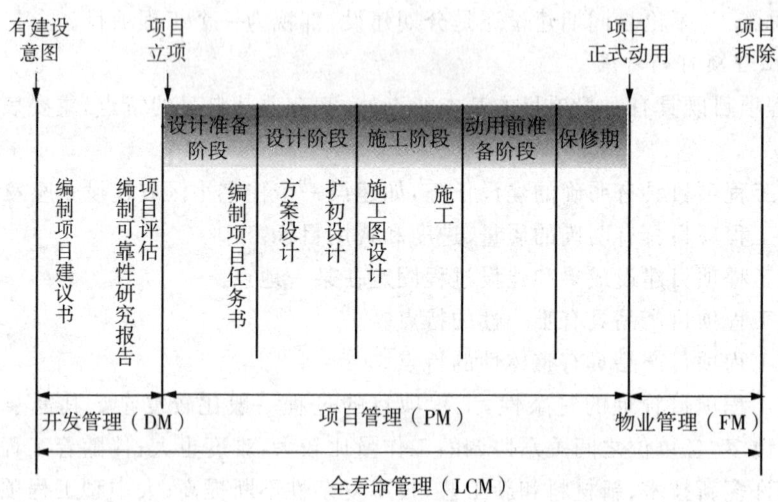

图1-2　工程项目的决策阶段和实施阶段

《建设工程项目管理规范(GB/T50326—2006)》定义建设工程项目管理(construction project management)为：运用系统的理论和方法，对建设工程项目进行的计划、组织、指挥、协调和控制等专业化活动，简称为项目管理。

一个工程项目往往由许多参与单位承担不同的建设任务，而各参与单位的工作性质、工作任务和利益不同，因此就形成了不同类型的项目管理。

建设工程项目管理是工程管理(Professional Management in Construction)的一个部分，在整个工程项目全寿命中，决策阶段的管理是DM——Development Management(尚没有统一的中文术语，可译为项目前期的开发管理)，实施阶段的管理是项目管理PM——Project Management，使用阶段(或称运营阶段)的管理是FM——Facility Management，即设施管理(图1-3)。

"工程管理"作为一个专业术语，其内涵涉及工程项目全过程的管理，即包括DM、PM和FM，并涉及参与工程项目的各个单位的管理，即包括投资方、开发方、设计方、施工方、供货方和项目使用期的管理方的管理，如图1-4所示。

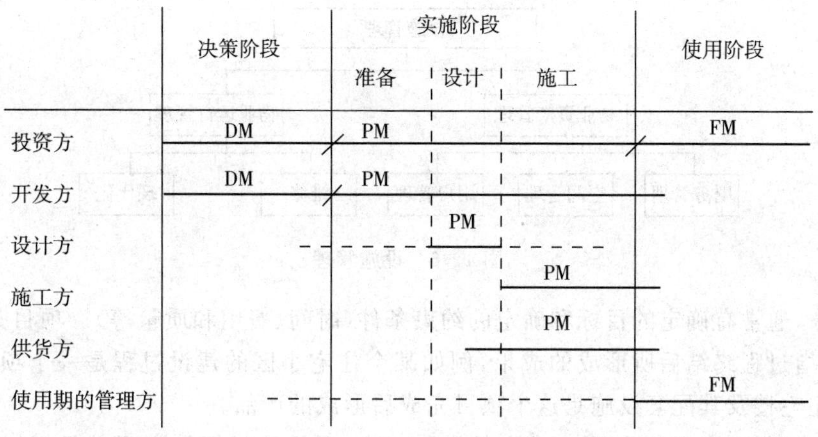

图 1-3　DM、PM 和 FM

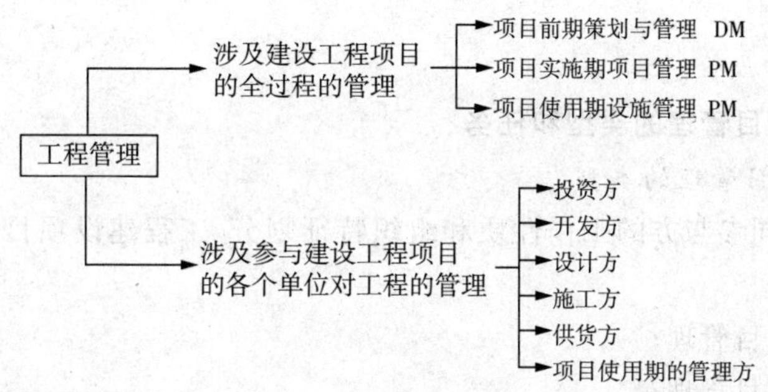

图 1-4　工程管理

建设工程管理的核心任务是为工程建设增值，工程管理工作是一种增值服务工作。其增值主要表现在两个方面：为工程建设增值，为工程使用(运行)增值(图 1-5)。

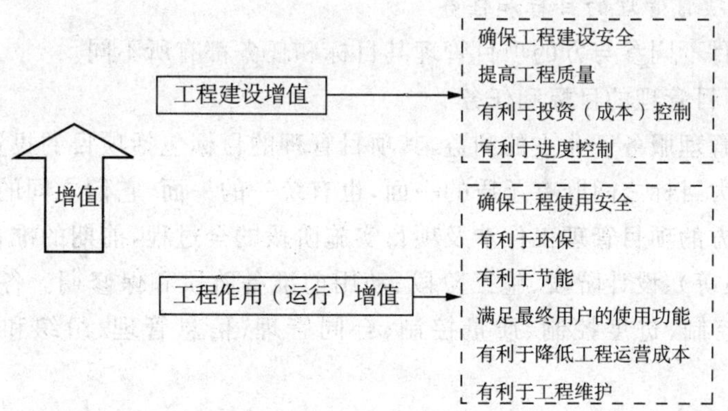

图 1-5　工程管理的增值

国际设施管理协会(IFMA)所确定的设施管理的含义，它包括物业资产管理和物业运行管理，这与我国物业管理的概念尚有差异(图 1-6)。

区别于 Project，Operation 有着不同的概念：制造业的生产活动往往是连续不断和周而复始的活动，它可称为作业(Operation)。而项目(Project)是一种非常规性、非重复性和一

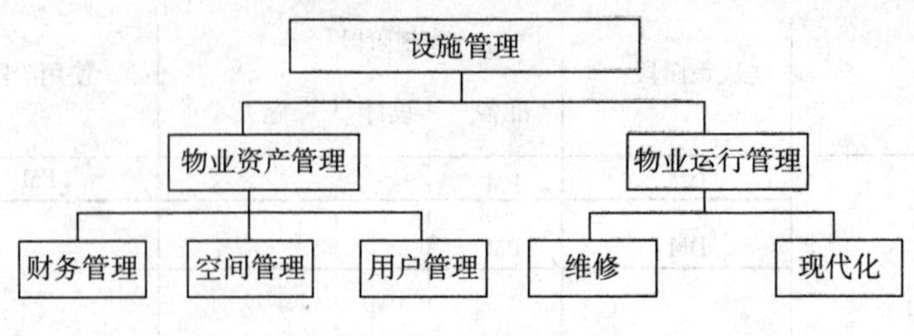

图 1-6 设施管理

次性的任务，通常有确定的目标和确定的约束条件(时间、费用和质量等)。项目是指一个过程，而不是指过程终结后所形成的成果，例如某个住宅小区的建设过程是一个项目，而建设完成后的住宅楼及其配套设施是这个项目完成后形成的产品。

每个组织都为实现某些目标而从事某种工作:项目的目标是实现其目标，然后结束项目。日常运作的目标一般是为了维持运营。共同点:由人来实施、受制于有限的资源、需要计划、执行和控制。

1.1.4 建设工程项目管理的类型和任务

1. 建设工程项目管理的类型

按工程项目不同参与方的工作性质和组织特征划分，工程建设项目管理的类型可以划分为:

(1)业主方的项目管理;

(2)设计方的项目管理;

(3)施工方的项目管理;

(4)供货方的项目管理;

(5)建设项目总承包方的项目管理。

2. 建设工程项目管理的目标和任务

建设工程项目不同参与方的项目管理其目标和任务都有所不同。

(1)业主方项目管理的目标和任务

业主方项目管理服务于业主的利益，其项目管理的目标包括项目的投资目标、进度目标和质量目标。三大目标之间既有矛盾的一面，也有统一的一面，它们之间的关系是对立又统一的关系。业主方的项目管理工作涉及项目实施阶段的全过程，前期的准备阶段(包括可行性研究、项目决策等)、设计阶段、施工阶段、动用前准备阶段和保修期。各个阶段分别进行安全管理、投资控制、进度控制、质量控制、合同管理、信息管理、组织和协调，见表 1-2 所列。

表 1-2 业主方项目管理的任务

	设计前的准备阶段	设计阶段	施工阶段	动用前准备阶段	保修期
安全管理					
投资控制					

（续表）

	设计前的准备阶段	设计阶段	施工阶段	动用前准备阶段	保修期
进度控制					
质量控制					
合同管理					
信息管理					
组织和协调					

注：表有7行和5列，构成业主方35个分块项目管理的任务。其中安全管理是项目管理中的最重要的任务，因为安全管理关系到人身的健康与安全，而投资控制、进度控制、质量控制和合同管理等则主要涉及物质的利益。

(2)设计方项目管理的目标和任务

设计方的项目管理目标包括设计的成本目标、设计的进度目标和设计的质量目标，以及项目的投资目标。设计方项目管理的任务包括：

① 与设计工作有关的安全管理；

② 设计成本控制和与设计工作有关的工程造价控制；

③ 设计进度控制；

④ 设计质量控制；

⑤ 设计合同管理；

⑥ 设计信息管理；

⑦ 与设计工作有关的组织和协调。

(3)施工方项目管理的目标和任务

施工方项目管理的目标包括施工的成本目标、施工的进度目标和施工的质量目标。施工方项目管理的任务包括：

① 施工安全管理；

② 施工成本控制；

③ 施工进度控制；

④ 施工质量控制；

⑤ 施工合同管理；

⑥ 施工信息管理；

⑦ 与施工有关的组织与协调。

(4)供货方项目管理的目标和任务

供货方项目管理的目标包括供货方的成本目标、供货的进度目标和供货的质量目标。供货方项目管理的任务包括：

① 供货的安全管理；

② 供货方的成本控制；

③ 供货的进度控制；

④ 供货的质量控制；

⑤ 供货合同管理;

⑥ 供货信息管理;

⑦ 与供货有关的组织与协调。

(5)建设项目总承包方项目管理的目标和任务

建设项目总承包方项目管理的目标包括项目的总投资目标和总承包方的成本目标、项目的进度目标和项目的质量目标。建设项目总承包方项目管理的任务包括:

① 安全管理;

② 投资控制和总承包方的成本控制;

③ 进度控制;

④ 质量控制;

⑤ 合同管理;

⑥ 信息管理;

⑦ 与建设项目总承包方有关的组织和协调。

1.1.5 建设工程项目管理的全过程

建设工程项目全过程包括建设工程项目的决策阶段、设计阶段、项目实施阶段、试车运行和项目竣工验收、项目使用以及项目的后评价等阶段,建设工程项目全生命期的管理是建设工程项目管理新的发展方向。

建设工程项目全过程每个阶段有着每个阶段的特点,每个阶段的项目管理的任务也不一样。在工程项目决策阶段,针对项目进行可行性分析和项目策划,提交可行性研究报告;在工程项目前期设计阶段,完成工程初步设计、技术设计等工作;在工程项目实施阶段,进行项目招标投标、施工图设计、材料及设备的采购、工程施工和试运行、竣工验收等任务。一个完整建设生命周期的建设工程是一个项目,项目周期就是一个项目的若干个有机联络的阶段,这些阶段的划分也等于是将项目细分的一步,便于管理,每个阶段对工程项目进行质量、安全、进度、费用、合同、信息等管理和控制。图 1-7 为世界银行项目周期。

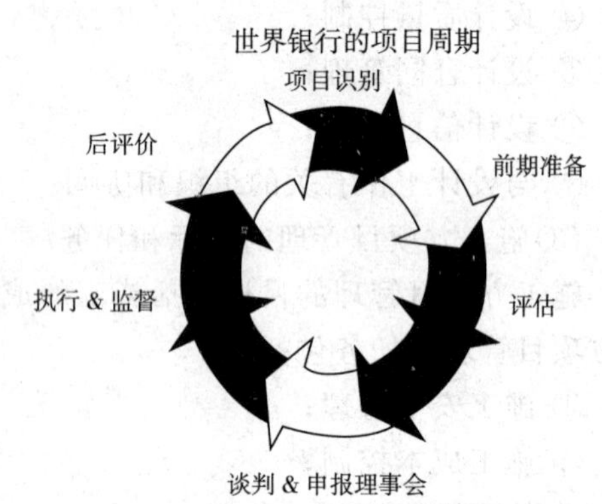

图 1-7 世界银行的项目周期

我国建设项目的全生命周期,也是包括项目的设想提出、决策、准备、实施、运营和关闭等阶段,项目“建设”周期内的管理包括决策、准备、实施、竣工相应阶段。图 1-8 所示为按照投资项目建设周期将项目若干阶段、每个阶段的主要工作和可交付成果、每个阶段的工作量(投入)的大小状况。

建设工程项目生命期有下述特点:费用和人力投入开始比较低,然后逐渐升高,在项目的实施、控制阶段达到最高峰。此后逐渐下降,直到项目的终止。项目开始时风险和不确定性最高,随着任务一项项的完成,不确定因素逐渐减少,项目成功完成的概率将会逐渐增加。随着项目的进行,项目变更和改正错误所需要的花费将随着项目生命期的推进而激增。项目干系人的影响逐步降低。

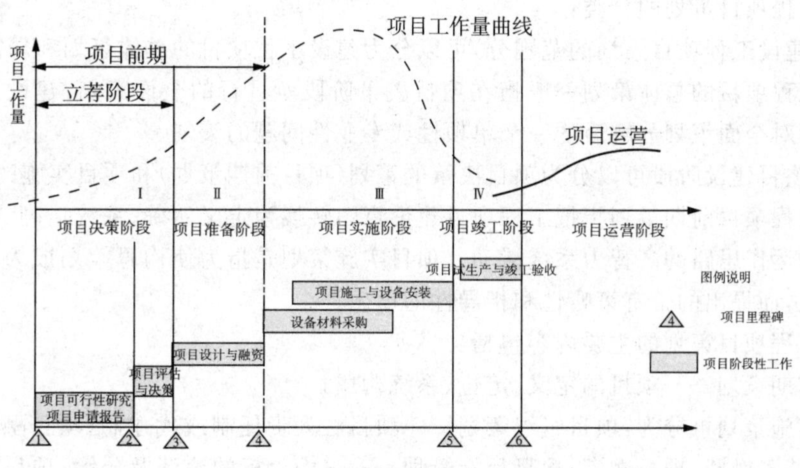

图1-8　建设项目的建设周期

1.2　建设工程项目策划

1.2.1　建设工程项目策划的基本概念

项目策划指的是在充分占有信息的基础上，针对项目决策的问题进行组织、管理、经济和技术方面的科学分析和论证，其目的是为项目的决策增值。

建设工程项目策划指的是在调查研究和收集资料、充分占有信息的基础上，对项目的决策、实施和生产运营，或决策、实施及生产运营的某个问题，进行组织、管理、经济和技术等方面的科学分析和论证，旨在为项目建设进行决策并实施增值。它是把建设意图转换成定义明确、系统清晰、目标具体且具有策略性运作思路的高智力的系统活动。

在建设领域内项目策划人员根据建设业主总的目标要求，从不同的角度出发，通过对建设工程项目进行系统分析，对建设活动的总体战略进行运筹规划，对建设活动的全过程作预先的考虑和设想，以便在建设活动的时间、空间、结构三维关系中选择最佳的结合点重组资源和展开项目运作，为保证项目在完成后获得满意可靠的经济效益、环境效益和社会效益而提供科学的依据。建设工程项目策划使项目建设在人类生活和工作的环境保护、建筑环境、项目的使用功能和建设质量、建设成本和经营成本、社会效益和经济效益、建设周期、建设过程的组织和协调等方面得以增值。

建设工程项目策划的过程是专家知识的组织和集成，以及信息的组织和集成的过程，其实质是知识管理的过程，即通过知识的获取，经过知识的编写、组合和整理，而形成新的知识。

建设工程项目策划是一个开放性的工作过程，需整合多方面专家的知识，包括：组织知识、管理知识、经济知识、技术知识、设计经验、施工经验、项目管理经验、项目策划经验等。

建设工程项目策划的作用有：明确构思项目系统框架、奠定项目决策基础、为项目决策提供保证、形成项目的竞争优势、是项目计划的依据、项目成果预测的作用、指导项目管理工作作用。

建设工程项目策划的分类：

(1)按建设工程项目策划的范围分，可以分为建设工程项目的总体策划和局部策划。

建设工程项目的总体策划一般指在项目决策阶段所进行的全面策划；建设工程项目局部策划是指对全面策划分解后的一个单项性或专业性问题的策划。

(2)按项目建设阶段可以分为项目决策的策划(项目前期策划)和项目实施的策划。

建设工程项目前期策划指把工程项目建设意图转换为定义明确、系统清晰、目标具体且具有策略性运作思路的高智力系统活动。项目实施策划是指为使构思策划成为现实可能性和可操作性，而提出的带有策略性和指导性的设想。

建设工程项目策划的主要内容包括：

项目前期策划——项目的定义、定位、系统构成。

项目实施策划可分为：项目组织策划——项目法人责任制或代建制；项目融资策划——股权融资、债务融资、项目融资；项目目标策划——三大目标的论证及分解；项目目标控制策划——招标策划、合同选择、组织机构设置、工作制度安排、人员职责分工、应急预案建立等。

1.2.2 建设工程项目前期策划

1. 建设工程项目前期策划概述

建设工程项目前期策划阶段指的是指工程项目的构思到项目批准、正式立项为止的阶段。项目前期策划的主要任务是：寻找并确立项目目标，定义项目，并对项目进行详细的技术经济论证，使整个项目建立在可靠的、坚实的、优化的基础之上。

建设工程项目决策阶段策划的基本内容包括：

(1)建设环境和条件的调查与分析：包括自然环境、建筑环境(建筑能源、基础设施，建筑风格、建筑主色调等)、市场环境、政策环境、宏观经济环境等。

(2)项目建设目标论证与项目定义：开发或建设目的/宗旨/指导思想；项目的规模、组成、功能和标准的定义；总投资的规划论证；开发或建设周期。

(3)与项目决策有关的组织、管理和经济方面的论证与策划：组织策划包括项目组织结构分析、决策期的组织结构、决策期任务分工和管理职能分工、决策期的工作流程、项目编码体系分析；管理策划包括建设期管理总体方案、运行期设施管理总体方案、经营管理总体方案；合同策划包括决策期的合同结构、决策期的合同内容和文本、建设期的合同结构总体方案。

(4)与项目决策有关的技术方面的论证与策划：经济策划包括项目开发或项目建设的成本分析、项目效益分析、融资方案、编制资金需求量计划。技术策划包括技术方案分析和论证、关键方案的分析和论证、技术标准和规范的应用与指定等。

(5)项目决策的风险分析。

建设工程项目前期策划的过程和主要工作如图 1－9 所示，图中 D 为决策点。

项目前期策划应注意的问题：

(1)在整个过程中必须不断地进行环境调查，并对环境发展趋向进行合理的预测。

(2)在整个过程中有一个多重反馈的过程，要不断地进行调整、修改、优化，甚至放弃原定的构思、目标或方案。

(3)在项目前期策划过程中阶段决策是非常重要的。在整个过程中必须设置几个决策点,对阶段工作结果进行分析、选择。

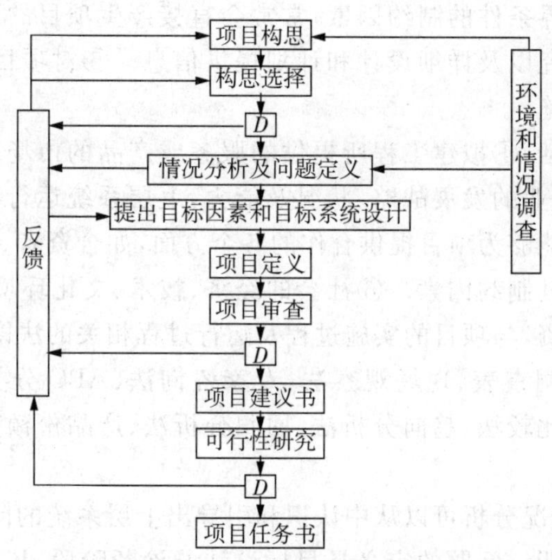

图1-9　项目前期策划过程

2. 工程项目的构思

构思的产生:项目的构思是对项目机会的寻求,通常出自项目的上层系统(企业、国家、部门)的现存需求、战略、问题和可能性。项目构思是项目的起源。

项目构思的起因在于下述几个方面:

(1)通过市场研究发现新的投资机会、有利的投资地点和投资领域。如:用于开拓新市场、扩大市场占有份额或者出现新技术、新工艺和新的专利产品的情况等。

(2)解决上层系统运行出现的问题(社会、经济存在的问题)。如:解决交通拥挤、住房紧张、产品陈旧、能源紧张或者考虑国民经济发展计划、地区发展计划、部门计划、产业结构、产业政策和经济状况的改善等。

(3)为实现上层系统的发展战略。上层系统的战略目标通过项目而实现。

(4)项目业务的需要,如:完成一份招标广告的工程信息等。

(5)通过生产要素的合理组合,产生项目机会。

(6)创新、企业资产重组等其他一些因素产生的项目机会。

项目构思的产生在项目策划甚至项目管理过程中是十分重要的,虽然在初期可能只是一个点子,但它可以为上层决策者提供一个决策的方向。

项目构思的选择在于解决问题的需求和现实性,它受到环境的制约和充分利用资源影响,利于发挥自己的长处和能力。

3. 项目目标设计

项目目标设计过程如下:

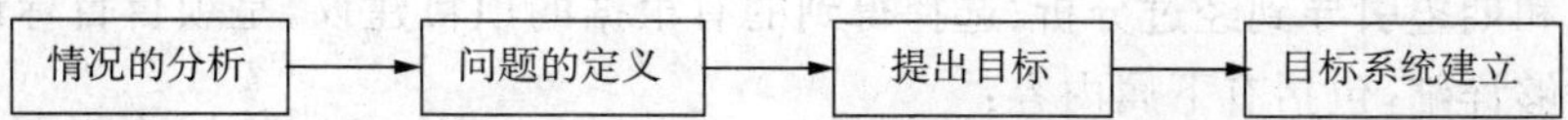

情况的分析是在项目构思的基础上对环境和上层系统状况进行调查、分析和评价。情

况分析的作用有:①进一步研究和评价项目的构思的实用性的,使目标建议更符合上层系统的需求。②对上层系统的目标和问题进行定义,从而确定项目的目标因素。③确定项目的边界条件状况。这些边界条件的制约因素,常常会直接产生项目的目标因素。④为目标设计、项目定义、可行性研究以及详细设计和计划提供信息。⑤对项目中风险进行分析,并对风险提出相应的防护措施。

情况分析的内容包括:①拟建工程所提供的服务或产品的市场现状和趋向的分析。②上层系统的组织形式、企业的发展战略、状况及能力,上层系统运行存在的问题。③企业所有者或业主的状况。④能够为项目提供合作的各个方面,如合资者、合作者、供应商、承包商的状况。⑤自然环境及其制约因素。⑥社会的经济、技术、文化环境,特别是市场问题的分析。⑦政治环境和与投资,与项目的实施过程及运行过程相关的法律和法规。

情况分析可以采用调查表、现场观察法、专家咨询法、ABC 分类法、决策表、价值分析法、敏感性分析法、企业比较法、趋向分析法、回归分析法、产品份额分析法和对过去同类项目的分析方法等。

问题的定义,经过情况分析可以从中认识和引导出上层系统的问题,问题的定义就是将这些问题进行定界和说明。问题的定义是目标设计的诊断阶段,从问题的定义中确定项目的任务。其工作步骤:包括对上层系统的问题进行罗列、结构化,对原因进行分析,将症状与背景、起因联系在一起,分析这些问题将来发展的可能性和对上层系统的影响。

项目目标系统结构的建立。就一个项目的目标而言,其目标不是单一的,而是一个复杂的系统,项目目标确定后应根据目标结构和性质等建立一个目标系统。项目目标系统至少有如下三个层次:①系统目标,通常有功能目标、技术目标、经济目标、社会目标、生态目标;②子目标,为系统目标的说明、补充;③可执行目标,为子目标的细化。

目标因素的分类按性质和目标因素的表达进行分类。按性质,目标因素可以分为:①强制性目标,即必须满足的目标因素,通常包括法律和法规的限制、官方的规定、技术规范的要求等;②期望的目标,即尽可能满足的,有一定范围弹性的目标因素。按照目标因素的表达,它们又可以分为:①定量目标,即能用数字表达的目标因素;②定性目标,即不能用数字表达的目标因素。

目标因素之间会存在争执。当强制性目标与期望目标发生争执,则首先必须满足强制性目标的要求。如果强制性目标因素之间存在争执,则说明本项目存在自身的矛盾性,可能有两种处理:①判定这个项目构思是不行的,必须重新构思;②消除某一个强制性目标,或将它降为期望目标。对于期望目标因素的争执,如果定量的目标因素之间存在争执,可以采用优化的办法,追求技术经济指标最有利(如收益最大、成本最低)的解决方案;定性的目标因素的争执可通过确定优先级或定义权重,寻求妥协和平衡,或将定性目标转化为定量目标进行优化。在目标系统中,系统目标优先于子目标,子目标优先于可操作目标。

4. 项目的定义

项目定义是指以书面的形式描述项目目标系统,并初步提出完成方法。它是将原直觉的项目构思和期望引导到经过分析、选择得到的有根据的项目建议,是项目目标设计的里程碑。它应足够详细,包括有下属内容:

(1)提出问题,说明问题的范围和问题的定义;

(2)说明解决这些问题对上层系统的影响和意义;

(3)项目构成和定界，说明项目与上层系统其他方面的界面，确定对项目有重大影响的环境因素；

(4)系统目标和最重要的子目标、近期、中期、远期目标，对近期目标应定量说明；

(5)边界条件，如市场分析、所需资源和必要的辅助措施、风险因素；

(6)提出可能的解决方案和实施过程的总体建议，包括方针或总体策略、组织方面安排和实施时间总安排；

(7)经济性说明，如投资总额、财务安排、预期收益、价格水准、运营费用等。

5. 项目可行性研究与项目评价

可行性研究(Feasibility Study)，是指在调查的基础上，通过市场分析、技术分析、财务分析和国民经济分析，对投资项目的技术、经济、工程、环境等的可行性进行综合评价，从而提出项目是否值得投资和如何进行建设的可行性意见，为项目决策审批提供全面的依据。

项目可行性研究的依据包括：国家有关的发展计划、计划文件，项目主管部门对项目建设要求请示的批复，项目建议书及其审批文件，拟建地区的环境现状资料，市场调查报告，主要工艺和设备技术资料，自然、社会、经济等方面的有关资料等。

可行性研究报告的主要内容包括：

(1)实施纲要；

(2)项目的背景和历史；

(3)市场和工厂生产能力；

(4)材料投入物；

(5)建厂地区和厂址；

(6)工程设计；

(7)工厂组织和管理费用；

(8)人工；

(9)项目建设；

(10)财务和经济评价。

1.2.3　建设工程项目实施阶段的策划

建设工程项目实施期策划包括项目实施策划和运营策划，其主要任务是定义如何组织开发或建设。

项目运营策划包括项目运营方式、运营管理组织、经营机制和项目运营准备等方面的策划，项目运营策划要在项目决策期制定的生产运营期设施管理总体方案和生产运营期经营管理总体方案的基础上进行，不同类型的建设工程项目运营策划存在较大的差别。

项目实施策划是把项目决策付诸实施，形成具有可行性、可操作性和指导性的实施方案。策划内容包括有：项目环境和条件的调查与分析、项目目标的分析和再论证、组织策划、管理策划、合同策划、风险策划、技术策划和经济策划的内容。

项目决策期对项目的总目标进行了分析论证，在项目实施期需要对项目目标进行进一步分析和论证，一是进一步论证目标的可行性，一是对目标进行分解，形成项目管理目标体系，变成可操作性的数据系统，为项目控制服务。包括：①投资目标的分解和论证；②编制项目投资总体规划；③进度目标的分解和论证；④编制项目建设总进度规划；⑤项目功能分解；

⑥建筑面积分配;⑦确定项目质量目标等内容。项目目标的分析和再论证是建设工程项目管理的基础,包括投资目标、进度目标和质量目标的分析和再论证。

1.2.4 建设工程项目的动态控制

建设工程项目实施过程中主客观条件的变化是绝对的,不变则是相对的;在建设工程项目进展过程中平衡是暂时的,不平衡则是永恒的,因此在建设工程项目实施过程中必须随着情况的变化进行项目目标的动态控制。

动态控制,就是通过对过程、目标和活动的跟踪,全面、及时、准确地掌握建设工程信息,将实际目标值和建设工程实际状况与计划目标和状况进行对比,如果偏离了计划和标准的要求,就采取措施纠正,以便计划总目标的实现。这是一个不断循环的过程,直至项目建成交付使用。

控制的基本类型有主动控制和被动控制。

主动控制——首先分析目标偏离的可能性,在目标偏离之前,拟定和采取各种预防性措施。

被动控制——统按计划运行时,管理人员对其进行跟踪,一旦发现出现偏差,立刻制定解决问题的方案并付诸实施。

建设工程项目目标动态控制遵循控制循环理论,是一个动态循环过程。项目目标动态控制原理如图 1-10 所示。

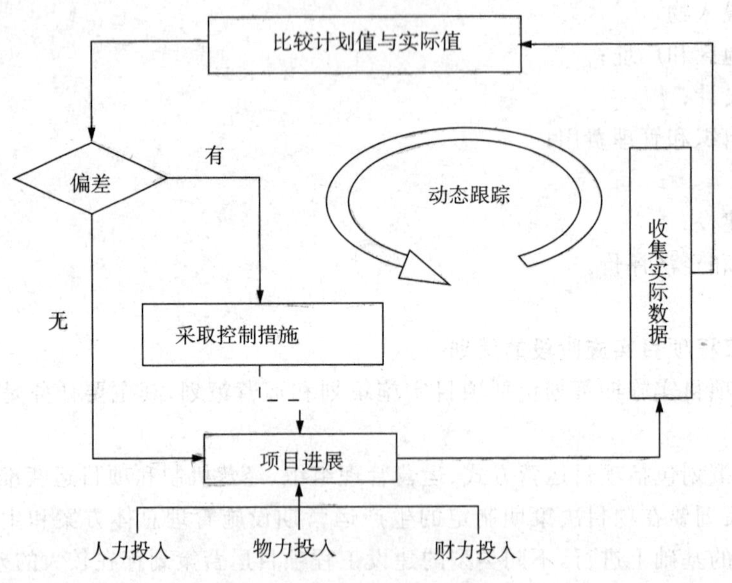

图 1-10 动态控制原理图

动态控制的第一步,是建设工程项目目标动态控制的准备工作,将建设工程项目的目标进行分解,以确定用于目标控制的计划值;进行项目投入,包括人力投入、物力投入、财力投入。

第二步是在建设工程项目实施过程中对建设工程项目目标进行动态跟踪控制,包括:①收集建设工程项目目标的实际值;②定期进行建设工程项目目标的计划值和实际值的比较;③如有偏差,则采取纠偏措施进行纠偏。

第三步，如有必要(即原定的项目目标不合理，或原定的项目目标无法实现)，进行建设工程项目目标的调整，目标调整后控制过程再回复到上述的第一步。

动态控制中的三大要素是目标计划值、目标实际值以及纠偏措施。目标计划值是目标控制的依据和目的，目标实际值是进行目标控制的基础，纠偏措施是实现目标的途径。

目标控制过程中的关键一环是将目标计划值和实际值进行比较分析。这种比较是动态的、多层次的，而目标的计划值与实际值是相对的。

建设工程项目目标动态控制的纠偏措施主要包括：

(1)组织措施。如调整项目组织结构、任务分工、管理职能分工、工作流程组织和项目管理班子人员等。

(2)管理措施。如调整进度管理的方法和手段，改变施工管理方式和强化合同管理等。

(3)经济措施。如落实加快工程施工进度所需的资金等。

(4)技术措施。如调整设计、改进施工方法和改变施工机具等。

建设工程项目目标动态控制的核心是，在建设工程项目实施的过程中定期地进行目标的计划值和实际值的比较，当发现目标偏离时采取纠偏措施。在建设工程项目管理过程中，应根据管理目标的性质、特点和重要性，运用风险管理技术等进行分析评估，将主动控制和动态控制结合起来。

1.3 建设工程项目系统

1.3.1 系统的概念

1.系统的定义

根据系统论的观点，一个系统是由相互关联、相互制约的若干部分结合在一起所组成的不可分割的整体。系统又有子系统，每个子系统又可以细分，所以也可以在系统内部进行划分，这样就有包含关系。较复杂的系统可进一步划分成更小、更简单的子系统，许多系统可组织成更复杂的大系统。例如从全球的角度看国家是大地区的子系统，大地区是国家的大系统。系统可以是平衡的，系统与外界、系统与系统之间存在着关联，按物理学的定义，系统是分析的对象，是从相互作用的物体中划分出来用于分析研究的对象。系统可以处于多种状态，系统每一时刻的状况为一种状态。影响系统状态的因素即系统的参量，它们互相独立，并随时间而变化。系统的活动总是朝着目标前进的。为了达到一个共同的目标，系统需要通过各子系统之间的相互作用，以及与环境的相互作用，持续地调整与环境的关系，达到适应环境的目标，因而必须整体地对待各系统内部与各系统之间的关系。

一般系统论给出的一个能描述各种系统共同特征的一般定义：由若干要素以一定结构形式联结构成的具有某种功能的有机整体。在这个定义中包括了系统、要素、结构、功能四个概念，表明了要素与要素、要素与系统、系统与环境三方面的关系。系统的共同要素(Common elements)(All systems have common elements)包括：输入(input)、输出(output)、过程(throughput or process)、反馈(feedback)、控制(control)、环境(environment)、目标(goal)。

系统是多种多样的，可根据不同原则和情况来划分系统的类型。按人类干预的情况可划分为自然系统、人工系统；按学科领域可分为自然系统、社会系统和思维系统；按范围大小划分则有宏观系统、微观系统；按与环境的关系划分有开放系统、封闭系统、孤立系统；按状态划分有平衡系统、非平衡系统、近平衡系统、远平衡系统，等等。另外，还有大系统、小系统的相对区别。

2. 系统的特性

系统论认为，整体性、综合性、有机关联性、动态平衡性、自组织性以及目的性等，是所有系统的共同的基本特征。

(1)整体性：整体大于部分之和；系统整体性作为系统论的基本原则，首先体现在建立系统目标时，要求系统整体的最佳化。

(2)综合性：系统综合性包括要素综合、层次综合、结构综合、环境综合、功能综合等多个方面的内容，是系统所有方面综合性的统一，系统的发展则是所有方面发展的综合。

(3)有机关联性：系统内部诸因素之间以及系统与环境之间的关联。

(4)动态性：任何系统都随时间不断变化，动态是静态的前提，如，生命有机体保持体内平衡的基础之一是新陈代谢。

(5)自组织性：系统能够自动调节自身的组织、活动的特性，反馈的作用。

(6)目的性：系统活动最终趋向于有序性和稳态。

3. 系统分析的方法

系统工程是为了更好地达到系统目标，而对系统的构成要素、组织结构、信息流动和控制机构等进行分析与设计的技术的总称。并不限于通常的土木、水利、建筑等这一类具体的工程，它是一个广义的概念。系统工程的目的是使系统达到一种整体性的优化指标。

系统分析是系统工程方法的主要环节，系统分析的步骤包括：①规划阶段（形成问题，明确研究对象）；②方案阶段（收集资料，提出可行方案）；③建立分析模型（通过模型模拟仿真，通过比较做出最优决策）；④系统设计（在费用效果分析、不确定分析的基础上提出技术上能实现的优化设计）。

1.3.2 建设工程项目系统

系统的观念强调全局，即考虑建设工程项目的整体性，把建设工程项目目标作为系统，在整体目标优化的前提下进行系统的目标管理，而不是强调单一目标；同时要考虑工程项目各个组成部分的相互联系和制约关系，并在此基础上运行和实施项目。任何一个建设工程项目都有着一个复杂的系统，包含多个要素，具有鲜明的系统特征。

建设工程项目系统具有如下特点：

(1)结合性——任何工程项目系统都是由许多要素组合起来的；

(2)相关性——各子单元间互相联系，互相影响，共同作用，构成严密、有机的整体；

(3)目的性——项目有明确的目标，贯穿于项目的整个过程和项目实施的各方面；

(4)开放性——任何项目都在一定的社会历史阶段、一定的时间和空间中存在；

(5)动态性——项目的各个系统在项目过程中都显示出动态特征；

(6)其他特点：①新颖性；②复杂性；③不确定性。

系统即是各个要素相互作用形成的整体，它是由若干个相互作用和相互依赖的要素组合而成。建设工程项目系统可以根据不同的角度进行划分，也可以基于不同的要素进行分类,如可以将建设工程项目系统可以分为内部系统和外部系统。内部工程系统可以由单项工程、单位工程、分部工程和分项工程等子系统构成;也可以分为主要生产系统、附属生产系统、辅助生产系统、仓储系统,以及行政办公与生活福利设施系统等。而建设工程项目的外部系统可以理解为与工程系统相关联的外部环境系统等。

建设工程项目系统分析通常从系统描述的几个角度划分成:目标系统、对象系统、行为系统和组织系统(图 1－11),它们构成建设工程项目系统的总体框架,各系统之间存在着错综复杂的内在联系,构成了一个完整的项目系统。根据系统原理建立起的建设工程项目系统,要求项目管理者必须树立起系统的观念,并运用系统的观念认识、分析和管理工程项目。

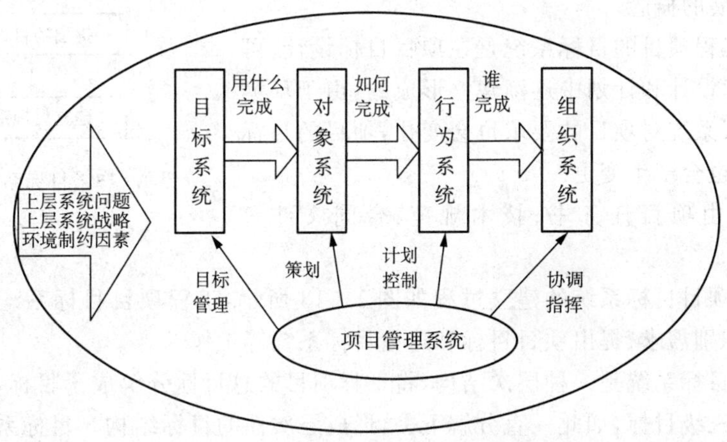

图 1－11　工程项目总体系统模型

1. 建设工程项目系统

(1)目标系统

目标系统是工程项目所要达到的最终状态的描述系统。

建设工程项目的目标体系包括质量目标(Quality)(生产能力、功能、技术标准等)、进度(Time)(工期)目标、费用(Cost)(成本、投资)目标,这“三大目标”构成工程项目的目标系统体系,如图 1－12 所示。

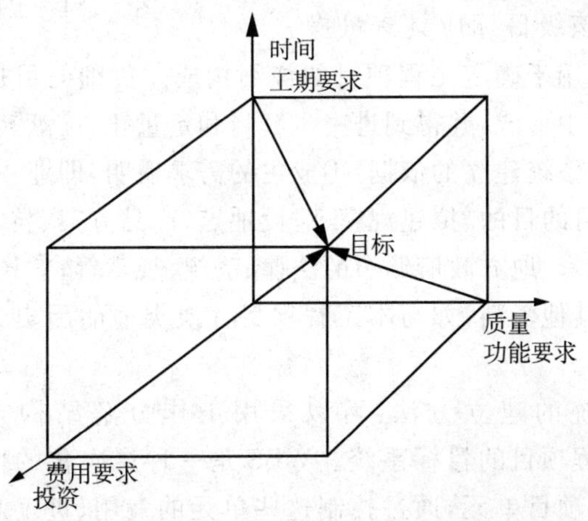

图 1－12　建设工程项目目标系统

由于项目管理采用目标管理方法，因此在前期策划过程中就应建立目标系统，并将其贯穿于项目全过程。工程项目具有明确的目标系统，它是项目管理过程中的一条主线。

工程项目目标系统具有如下特点。

结构层次性：总目标—子目标—可操作目标。

完整性：目标系统应能完整地反映上层系统对项目的要求，特别是强制性目标，目标系统的缺陷会导致工程技术系统的缺陷，计划的失误和实施控制的困难。

目标的均衡性：目标系统追求的最优，在三大目标之间有个均衡发展的概念。

动态性：工程项目的目标系统是在项目目标设计、可行性研究、技术设计和计划中逐渐建立形成的，由于环境不但变化，上层系统对项目的要求也会变化，项目的目标系统在实施中也会产生变更。

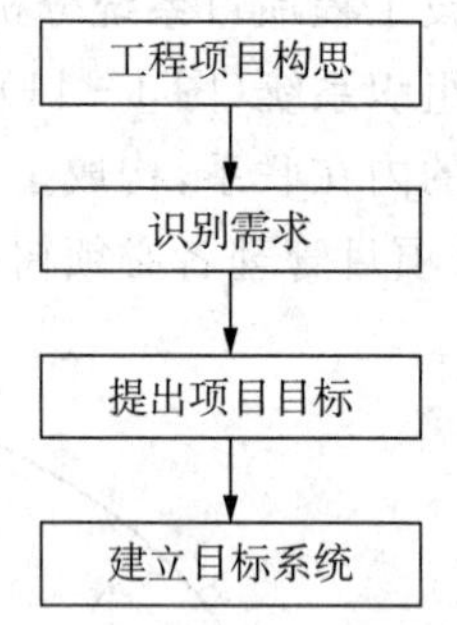

图 1-13　目标系统建立过程

目标系统由项目任务书、技术规范、合同文件等定义。

建设工程项目目标系统的建立过程如图 1-13 所示，工程项目目标系统的建立包括工程项目构思、识别需求、提出项目目标和建立目标系统等工作。

工程项目目标系统是一种层次结构，将工程项目的总目标分解成子目标，子目标再分解成可执行的第三级目标，如此一直分解下去，形成层次性的目标结构。目标系统至少由系统目标、子目标和可执行目标三个层次构成，如图 1-14 所示。

① 系统目标，即整个工程项目的总目标。系统目标通常可以分为工程项目功能目标、技术目标、经济目标、社会目标和生态目标等。

② 子目标。由系统目标分解得到。仅适用于工程项目的某一方面，相当于目标系统中的子系统目标。

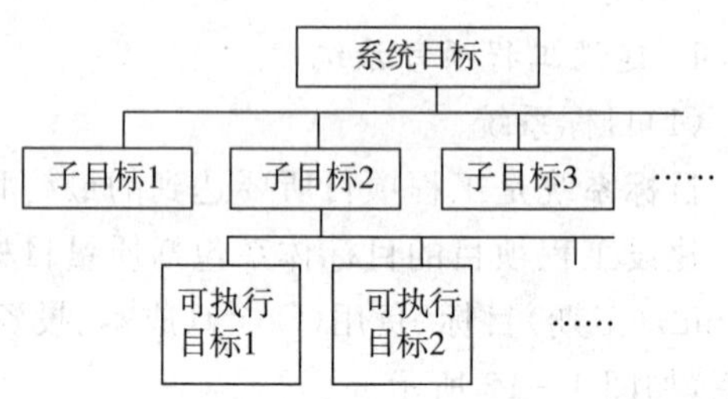

图 1-14　工程项目目标系统

③ 可执行目标。该级目标应具有可操作性，也称为操作目标，用于确定工程项目的详细构成。更细的目标分解，一般在可行性研究以及技术设计和计划中形成，并得到进一步解释和定量化，逐渐转化为具体的工作任务。

建设工程项目目标系统建立的依据：①业主的需求说明，即业主对工程项目使用功能的要求，包括建设工程项目的目的、拟建规模、建设地点、产品方案、技术要求的初步设想、资源情况、建设条件等；②国家、地方政府颁布的法律、法规、规章等；③国家和行业颁布的强制性标准、规范、规程等；④其他资料，如与本工程项目性质类似的历史数据，与本工程项目相关的最新技术发展资料等。

工程项目目标系统的建立方法：可以采用工作分解结构 WBS（Work Breakdown Structure）方法建立工程项目的目标系统。WBS 是一种层次化的树状结构，是将工程项目划分为可以管理的工程项目单元，通过控制这些单元的费用、进度和质量目标，达到控制整个工程项目的目的。WBS 的内涵即工程项目结构分析是将项目按系统规则和要求分解成相互独立、互相影响的、相互联系的项目单元，将它们作为对项目的观察、设计、计划目标和责任分解、成本核算和实施控制等一系列项目管理工作的对象。

(2)工程项目的对象系统

工程项目是要完成一定功能、规模和质量要求的工程，这个工程是项目的行为对象。它是由许多分部、许多功能面组合起来的综合体，有自身的系统结构形式。它通常是实体系统形式，可进行实体的分解，得到工程结构。

例如：一个工厂是由各个车间、办公楼、仓库、生活区等构成。每一个车间又可以分解为建筑、结构、水电、机械等专业要素。

工程项目的对象系统决定着项目的类型和性质，决定着项目的基本形象和最本质特征，决定项目实施和项目管理的各个方面。它由项目的设计任务书、技术设计文件(如实物模型、图纸、规范)等进行定义，通过项目实施完成。

工程项目对项目对象系统的要求(功能、寿命、经济性等)有：

① 空间布置合理，各部分和专业工程协调一致；

② 能够安全、稳定、高效地运行，达到预期的设计效果；

③ 结构合理，没有冗余，质量和寿命期设计均衡；

④ 均衡的简约的高效运行的整体；

⑤ 与环境的协调。

一般情况，工程项目的工程系统可以分解为单项工程、单位工程、分部工程和分项工程四个层次，如图1-15所示。

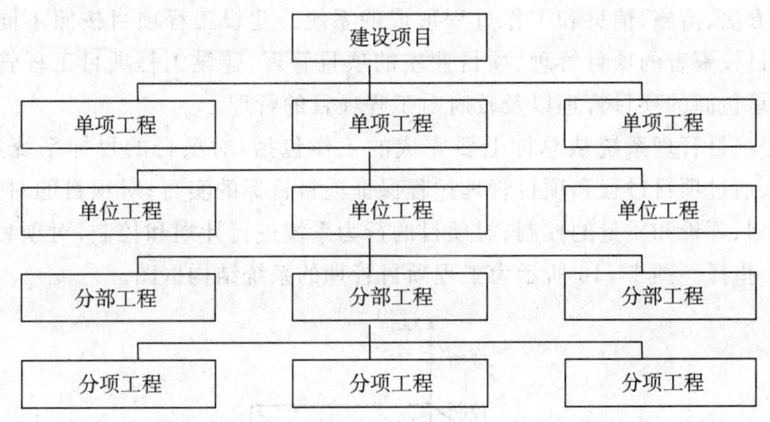

图1-15　工程项目的工程系统

(3)项目组织系统

项目组织是由项目行为主体构成的系统。由于社会化大生产和专业化分工，一个项目的参加单位可能有几个、几十个甚至成百上千个，常见的有业主、承包商、设计单位、监理单位、分包商、供应商等。他们之间通过行政的或合同的关系连接形成一个庞大的组织体系，为了实现共同的项目目标承担着各自的项目任务。项目组织是一个目标明确的、开放的、动态的、自然形成的组织系统。

(4)项目行为系统

项目行为系统指的是完成(建设)工程系统的活动的总和；它是由实现项目目标，完成任务所有必需的工程活动构成的。这些活动之间存在各种各样的逻辑关系，构成一个有序的动态的工作过程。项目行为系统应包括实现项目目标系统必需的所有工作，并将它们纳入计划和控制过程中；应保证项目实施过程程序化、合理化，均衡地利用资源，降低不均衡性，保持现场秩序；使各分部实施和各专业之间相互有利的、合理的协调。项目行为系统是抽象系统，由项目结构图、网络计划、实施计划、资源计划等表示。

2. 建设工程项目的环境系统和项目管理系统

(1)项目的环境系统

建设工程项目的环境是指对工程项目有影响的所有外部的总和，构成项目的边界条件。现代工程项目都处在一个经常迅速变化的环境中，环境对工程项目有重大影响，主要体现在：

① 环境决定着对项目的需求，决定着项目的存在价值。

② 环境决定着项目的技术方案和实施方案以及它们的优化。

③ 环境是产生风险(risk)的根源。环境对于项目及项目管理具有决定性的影响。

建设工程项目环境调查内容包括：①政治环境；②经济环境；③法律环境；④自然条件；⑤项目基础设施、场地周围交通运输、通信；⑥项目各参加者(合作者)的情况；⑦其他方面以及同类工程的资料。环境调查是为项目的目标、可行性研究、决策、设计和计划、控制服务的。

(2)建设工程项目管理系统

建设工程项目管理系统指的是工程项目的管理组织、方法、职能组成的系统。它是项目管理的组织、方法、措施、信息和工作过程形成的系统。建设工程项目按照不同层次和角色可以分为：项目投资者的项目管理、项目业主的项目管理、建设工程项目工程管理公司的项目管理、工程承包商的项目管理以及政府对工程项目的管理。

建设工程项目管理系统从总体上要完成的工作包括：对项目的目标系统进行策划、论证、目标管理、通过项目过程和项目管理过程保证项目目标的实行；对项目的对象系统(工程系统)进行策划、评价和质量的控制；对项目的行为系统进行计划和控制；对项目组织系统进行沟通、协调、指挥。图 1-16 所示为工程项目管理的系统结构框图。

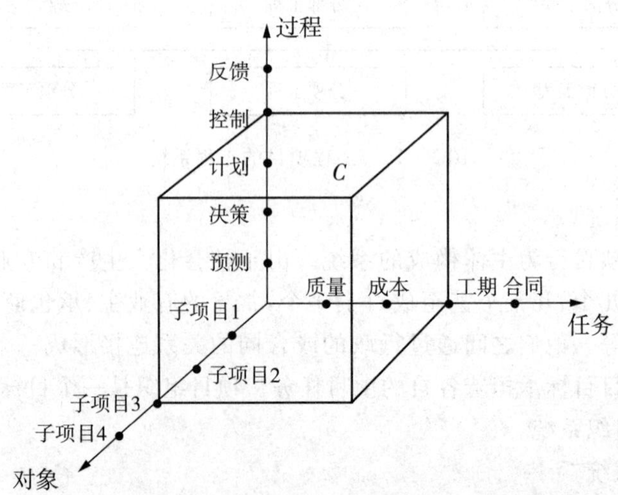

图 1-16　工程项目管理的系统结构

1.3.3　建设工程项目系统分析

1. 建设工程项目系统分析方法

工程项目系统的分析方法指的主要是技术系统的结构分解方法与实施过程的分析方法,即结构化和过程化方法。

建设工程项目系统分析工作包括:①对项目的系统总目标和总任务进行全面研究;②工程项目的结构分解;③项目单元的定义;④项目单元之间界面的分析。

项目结构分析是一个渐进的过程,它随着项目目标设计、规划、详细设计和计划工作的进展逐渐细化。项目结构分析是项目管理的基本工作,又是项目管理最得力的工具。实践证明,对于一个复杂的项目,必须有科学的项目系统结构分析。项目越大,越负责,越显示出这个工作的重要性。

2. 建设工程项目系统分析过程

建设工程项目系统分析过程一般经过如下几个步骤:

(1)对项目的系统总目标和总任务进行全面研究,以划定整个项目的系统范围。

(2)采用系统分解方法,将项目系统按照一定规则自上而下,由粗到细地进行分解。

① 分析项目系统的主要组成部分,将项目系统范围分解成有独立性且范围明确的子部分(单元)。

② 研究并确定每个子部分的特点、结构规则和构成,再分解下层的系统单元。

③ 汇集各层次项目系统单元,按系统规则将项目单元分组,初步构成项目分解结构图,项目的系统结构一般是树状图形,它反映了项目系统的基本结构框架。

④ 分析评价各层次的分解结果的正确性、完整性,分解的程度是否必要而且充分,是否遵循项目系统结构分解的原则。

⑤ 最终确定项目系统分解结构图,并建立项目系统编码规则,对分解结果进行编码。

(3)系统单元联系(界面)分析,包括界限的划分与定义、逻辑关系的分析,实施顺序安排。通过界面分析,将全部项目单元还原成一个有机的整体。

(4)项目系统说明。通过设计文件、计划文件、合同文件和项目分解结构表等对项目各层次的单元进行说明,赋予项目系统单元具体的实质性内容。

3. 建设工程项目管理中常用的系统分解方法

系统分解方法是将复杂的管理对象进行结构分解,以观察内部结构和联系。

在项目管理中常用的系统分解方法有:

(1)结构化分解方法任何项目系统都有它的结构,都可以进行结构分解,分解的结果通常为树形结构图。例如:项目的目标系统可以分解成系统目标、子目标、可执行目标,分解的结果通常为树型结构图(OBS)(Organizational Breakdown Structure)(图1-17)。工程技术系统可分解为子系统、功能区和专业要素。项目的总成本可以按照一定的规则分解为成本要素,形成成本分解结构(CBS)(Cost Breakdown Structure)。

(2)过程化方法其基本思路是以项目目标体系为主导,以工程系统范围和项目的总任务为依据,由上而下,由粗到细地进行。在结构分解过程中,甚至在整个项目的系统分析过程中,应尽可能让相关部门的专家、将来项目相关任务的承担者参加,并听取他们的意见,这样才能保证分解的科学性和实用性,进而保证整个计划的科学性。过程包括:项目实施过程

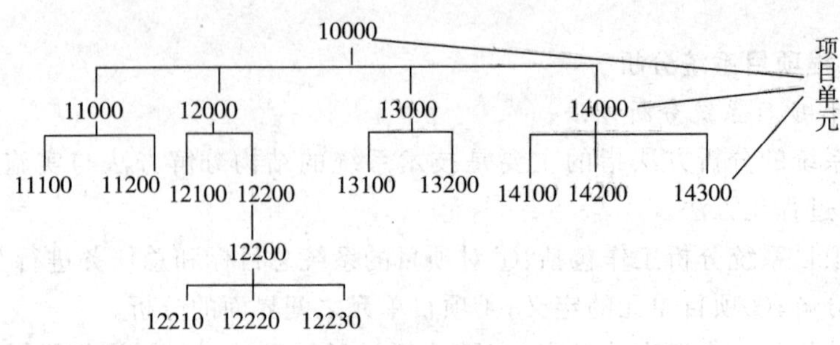

图 1-17 树型结构图

(根据系统寿命周期原理,把工程项目科学的分为若干发展阶段),管理工作过程,行政工作过程,专业工作的实施过程。在这些过程中对项目管理者来说,项目实施过程和项目管理过程是最重要的过程,项目管理实质上就是对这些过程的管理。

1.3.4 建设工程项目范围

范围的概念基于建设工程项目有两个方面的含义:第一是产品范围(product scope),即一个产品、一项服务或成果应该包含的特征和功能;第二是项目范围(project scope),即为了交付具有规定特性和功能的产品、服务或成果所必须要做的工作。简单地说,项目就是做什么,如何做,才能交付该产品。产品范围的定义是对产品要求的度量,而项目范围的定义落实在一系列要做的工作上,两种范围定义立足不同的角度,结合起来的结果即是经过项目的工作,最终交付一个或一系列满足特定要求的产品和服务。项目范围有时也包括产品范围。

建设工程项目范围管理包括项目的批准、范围定义、项目范围规划、范围确认和范围变更控制。建设工程项目本身是一个系统,系统是有边界的。建设工程项目范围是指工程项目各过程的活动总和,或指组织为了成功完成工程项目并实现工程项目各项目标所必须完成的各项活动。所谓"必须"完成的各项活动,是指不完成这些活动工程项目就无法完成;所谓"全部"活动,是指工程项目的范围包括完成该工程项目要进行的所有活动,不可缺少或遗漏。

(1)范围规划——制订项目范围管理计划,记载如何确定、核实与控制项目范围,以及如何制定与定义工作分解结构(WBS)。

(2)定义范围——制定详细的项目范围说明书,作为将来项目决策的根据。

(3)制作工作分解结构——将项目大的可交付成果与项目工作划分为较小和更易管理的组成部分。

(4)确认范围——正式验收已经完成的项目可交付成果。

(5)范围控制——控制项目范围的变更。

确定工程项目范围,其结果需要编写正式的项目范围说明书,包括详细的辅助内容以及范围管理计划。工程项目范围说明书是项目组织与项目业主(客户)之间对项目的工作内容达成共识的基础,用来对项目范围达成共同的理解,并确认这样的理解,并以此作为将来项目管理的基础。项目范围管理计划描述如何管理项目的范围。项目经理应当与项目的主要利益相关者共同编制项目范围说明书,客户应当在范围说明书上签字,以表示对项目范围的同意与认可。

在建设工程项目实施过程中，建设工程项目的范围会发生变更；通常在合同中赋予了业主在合同范围内对工程进项变更的权利。建设工程项目范围的变更，可能就会涉及增加或减少合同中的某些工作，也会对某些工作进行修改，或施工方式方法，或业主所提供的材料与设施等。

对变更的控制，就是在项目生命周期的整个过程中，对变更的识别、评价和管理等工作。范围变更是对已批准的工作分解结构所规定的项目范围进行修正。范围变更控制的任务有三项：一是对造成范围变化的因素施加影响，以保证变化是有益的；二是判断范围变化已经发生；三是当实际变化发生时对变化进行管理。范围变更控制必须与其他控制过程，如时间控制、成本控制、质量控制等结合起来。

项目的范围变更控制时可以按以下流程进行：

(1)提出变更申请，业主、承包商以及工程师均可以提出变更；

(2)对变更申请进行审查；

(3)对进行申请变更的事项进行影响分析；

(4)批准变更，并对变更后的工作进行分析、实施和控制。

有效控制范围变更，至少应该做好下面几项工作：一是项目管理是一个不断沟通和协商、谈判的过程，项目经理要经常与各利益相关者进行沟通；二是为范围变更制订一个良好的控制计划；三是规范变更控制的流程；四是提出变量时要填写变更申请表；五是注意利用软件协助变更的管理和沟通，对于较小的变更，要能够快速决策。范围的变更控制是一项实践活动，所以，对于项目管理的人员，更重要的是在实践中不断地去摸索、创新，寻找更加符合项目需要的、更加有效的方法。

1.3.5 建设工程项目系统的界面

在建设工程项目中，界面具有十分广泛的意义，它是各类项目单元之间的复杂的关系，是工作单元之间的结合部。项目的各类系统(目标系统、技术系统、行为系统、组织系统等)的系统单元之间，以及系统与环境之间都存在着界面。项目管理的大量工作都需要解决界面问题，例如各种计划、组织设计、实施控制、召开项目相关职能会议、解决职责矛盾、项目变更、信息管理等。对于大型的复杂的项目，界面必须经过精心组织和设计，并纳入整个项目管理的范围。在项目管理中，界面是十分重要的，大量的矛盾、争执、损失都发生在界面上。

1. 界面管理的主要内容

(1)保证系统界面之间的相容性，使项目系统单元之间有良好的接口，有相同的规格。

(2)保证系统的完备性，不失掉任何工作、设备、数据等，防止发生工作内容、成本和质量等各类责任归属的争执。

(3)对界面进行详细定义，并形成文件，在项目的实施中保持界面清楚，当工程发生变更时应特别注意变更对界面的影响。

(4)必须在界面处设置验收点和控制点，主动地进行界面管理。界面通常位于专业的接口处，项目生命期的阶段连接处。

(5)在项目的设计、计划和施工中，必须注意界面之间的联系和制约，解决界面之间的不协调、障碍和争执，积极、主动地管理系统界面的关系，对相互影响的因素进行协调。

2. 建设工程项目的界面

(1)目标系统界面：如质量、进度、成本目标之间的界面。

(2)技术系统界面：如专业上的依赖和制约关系；各功能之间的关系；平面和空间的关系。

(3)行为系统界面：指工作活动之间的关系，特别是进度计划中各计划单元之间的关系。

(4)组织系统界面：包括项目相关利益者之间的关系，组织内部部门之间的关系，上下层之间的关系、项目经理与职能经理之间的关系等。

(5)系统与环境之间的界面：环境向系统输入资源、信息、资金、技术；系统向环境提供产品、服务、信息等。

3. 界面管理

(1)保证系统界面之间的相容性，使项目系统单元之间有良好的接口。

(2)保证系统的完备性，防止发生争执。

(3)要对界面进行定义，形成文件。

(4)在界面处设置检查验收点和控制点。大量的管理工作存在于界面上，应主动进行界面管理。

(5)注意界面之间的联系和制约，解决界面之间的不协调、障碍和争执。

(6)对重要界面进行设计、计划、说明和控制。

4. 项目系统界面的定义文件

通常通过界面说明来描述：界面的位置，组织责任的划分，技术界限(界面上工作的界限和归宿)，工期界限(活动关系、资源，信息、时间安排)，成本界限等。

项目系统界面的定义文件：①项目系统界面的定义文件应能综合地表达界面信息，包括：界面的位置，组织责任的划分，技术界限(界面上工作的界限和归宿)，工期界限(活动关系、资源，信息、时间安排)，成本界限等。②在项目结构分解时，应着重注意界面，划清其界限。在项目施工过程中，通过图纸、规范、计划等进一步详细描述界面。目标、设计、实施方案、组织责任的任何变更，都可能影响上述界面的变更，故界面文件必须随工程变更而变更。

1.3.6 工程项目的系统描述

工程项目系统描述体系包括项目目标设计文件、项目定义文件、可行性研究报告、项目任务书、总体设计(规划)文件、详细设计文件(规范和图纸)、项目结构图、计划文件(工期、费用计划)、招标文件、合同文件、操作说明等，共同构成了工程项目系统描述体系。

工程项目的系统描述文件可以分为以下几个层次：

(1)项目系统目标文件。

(2)项目的工程系统设计文件。

① 规划设计文件。

② 各栋建筑的策划文件。

③ 功能面或空间的要求说明。

④ 要素设计说明。

(3)实施方案和计划文件。

(4)工作包说明。常见的工作包说明表的格式。

1.3.7 与建设工程项目相关者

利益相关者是这样一些团体,没有其支持,组织就不可能生存;利益相关者是任何能够影响或被组织目标所影响的团体或个人。

项目管理知识体系指南(PMBOK@Guide 5th Edition)把项目的干系人定义为:是积极参与项目,或其利益因项目的实施或完成而受到积极或消极影响的个人和组织。项目干系人会对项目的目标和结果施加影响。项目干系人管理要做到几个环节:①识别:必须弄清楚谁是项目干系人;②需求分析:确定项目干系人的要求和期望;③管理:根据他们的要求对其影响尽力加以管理。不同的项目干系人的目标可能不同,管理很困难。但项目经理必须管理不同项目干系人的期望。与项目有利害相关的人或组织有项目经理、顾客或用户、项目团队、项目发起人(Sponsor)及其他的利害相关者等。

建设工程项目的利益相关者是指在建设工程项目实现的全过程中,能够影响项目的实现或受项目影响的团体或个人。根据利益相关者与项目的不同影响关系,可以将建设工程项目利益相关者分为“主要利益相关者”和“次要利益相关者”。主要利益相关者是指那些与项目有合法契约合同关系的团体或个人,包括业主方、承包方、设计方、供货方、监理方、给项目提供借贷资金的金融机构等;次要利益相关者是指与项目有隐性契约,但并未正式参与到项目的交易中,受项目影响或能够影响项目的团体或个人,包括政府部门、环保部门以及社会公众等。

建设工程项目与这些利益相关者群体结成了关系网络,各相关方在其中相互作用、相互影响。建设工程项目作为多方利益的综合体,交汇渗透了各方利益的诉求,这些利益诉求由于各自的独立性,必然存在着各种利益的矛盾和冲突。因此,如何协调各利益相关者的利益冲突是建设工程项目利益相关者管理的核心问题。建设工程项目利益相关者管理中应注意处理好:①项目利益相关者之间要互相信任;②对不同的利益相关者,实施差异化管理策略;③建立信息共享和有效的沟通机制。

1.4 项目经理与建造师

1.4.1 建造师制度

1. 我国的建造师制度

我国实施注册建造师制度。我国注册建造师是指通过考核认定或考试合格取得中华人民共和国建造师资格证书(以下简称资格证书),并按照规定进行注册,取得中华人民共和国建造师注册证书(以下简称注册证书),担任施工单位项目负责人及从事相关活动的专业技术人员。取得建造师资格证书的人员应当受聘于一个具有建设工程勘察、设计、施工、监理、招标代理、造价咨询等一项或者多项资质的单位,经注册后方可从事相应的执业活动。

注册建造师实行注册执业管理制度,注册建造师分为一级注册建造师和二级注册建造师。取得资格证书的人员,经过注册方能以注册建造师的名义执业。未取得注册证书的,不得担任大中型建设工程项目的施工单位项目负责人,不得以注册建造师的名义从事相关活动。

目前我国注册建造师已从建立之初的80余万人，发展至170余万人，基本能够满足现有工程建设的需要，且部分地区已经规定小型项目的项目负责人应由二级注册建造师担任，因此改变原来大中型项目必须由建造师担任的要求，规定“未取得注册证书的，不得担任建设工程项目的施工单位项目负责人，不得以注册建造师的名义从事相关活动”。

近年来为了加强建造师的管理，对建造师建立诚信档案，明确注册建造师信用档案所包括的具体内容，包括注册建造师的基本情况、业绩、奖惩情况、不良行为等内容。

2. 建造师资格的获得

建造师资格的获得是通过考核认定或考试合格，并按照相关规定注册，取得中华人民共和国建造师注册证书(以下简称资格证书)。一级建造师执业资格考试实行全国统一大纲、统一命题、统一组织的考试制度，由人力资源和社会保障部、住房和城乡建设部共同组织实施，原则上每年举行一次考试，考试时间一般为每年的第三季度。

一级建造师执业资格考试设《建设工程经济》《建设工程法规及相关知识》《建设工程项目管理》和《专业工程管理与实务》4个科目。其中《专业工程管理与实务》科目设置10个专业类别：建筑工程、公路工程、铁路工程、民航机场工程、港口与航道工程、水利水电工程、市政公用工程、通信与广电工程、矿业工程、机电工程。考试时间分为4个半天，以纸笔作答方式进行。

凡遵守国家法律、法规，具备下列条件之一者，可以申请参加一级建造师执业资格4个科目考试：

(1)取得工程类或工程经济类大学专科学历，工作满6年，其中从事建设工程项目施工管理工作满4年。

(2)取得工程类或工程经济类大学本科学历，工作满4年，其中从事建设工程项目施工管理工作满3年。

(3)取得工程类或工程经济类双学士学位或研究生班毕业，工作满3年，其中从事建设工程项目施工管理工作满2年。

(4)取得工程类或工程经济类硕士学位，工作满2年，其中从事建设工程项目施工管理工作满1年。

(5)取得工程类或工程经济类博士学位，从事建设工程项目施工管理工作满1年。

符合上述报名条件，于2003年12月31日前，取得原建设部颁发的《建筑业企业一级项目经理资质证书》，并符合下列条件之一的人员，可免试《建设工程经济》和《建设工程项目管理》2个科目，只参加《建设工程法规及相关知识》和《专业工程管理与实务》2个科目的考试：①受聘担任工程类或工程经济类高级专业技术职务；②具有工程类或工程经济类大学专科以上学历并从事建设工程施工管理工作满20年。

考试成绩实行2年为一个周期的滚动管理办法，参加全部4个科目考试的人员必须在连续的两个考试年度内通过全部科目；免试部分科目的人员必须在一个考试年度内通过应试科目。

3. 建造师的注册与执业

注册建造师实行注册执业管理制度，注册建造师分为一级注册建造师和二级注册建造师。取得资格证书的人员，经过注册方能以注册建造师的名义执业。建造师注册包括：初始注册、变更注册和延续注册。

申请初始注册时应当具备以下条件:(1)经考核认定或考试合格取得资格证书;(2)受聘于一个相关单位;(3)达到继续教育要求;(4)没有本规定第十五条所列情形。

取得一级建造师资格证书并受聘于一个建设工程勘察、设计、施工、监理、招标代理、造价咨询等单位的人员,应当通过聘用单位向单位工商注册所在地的省、自治区、直辖市人民政府建设主管部门提出注册申请,经注册后方可从事相应的执业活动。

注册建造师担任施工单位项目负责人的,应当受聘并注册于一个具有施工资质的企业。注册建造师可以从事建设工程项目总承包管理或施工管理,建设工程项目管理服务,建设工程技术经济咨询,以及法律、行政法规和国务院建设主管部门规定的其他业务。

1.4.2　项目经理

1. 项目管理与项目经理

项目经理是实施组织委派实现项目目标的个人,是企业法定代表人在项目上派出的全权代表。现实中项目经理在企业中是非常普及的核心岗位,沟通(占其全部工作的75%～90%)是项目经理的主要工作。

项目经理是项目的全面负责人,也是项目的推动者,所以要求项目经理不但要具备项目管理科学知识,还要具备丰富的技术知识。这就决定了项目经理在项目管理的中心地位,项目经理是项目管理的主体。

项目经理的工作结果:整合项目干系人的不同意见,使大家为一个达成共识的目标而努力!

项目经理应具备能够满足项目需求的能力和素质要求,现代项目管理对项目经理提出知识能力、实践能力、个人的领导和协调能力等方面的要求。作为一个现代项目管理中的项目经理应具备下列素质:

(1)要符合项目管理要求的能力,善于进行组织协调与沟通。

(2)具有相应的项目管理经历和业绩。

(3)具备相应项目管理所需要的专业技术、管理、经济、法律和法规知识。

(4)具有良好的职业道德和团队协作精神,遵纪守法、爱岗敬业、诚信尽责。

(5)要有一个良好的身体素质。

项目经理要具备下述的管理能力:领导能力,沟通与倾听能力,解决问题的能力、处理压力的能力和管理时间的能力(图1-19)。项目经理在现代社会生活中是一个挑战性的职业岗位,美国财富杂志《Fortune》摘要提出:“项目经理将在下一个十年里迅速壮大队伍,项目经理是我们创建的组织中的核心人员”,“项目经理对业已完成的工作负有最终的责任,使一项工作在预算范围内按时完成,一直是公司开展工作的关键”。

2. 建设工程项目经理

建设工程项目经理在《建筑工程项目管理规范(GB/T 50326—2006)》中给出的定义是“企业法定代表人在承包的建设工程施工项目上的委托代理人”。在工程总承包管理的组织中项目经理是工程总承包项目的负责人,经授权代表工程总承包企业负责执行项目合同,负责项目实施的计划、组织、领导和控制,对项目的质量、安全、费用和进度全面负责。

《建设工程项目管理规范(GB/T 50326—2006)》明确,项目经理责任制作为项目管理工作的基本制度，是评价项目经理绩效的依据，其核心是项目经理承担实现项目管理目标责任书确定的责任。项目经理与项目经理部在工程建设中应严格遵守和实行项目管理责任制度，确保项目目标全面实现。项目经理不应同时承担两个或两个以上未完项目领导岗位的工作。在项目运行正常的情况下，组织不得随意撤换项目经理。特殊原因需要撤换项目经理时，应进行审计并按有关合同规定报告相关方。

建设工程项目经理一般有两种，一种是项目法人委派的项目经理，另一种是建筑施工企业委派的项目经理。由法定代表人任命的项目经理，项目经理并根据法定代表人授权的范围、期限和内容，履行管理职责，并对项目实施全过程、全面管理，他是项目实施团队之间的联系纽带。

3. 项目经理的任务和责任

项目经理不同于职能经理，职能经理的职责是确定如何做、谁来做，以及投入什么样的资源来完成工作。而项目经理面临的问题是：需要做什么，必须什么时候做（建设项目没有延期），如何获得工作所需的资源。项目经理任务包括厘定工作计划、组建项目团队、分配工作任务、评估项目成员业绩、项目组与高层之间的沟通，以及为项目成员提供信息和协调资源、培养成员的献身精神、指导和培训项目成员。

一般来讲，项目经理的职责包括三个方面的内容：一是对企业的职责，二是对项目及客户的职责，三是对项目组成员的职责。

建设工程项目管理规范（GB/T 50326—2006）要求项目经理应履行下列职责：

（1）项目管理目标责任书规定的职责。

（2）主持编制项目管理实施规划，并对项目目标进行系统管理。

（3）对资源进行动态管理。

（4）建立各种专业管理体系并组织实施。

（5）进行授权范围内的利益分配。

（6）归集工程资料，准备结算资料，参与工程竣工验收。

（7）接受审计，处理项目经理部解体的善后工作。

（8）协助组织进行项目的检查、鉴定和评奖申报工作。

建设工程项目管理规范（GB/T 50326—2006）同时规定了项目经理应具有下列权限：

（1）参与项目招标、投标和合同签订。

（2）参与组建项目经理部。

（3）主持项目经理部工作。

（4）决定授权范围内的项目资金的投入和使用。

（5）制定内部计酬办法。

（6）参与选择并使用具有相应资质的分包人。

（7）参与选择物资供应单位

4. 项目经理的条件和选择

项目经理需具备的知识领域体现在：专业技术知识，心理学常识，市场知识，管理学知识。一个建设工程项目经理能力要求：获得足够资源的能力，获得并能激励班组人员的能力，进行项目目标平衡和预见和分析失败和风险的能力，以及谈判和沟通的交际能力（图1-18）。

建设工程项目管理规范(GB/T 50326—2006)提出项目经理应具备下列素质:

(1)符合项目管理要求的能力,善于进行组织协调与沟通。

(2)相应的项目管理经验和业绩。

(3)项目管理需要的专业技术、管理、经济、法律和法规知识。

(4)良好的职业道德和团队协作精神,遵纪守法、爱岗敬业、诚信尽责。

(5)身体健康。

要求项目经理不应同时承担两个或两个以上未完项目领导岗位的工作。在项目运行正常的情况下,组织不得随意撤换项目经理。特殊原因需要撤换项目经理时,应进行审计并按有关合同规定报告相关方。

我国《建设项目工程总承包管理规范(GB/T 50358—2005)》要求工程总承包的项目经理应具备以下条件:

(1)具有注册工程师、注册建造师注册建筑师等一项或多项执业资格。

(2)具备决策、组织、领导和沟通能力,能正确处理和协调与业主、相关方之间及企业内部各专业、各部门之间的关系。

(3)具有工程总承包项目管理的专业技术和相关的经济和法律、法规知识。

(4)具有类似项目的管理经验。

(5)具有良好的职业道德。

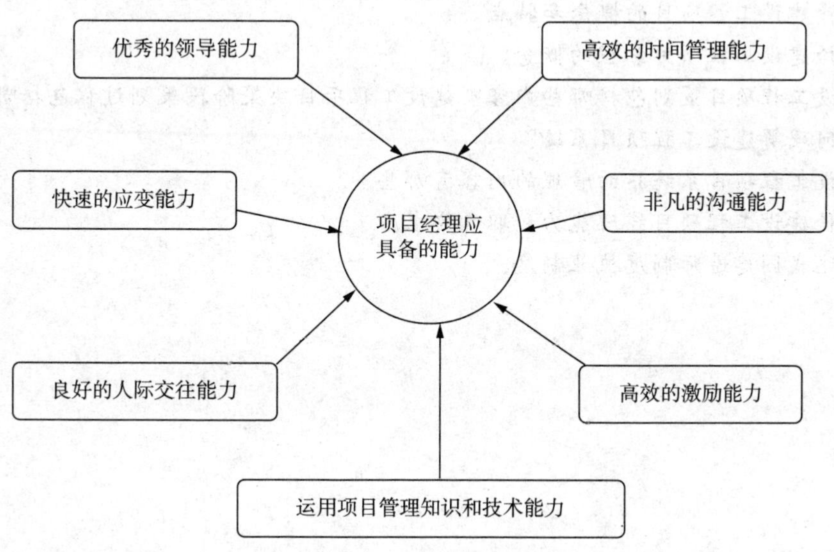

图 1-18　项目经理应具备的能力

1.4.3　项目经理与建造师的关系

建设工程项目经理和建造师所从事的虽然都是建设工程的管理,但是二者是不相同的;建造师与项目经理定位不同,项目经理是一个岗位,而建造师是关于某类工程施工或工程管理的一个执业资格。建造师执业的覆盖面较大,可涉及工程建设项目管理的许多方面,担任项目经理只是建造师执业中的一项;建设工程项目经理的定义范围可以是施工方的,也可以是建设方的,限于企业内某一特定工程的项目管理。建造师选择工作的权力相对自主,可在社会市场上有序流动，有较大的活动空间；建造师在一个企业注册，就可以在这个企业中从事建筑管理和技术工作，他是相对固定的。项目经理岗位则是企业设定的，项目经理是企业法人代表授权或聘用的、一次性的工程项目管理者，这个职务往往会随着工程的完工而终止。

项目经理责任制是我国工程建设管理体制上一个重大的改革，对加强工程项目管理、提高工程质量起到了很好的作用。项目经理是企业某一具体工程项目的主要负责人，他的职责是根据企业法定代表人的授权，对工程项目自开工准备至竣工验收，实施全面的组织管理。规范规定大中型工程项目的项目经理必须由取得建造师执业资格的建造师担任。注册建造师资格是担任大中型工程项目经理的一项必要性条件，是国家的强制性要求。但选聘哪位建造师担任项目经理，则由企业决定，是企业行为。建造师需按人发〔2002〕111号文件的规定，经统一考试和注册后才能从事担任项目经理等相关活动，是国家的强制性要求。小型工程项目的项目经理可以由不是建造师的人员担任。所以，要充分发挥有关行业协会的作用，加强项目经理培训，不断提高项目经理队伍素质。

思考题

1. 何谓项目？描述项目的特征。
2. 解释建设工程项目的概念和特点。
3. 解释建设工程项目管理的概念。
4. 建设工程项目策划包括哪些内容？建设工程项目决策阶段策划过程包括哪些内容？
5. 如何理解建设工程项目系统？
6. 建设工程项目系统界面管理的内容有哪些？
7. 解释建设工程项目经理能力和职责要求。
8. 简述我国建造师制度执业制度。

第 2 章　建设工程项目组织

2.1　组织论概述

建设工程项目管理的核心任务是建设项目的目标控制，在整个项目建设团队中，由哪个单位组织定义项目的目标、具体由哪个单位或部门完成相应的工作任务、依据怎样的管理流程进行项目目标的动态控制，这都涉及项目的组织问题，只有理顺参与项目建设各方的组织关系，才能有序地进行项目管理，项目组织因素是决定项目能否成功的关键因素。

2.1.1　组织论和组织工具

组织一词具有两种含义。第一，作为一个实体，组织是指有意形成的、正式的职务或者职位结构。第二，作为一种动态的过程，组织指设计、建立并维持一种科学的、合理的组织结构，并通过一定的权力、命令、指令和影响力，对特定目标的活动所需资源进行合理组织的过程。本教材中建设工程项目组织的含义主要指第一个含义。

组织论是一门学科，它主要研究系统的组织结构模式、组织分工和工作流程组织，如图 2-1所示，它是一门与项目管理学科密切相关的基础理论学科。

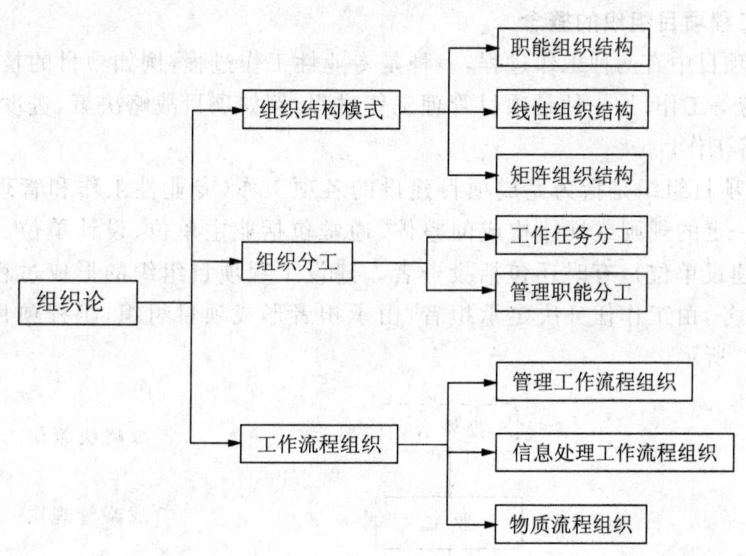

图 2-1　组织论的基本内容

图 2-1 中组织结构模式反映了一个组织系统中各子系统之间或各元素（各工作部门或各管理人员）之间的指令关系。指令关系指的是哪一个工作部门或哪一位管理人员可以对哪一个工作部门或哪一位管理人员下达工作指令。

组织分工反映了一个组织系统中各子系统或各元素的工作任务分工和管理职能分工。组织结构模式和组织分工都是一种相对静态的组织关系。

工作流程组织则可反映一个组织系统中各项工作之间的逻辑关系，是一种动态关系。图 2-1 中的工作流程组织对于建设工程项目而言，指的是项目实施任务的工作流程组织，如：设计的工作流程组织可以是方案设计、初步设计、技术设计、施工图设计，也可以是方案设计、初步设计、施工图设计；施工作业也有多个可能的工作流程。

组织工具是组织论的应用手段，常用图或表等形式表示各种组织关系，它包括：

(1)项目结构图；

(2)组织结构图(管理组织结构图)；

(3)工作任务分工表；

(4)管理职能分工表；

(5)工作流程图等。

组织行为学是一门研究人(包括个体和群体)在组织中的行为的学科。它致力于寻找人的更有效的行为方式，为管理者提供了一整套实用的针对不同层次的研究工具。它不仅可以帮助管理者了解个人在组织中的行为和掌握人际间的复杂关系，而且对于研究小群体(包括正式群体和非正式群体)中的关系很有价值。

为了有效地实现项目管理的系统目标，必须运用组织行为学原理，结合组织行为学学科，以人为本，重视对人的管理，而不仅仅是应用计划系统和控制技术，对个体心理，群体心理，组织心理及领导心理对质量与安全管理的深层次影响，对提高工程项目质量，确保工程施工安全有重要的现实意义。

2.1.2 建设工程项目组织的概念

建设工程项目中有两种工作过程，一种是专业性工作过程，例如项目的技术设计、建筑施工、设备供应等工作；另一种是项目管理工作过程，例如项目战略决策、进度管理、质量管理、成本管理等工作。

建设工程项目组织是指为完成项目建设的各项工作(专业性工作和管理工作)的人、单位、部门按一定的规则或规律构成的整体，通常包括业主单位、设计单位、施工单位、项目管理单位(建设单位)，有时还包括投资者。建设工程项目组织的形成过程是由项目目标产生工作任务，由工作任务决定承担者，由承担者形成项目组织，工程项目组织的基本形式如图 2-2 所示。

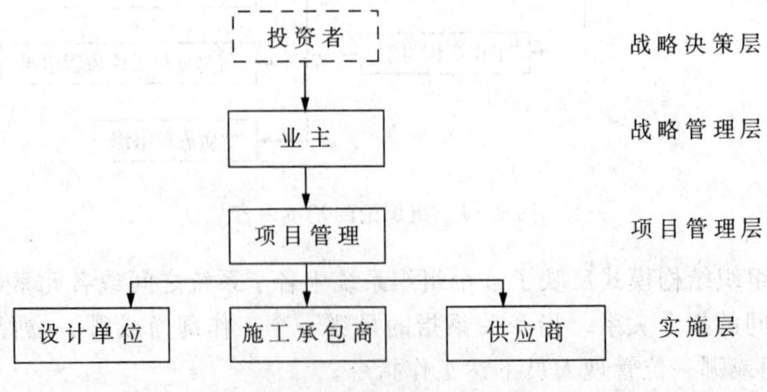

图 2-2 工程项目组织的基本形式

建设工程项目组织不同于一般的企业组织、社团组织或军队组织，它具有自身的组织特殊性。具体体现在以下几个方面：

(1)具有目的性。项目组织是为了完成项目总目标和总任务，所以具有目的性，项目目标和任务是决定项目组织结构和组织运行的最重要因素。

(2)项目组织结构的基本形态由建设工程项目分解结构决定。项目组织的设置应能完成建设工程项目分解结构确定的项目范围内的所有工作任务，即通过项目工作任务结构分解得到的所有单元，都应无一遗漏地落实完成。所以建设工程项目结构分解结果对项目的组织结构有很大的影响，它决定了项目组织工作的基本分工，决定组织结构的基本形态。每个参加者在项目组织中的地位是由它所承担的任务决定的，而不是由它的企业规模、级别或所属关系决定的。

(3)项目组织具有临时组合的特点。与企业或其他常设机构组织特征不同，每一个具体的项目都是一次性的、暂时的，所以项目组织也是一次性的、暂时的，具有临时组合性特点。项目组织的寿命与它所承担的项目任务(由合同规定)的时间长短有关。项目结束或相应项目任务完成后，项目组织就会解散或重新构成其他项目组织。

(4)项目组织与企业组织之间有复杂的关系。这里的企业组织不仅包括业主的企业组织(项目上层系统组织)，而且包括项目承包单位的企业组织。工程项目的组织成员实质上是项目各个参加企业的委托授权机构。项目组织成员通常都有两个角色，即既是本项目组织成员，又是原所属企业中的一个成员。研究和解决企业对项目的影响，以及它们之间的关系，在企业管理和项目管理中都具有十分重要的地位。

例如某学校建设一栋教学楼，该工程项目的组织关系可如图 2-3 所示。

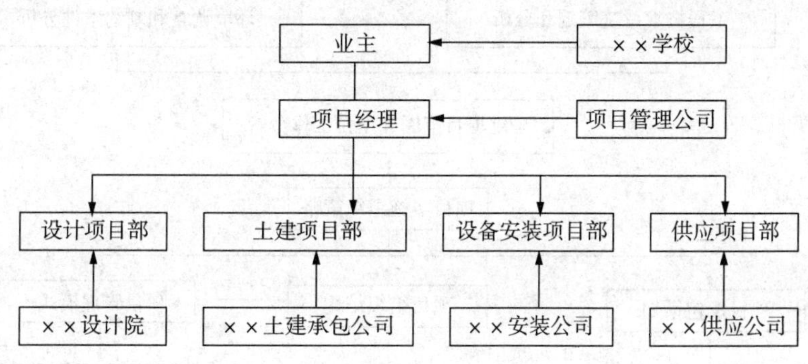

图 2-3 某项目工程项目组织关系

(5)工程项目内部存在多种形式的组织关系。以下两种是最主要的关系：

① 专业和行政方面的关系。这与企业内的组织关系相似，上下之间为专业或行政的领导和被领导的关系，在企业内部(如承包商、供应商、分包商、项目管理公司内部)的项目组织中，主要存在这种组织关系。

② 合同关系或由合同定义的管理关系。不同隶属关系(不同法人)的项目成员之间以合同作为组织关系的纽带。如业主与承包商之间的关系由合同确立。合同签订和解除(结束)表示组织关系的建立和脱离。所以一个项目的合同体系与项目的组织结构有很大程度的一致性。项目组织按照合同运行，其组织联系是比较松散的。

虽然承包商与项目管理者(如监理工程师或项目管理公司)没有合同关系，但他们责任和权力的划分,行为准则仍由管理合同和承包合同限定。所以在工程项目组织的运行和管理中合同十分重要。项目管理者必须通过合同手段运作项目,也必须通过合同、法律、经济手段解决遇到问题,而不能通过行政手段解决。

(6)项目组织是柔性组织,具有高度的弹性、可变性。它不仅表现为许多组织成员随项目任务的承接和完成,以及项目的实施过程而进入或退出项目组织,或承担不同的角色,而且采用不同的项目组织策略、承发包模式、不同的项目实施计划,则有不同的项目组织形式。通常在工程项目早期组织比较简单,在实施阶段会十分复杂。

(7)由于项目的一次性和项目组织的可变性,很难像企业组织一样建立自己的组织文化,即项目参加者很难构成自己的较为统一的、共有的行为方式、信仰和价值观,这带来项目管理的困难。

2.2 建设工程项目组织策划

2.2.1 建设工程项目组织策划过程

工程项目组织策划是项目管理的一项重要的工作,它包括从制定项目的组织实施策略到形成项目合同和项目手册的过程,项目组织策划过程如图 2-4 所示。

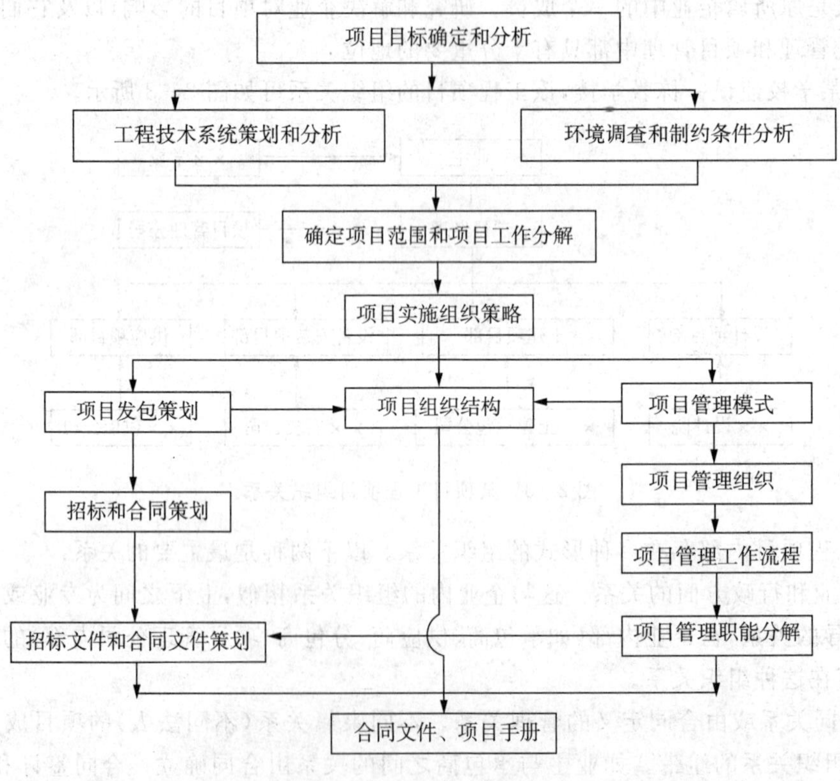

图 2-4 项目组织策划过程

项目组织策划过程主要包括如下工作:

(1)在项目组织策划前应进行项目的总目标分析,进行环境调查和项目制约条件的分析，完成相应阶段项目的技术设计和结构分解工作等，形成项目组织策划的基础。

(2)确定项目的实施组织策略，即确定项目实施组织和项目管理模式总的指导思想：例如如何实施该项目？业主如何管理项目？控制到什么程度？总体确定哪些工作由企业内部组织完成？哪些工作由承包商或管理公司完成？业主准备面对多少承包商？业主准备投入多少管理力量？采用什么样的材料和设备的供应方式？

(3)涉及项目实施者的任务的委托及相关的组织工作。

① 项目承发包策划。即对项目结构分解得到的项目活动进行具体分类、打包和发包；采用什么样的工程承发包方式。这对项目的组织结构有决定作用。

② 招标和合同策划工作。这里包括两方面的工作：

A. 招标策划。项目招标的总体安排，各项招标方式的选择和招标工作安排。

B. 合同策划。合同形式的选择和合同条件的选择，通过合同定义项目工作内容，划分责权利关系，定义项目控制的权力，定义项目管理工作过程。

③ 招标文件和合同文件的起草。

④ 涉及项目管理任务的组织工作。

A. 项目管理模式的确定。即业主所采用的项目管理模式，如设计管理模式、施工管理模式，业主自己派人管理或采用监理制度或委托专业项目管理公司代为管理。它与项目的承发包方式有密切的联系。

B. 项目管理组织设置。通常在实施任务委托前，业主单位要建立项目实施的管理组织体系。

a. 组建项目经理部或管理小组，确定合适的项目管理组织结构的。

b. 项目管理工作流程的设计。确定项目的沟通规则和各种决策规则，如招标投标程序、质量控制程序、采购和库存控制程序、工程变更程序、协商会办制度、成本(或投资)控制程序过程等。

c. 项目管理组织职能分解和落实。应将整个项目管理工作在业主委派的人员、委托的项目管理公司和承包商之间进行分配，清楚划分各自的工作任务、目标和范围，分配职责，授予权力，确定项目管理部门的工作规则和沟通规则。

⑤ 组织策划的结果通常由招标文件、合同文件和项目手册(包括项目组织结构图、项目管理规程和组织责任矩阵图)等定义。

2.2.2　建设工程项目组织策划依据

(1)业主方面：项目的资本结构，投资者(或上层组织)的总体战略、组织形式、思维方式、目标以及目标的确定性，业主的项目实施战略、管理水平、具有的管理力量、管理风格和管理习惯，业主期望对工程管理的介入深度，业主对工程师和承包商的信任程度，对工程的质量和工期要求等。

(2)承包商方面：拟选择的承包商的能力，如是否具备施工总承包、设计-施工总承包，或EPC总承包的能力，承包商的资信、企业规模、管理风格和水平、抗御风险的能力、相关工程和相关承包方式的经验等。

(3)工程方面：项目的基本结构、工程的类型、规模、特点、技术复杂程度、工程质量要求、设计深度和工程范围的确定性，工期的限制，项目的盈利性，项目风险程度，工程资源(如资金,材料,设备等)供应及限制条件等。

(4)环境方面:工程所处的法律环境,市场方式和市场行为,人们的诚信程度,人们常用的工程实施方式,建筑市场竞争激烈程度,资源供应的保证程度,获得额外资源的可能性等。

2.2.3 决定建设工程组织的主要因素

(1)工程项目的资本结构,决定了项目所有者的组成方式,进而决定了业主的组织构成。

(2)承发包模式,即项目任务的委托方式,决定了工程项目组织结构的基本形式。

(3)项目管理模式,决定了业主委托项目管理的组织形式和管理工作的分工。

2.3 建设工程项目组织与管理

2.3.1 建设工程项目工作结构分解

系统结构分解是将复杂系统进行分解,以观察其内部的结构和联系,是系统分析和管理的最基本方法之一。对于建设工程项目而言,为了完成项目建设,实现项目预期目标,需要联合多个单位,开展设计、施工、供应、管理等方面的工作,所有这些工作就构成了该项目的工作范围。

按系统工作程序,将项目工作范围规定的全部工作分解为便于管理的独立活动,通过定义这些活动的费用、进度和质量,以及它们之间的内在联系,并将完成这些活动的责任赋予相应的部门和人员,对项目建立明确的责任体系,达到控制整个项目的目的。在国外人们将这项工作的结果称为工作分解结构,即 WBS(Work Breakdown Structure)。项目分解结构既定义了项目的全部工作范围,又描述了项目的系统结构。通常列入项目分解结构中的工作即属于本项目的工作范围,反之则不属于本项目的工作范围。

对于不同种类、性质、规模的项目,从不同的角度,其结构分解方法和思路有很大的差别,但分解过程却很相近。基本思路是:以项目目标体系为主导,以工程技术系统范围和项目的实施过程为依据,按照一定的规则由上而下、由粗到细地进行。项目工作结构分解一般经过如下几个步骤:

(1)分析工程的主要组成部分,将项目分解成能单个定义且任务范围明确的子部分(子项目)。

(2)研究并确定每个子部分的特点和结构规则,它的实施结果以及完成它所需的活动,以作进一步的分解。

(3)将各层次项目单元(直到最低层的工作包)收集于检查表上,用系统规则将项目单元分组,构成项目的工作分解结构图。

(4)分析评价各层次的分解结果的正确性、完整性,是否符合项目结构分解的原则。

目前项目结构分解工作主要由管理人员承担,常常被作为一项办公室的工作。但是任何项目单元的工作都是由实施者完成的,所以在结构分解过程中,甚至在整个项目的系统分解过程中,应尽可能让相关部门的专家、将来项目相关任务的承担者参加,并听取他们的意见,这样才能保证分解的科学性和实用性,同时能保证整个计划的科学性。

项目工作结构分解是项目管理中一项基础性工作,专业性很强,显示了不同种类工程的专业特点，项目工作分解成果可以用树状图的形式进行表示，常见的项目结构分解图如图 2-5所示。

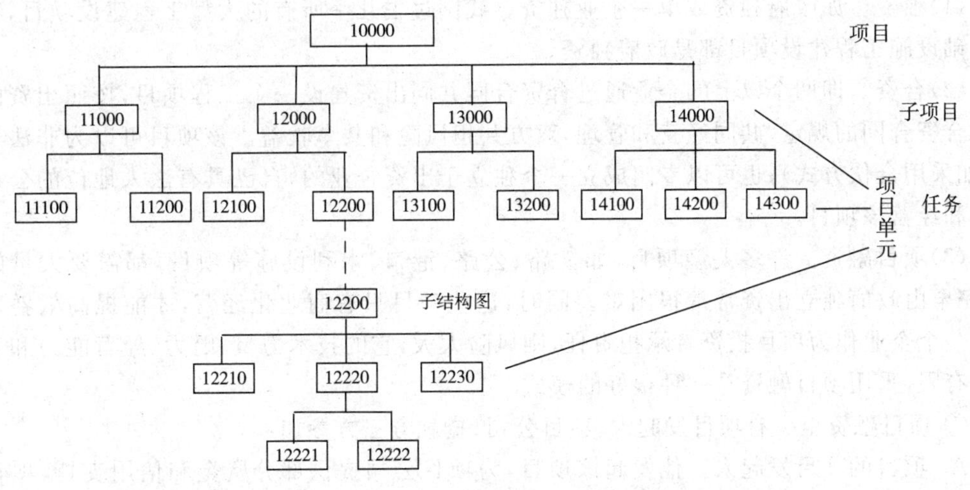

图 2-5　项目结构分解图

常见的建设工程项目按照实施过程可以分解为设计和计划、招标投标、实施准备、施工、试生产（验收）等工作内容，某项目工作结构可分解如图 2-6 所示的项目结构分解图。

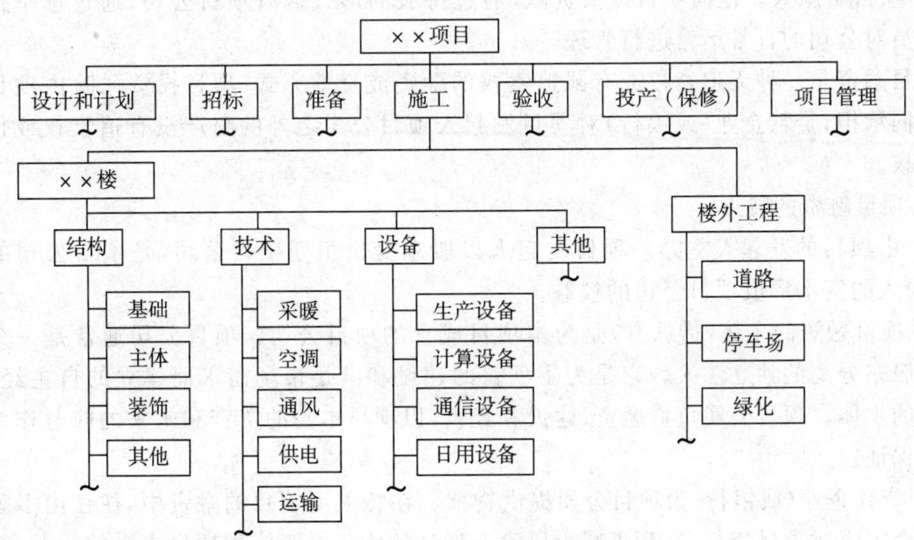

图 2-6　某项目工程工作结构分解图

2.3.2　建设工程项目的资本结构

1. 建设工程项目资本结构的主要形式

工程项目资本结构指完成项目所需资金的来源、比例及构成体系。采用什么样的资本结构，以什么样的融资方式取得资金，是现代战略管理和项目管理的重要课题，对建设过程以及项目建成后的运行过程都极为重要。它决定了项目以及由项目所产生的企业的法律性质和法律形式；项目法人的形式和结构；项目投资者各方面在组织中的法律地位；项目的组织形式和项目管理模式;决定了项目建成后的经营管理和利益的分配。

在建设工程领域,常见的项目资本结构形式主要有以下几种:

(1)独资。如政府独资或单一企业独资。我国过去几乎所有的大型工程建设项目,特别是基础设施工程建设项目都是政府独资。

(2)合资。即两个以上的企业通过合资合同共同出资建设一个工程项目,按照出资的比例和合资合同的规定,共同经营和管理,双方共担风险和共享收益。该项目可以为非法人形式(如采用合伙方式),也可以专门成立一个独立于出资企业的,自己具有法人地位的公司来建设和经营该项目。

(3)项目融资。许多大型项目,如铁路、公路、港口、水利设施等项目,都需要大量的投资,完全由政府独立出资常常很困难。同时,这些项目只有商业化经营,才能提高效益。如果由一个企业作为项目投资者承担责任,则风险太大,它的技术力量、财力、经营能力和管理能力有限,采用项目融资是一种很好的模式。

① 项目融资至少有项目发起人、项目公司、贷款方三方参加:

A. 项目的项目发起人。他发起该项目,为项目公司提供部分资金和信用支持,项目发起人可以是一个企业,也可以是多个投资者组成的联合体。

B. 项目公司。按照项目的合资协议建立,它的法律形式为有限责任公司或股份有限公司,作为一个独立的法人运作。它作为融资主体,是项目的直接主办人。

C. 项目贷款人。他向项目提供贷款,通过持股的形式拥有项目公司,通过选举任命董事会成员对公司的日常运营进行管理。

项目融资是一种无追索权或有限追索权的融资或贷款方式,项目投资风险由项目参与各方共同承担,贷款企业(或银行)对项目发起人项目公司之外的财产没有追索权或仅有有限追索权。

② 项目融资的特点:

A. 由项目的发起人主办。项目发起人以股东身份组建项目公司,是项目公司的投资者,其投入的资本形成项目公司的权益。

B. 项目融资的主体(借款方)是为本项目成立的项目公司。项目公司通常是一个从法律上与股东分离的独立法人。它是为了项目的建设和满足市场需求而建立的自主经营、自负盈亏的主体。项目公司负责融资、建设和经营,以项目本身的资产和未来的收益作为偿还债务的保证。

C. 贷款企业(或银行)为项目公司提供贷款。在特大型项目的融资中,往往由多家银行组成一个银团对项目贷款,有利于减少风险。贷款的偿还主要依靠项目未来的收益和资产。贷款人(企业或银行)有权参与项目的投资、建设和运营管理,有权获得项目收益的分配;有权对项目的谈判、建设、运营进行全过程的监控。

D. 由于项目周期长,贷款者承担的风险大,所以要求的投资回报较高,对项目发起人来说项目融资的成本较高。

E. 由于采用项目融资方式筹资的项目,资金数额巨大,涉及面广,要求项目的风险分担合理,必须有完善的融资合同和担保文件作为项目各方行为的依据。

BOT 融资模式(即 Build - Operate - Transfer,建设-经营-移交)是项目融资的诸多方式中的一种,在我国又被称作“特许权投融资”方式。一般有东道国政府或地方政府通过特许权协议，将项目授予项目发起人为此专设的项目公司，由项目公司负责基础设施（或基础产业）项目的投融资、建造、经营和维护；在规定的特许期内，项目公司拥有投资建造设施的所有权（但不是完整意义上的所有权），允许向设施的使用者收取适当的费用，并以此回收项目投融资、建造、经营和维护的成本费用，偿还贷款；特许期满后，项目公司将设施无偿移交给东道国政府。

现在BOT有许多种形式，不同的形式有不同的项目过程、不同的产权关系、不同的权利和风险的分配。如：

(1)BOO(Build-Own-Operate)，即建设-拥有-经营。

(2)BTO(Build-Transfer-Operate)，即建设-转让-经营。

(3)BOOT(Build-Own-Operate-Transfer)，即建设-拥有-经营-转让。

(4)BROT(Build-Rent-Operate-Transfer)，即建设-租赁-经营-转让。

(5)BT(Build-Transfer)，即建设-转让。

(6)TOT(Transfer-Operate-Transfer)，即转让-经营-转让。

2. 项目资本结构多元化趋向

现代工程项目中，人们越来越倾向于采用合资方式或项目融资方式进行大型项目的实施。它的优势体现在以下几个方面：

(1)通过合作，多渠道筹集资金，能够完成一个投资单位难以独立承担的大型工程项目建设。

(2)通过合资和项目融资，降低和共担投资风险。

(3)资本结构多元化的项目更适宜商业化经营，能够提高项目的运营效益。

(4)合资或项目融资形成多元化的项目所有者的状态，不仅能够更科学地进行战略决策，而且在项目经营管理中存在互相制衡，防止腐败行为，使项目获得高效益。

现在许多国家的政府注重利用私人或私有企业的资金、人员、设备、技术、管理等优势，从事公共项目的开发、建设和经营，即采用PFI(Private-Finance-Initiative，私有资本主动融资)和PPP(Public-Private-Partnership)(政府和私有资本合作)的建设模式。政府将公共项目开发过程的风险转移给能够合理承担风险的私有制企业(或机构)，提高公共工程项目的经济效益，为公众提供更好更优质的服务。在项目开发过程中，私营企业(机构)组建的项目公司在合同特许期限内，进行项目融资、建设、经营和收益。例如在2014年，国务院出台了《关于创新重点领域投融资机制鼓励社会投资的指导意见》(国发〔2014〕60号)(以下简称《意见》)，《意见》要求在公共服务、资源环境、生态保护、基础设施等领域，积极推广PPP模式，规范选择项目合作伙伴，引入社会资本，增强公共产品的供给能力，并从规范关系保障各方利益、健全风险防范和监督机制、健全退出机制几个方面来保障PPP合作建设项目的稳定运行。

2.3.3　建设工程项目的承发包模式

项目承发包就是业主将整个项目任务分为若干个标段或工作包，并将这些标段或工作包通过签订合同的形式委托出去的过程。通过建设工程项目结构分解，可以确定整个工程项目建设应完成的所有工作；而项目的这些工作都是由具体的组织(单位或人员)来完成的，业主必须将它们委托出去才能完成项目的建设工作。项目委托的过程对业主来说是发包，对承包商来说是承包。一个项目的承发包模式也就是决定将整个项目任务分为多少个包(或标段),以及如何划分这些标段。

在现代工程中,工程承发包模式多种多样,各有优缺点和适用条件,建设工程项目主要有以下几种承发包模式。

1. 分阶段分专业工程平行承包

长期以来,我国建设工程项目常采用分阶段分专业工程平行承包模式进行项目的建设,如图 2-7 所示。在这种模式下,业主可以将设计、设备供应、土建、电器安装、机械安装、装饰等工程施工工作分别委托给不同的承包商,并分别与这些承包商签订承包合同,各承包商之间没有合同关系,都只对业主负责。

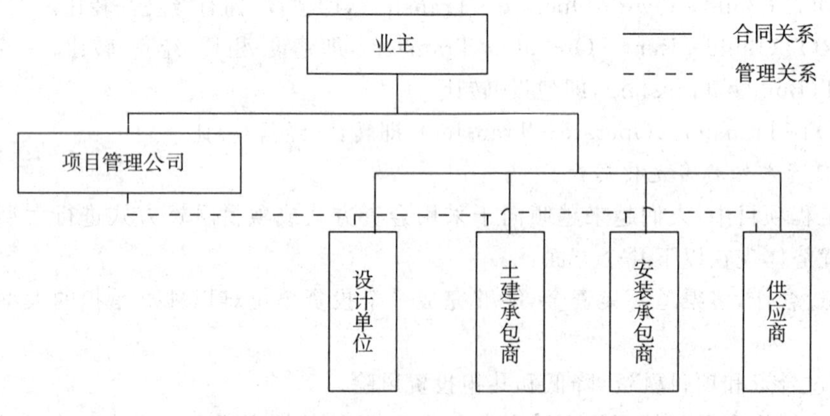

图 2-7 平行承发包模式

分阶段分专业工程平行承包的特点如下:

(1)业主有大量的管理工作,管理太细,有许多次招标工作,业主单位应作比较精细的计划及控制,因此项目前期需要比较充裕的时间进行策划准备。

(2)由于各承包单位之间没有相互合同关系,业主单位必须负责各承包商之间的协调,并对各承包商之间互相干扰造成的问题承担责任。在整个项目的责任体系中会存在着责任的“盲区”。例如由于设计单位拖延造成施工现场图纸延误,业主单位应协调出图进度并承担土建和设备安装承包商的工期和费用索赔。

(3)通过分散平行承包,业主可以分阶段进行招标,可以通过协调和项目管理加强对工程的干预。同时承包商之间存在着一定的制衡,如各专业设计、设备供应、专业工程施工间存在制约关系。

(4)在大型工程项目中,采用这种方式业主将面对很多承包商(包括设计单位,供应单位,施工单位),直接管理承包商的数量太多,管理跨度太大,容易造成项目协调的困难,造成工程中的混乱和项目失控现象,最终导致总投资的增加和工期的延长。

(5)对采取这种承发包模式的项目,业主管理和控制比较细,需要对工程建设过程中出现的各种工程问题作中间决策,管理流程复杂,必须具备较强的项目管理能力。当然业主可以委托监理工程师进行工程管理。

2.“设计-施工-供应”(EPC)总承包(统包,全包,或一揽子承包)

由一个承包商承包建设工程项目的全部工作,包括设计、供应、各专业工程的施工以及管理工作，甚至包括项目前期筹划、方案选择、可行性研究，EPC 总承包商向业主承担全部工程责任。当然总承包商也可以将全部工程范围内的部分工程或工作分包出去，如图 2-8 所示。

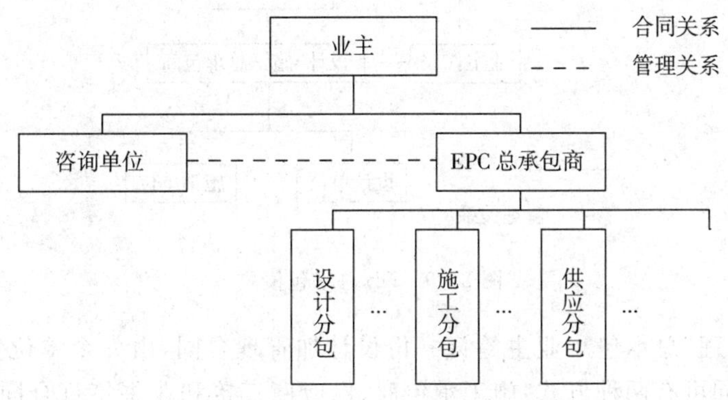

图 2-8　EPC 总承包模式

据有关资料统计，目前美国有一半以上的工程合同采用 EPC 总承包模式，国际上大型项目的总承包比例占到了 80%；而对于投资规模大、技术含量高、风险相对大的大型项目，如石油、化工、电力等采用 EPC 模式几乎达到了 100%。当前，国内 EPC 总承包在工程承包市场中仅占 10%左右，而且主要集中在几个专业工程领域，如石化、化工、电力、冶金等。

EPC 总承包方式的特点有：

(1)通过全包可以减少业主面对的承包商的数量，这给业主带来很大的方便。业主事务性管理工作较少，例如仅需要一次招标确定总承包单位，无须分别招标确定设计、施工等承包单位。在工程中业主负责宏观控制和成果验收，主要提出工程的总体要求(如工程的功能要求、设计标准、材料标准的说明)，一般不干涉承包商的工程实施过程和项目管理工作。

(2)这使得承包商能将整个项目管理形成一个统一的系统，避免多头领导，方便协调和控制，减少大量的重复性的管理工作，降低管理费用；使得信息沟通方便、快捷、不失真；它有利于施工现场的管理，减少中间检查、交接环节和手续，避免由此引起的工程拖延。

(3)项目的责任体系是完备的。无论是设计与施工，与供应之间的互相干扰，还是不同专业之间的干扰，都由总承包商负责，业主不承担任何责任，所以争执较少，产生索赔事件较少。

(4)在这样的工程中，业主仅提出工程的总体要求(在 FIDIC 合同中被称为“业主要求”)，能够最大限度地调动承包商对项目的规划、设计、施工技术和过程的优化和控制的积极性和创造性。所以采用 EPC 总承包模式可提高工程的整体效益。

(5)在总承包工程中，业主必须加强对承包商的宏观控制，选择资信好、实力强、适应全方位工作的承包商。承包商不仅需要具备各专业工程施工力量，而且需要很强的设计能力，管理能力，供应能力，甚至很强的项目策划能力和融资能力。

3. 采用介于上述两者之间的中间形式

业主将工程委托给几个主要的承包商，如设计总承包商、施工总承包商、供应总承包商等。这种方式在工程中是极为常见的。

在现代工程项目中，还有许多其他形式的总承包，例如：

(1)“设计-施工总承包”(DB:Design－Build),指 DB 承包商受业主委托,负责项目的设计和施工工作,该模式的出发点在于促进设计和施工的早期结合。

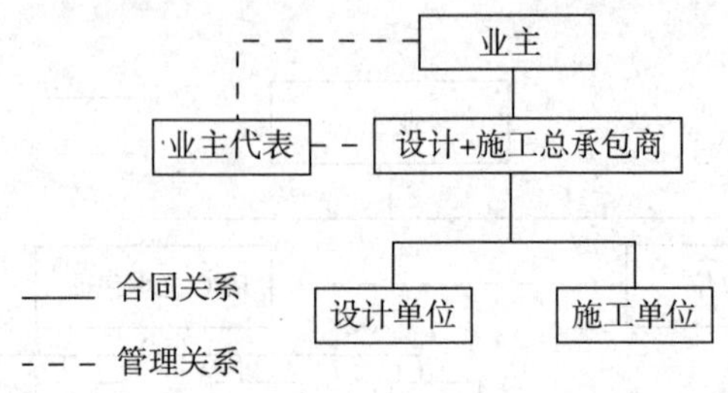

图 2－9 DB 总承包模式

(2)“设计-管理”总承包。业主签订一份设计加管理合同,由一个单位负责设计和施工管理。而施工合同可有两种方式:施工承包商、供应商直接和业主签订合同(图 2－10a);施工承包商、供应商直接和“设计-管理”承包商签订合同(图 2－10b)。

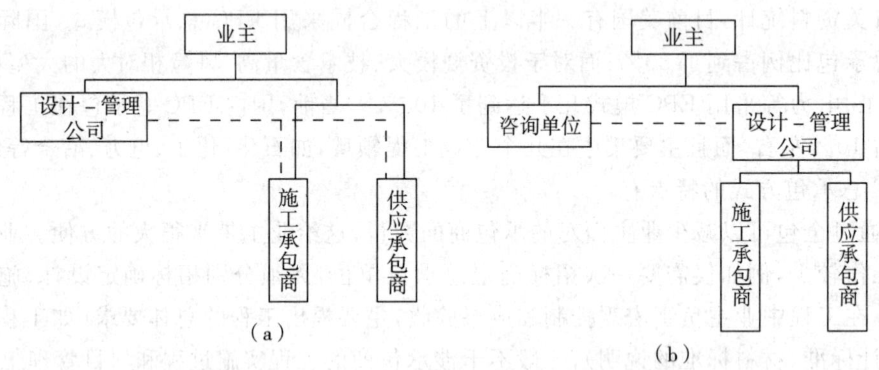

图 2－10 “设计-管理”总承包模式

4. 非代理型的 CM(Construction Managent)承包方式(CM/Non－Agency 方式)

CM 承包有两种形式,其中非代理型的模式如图 2－11 所示。CM 承包商直接与业主签订合同,接受整个工程施工的委托,再与分包商、供应商签订合同,可以认为它是一种工程承包方式。

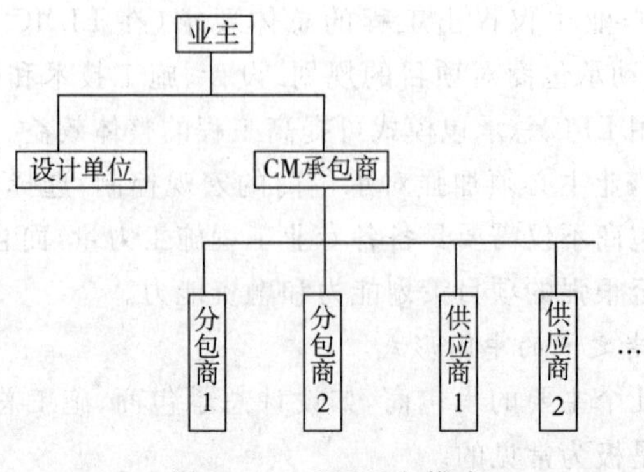

图 2－11 CM 承包模式

2.3.4　建设工程项目的管理模式

1. 业主方项目管理模式

建设工程项目管理模式是指业主所采用的项目管理任务的分配与委托方式，以及建立的相应的项目管理组织形式。建设工程项目管理模式的选择必须依据业主的项目实施策略和项目的特殊性，常常与项目的承发包模式连带考虑。工程项目管理模式与承发包方式密切相关，不同的项目管理模式会产生不同的合同体系和管理特点。

常见的建设工程项目的管理模式主要有以下几种：

(1)业主自行管理。业主自行管理是指业主单位自己设置基建机构，如基建处、基建办公室等，负责支配建设资金，办理规划手续及准备场地，编制计划任务书，选择设计、施工和材料、设备供应商等，并直接管理项目的承包单位和供应商。业主自行管理模式在改革开放初期形成，并在我国得到广泛的应用。

(2)业主将项目管理工作按照职能分别委托给其他专门单位，如将项目建设的招标工作、造价工作分别委托给专业的招标代理单位和造价咨询单位完成。

(3)随着项目管理专业化程度的不断提高，业主可将整个项目管理工作以合同形式委托出去，由一个项目管理公司(咨询公司)进行管理。业主只负责项目的宏观控制和高层决策工作，一般不直接参与项目的事务性管理工作。

目前，在我国非经营性的政府投资项目中逐步推行的“代建制”实际上也属于这种形式，如图 2－12 所示。在《国务院关于投资体制改革的决定》(国发〔2004〕20 号)中定义“代建制”是：“通过招标的方式，选择专业化的项目管理单位，负责项目的投资管理和建设组织实施工作，项目建成后交付使用单位的制度。”

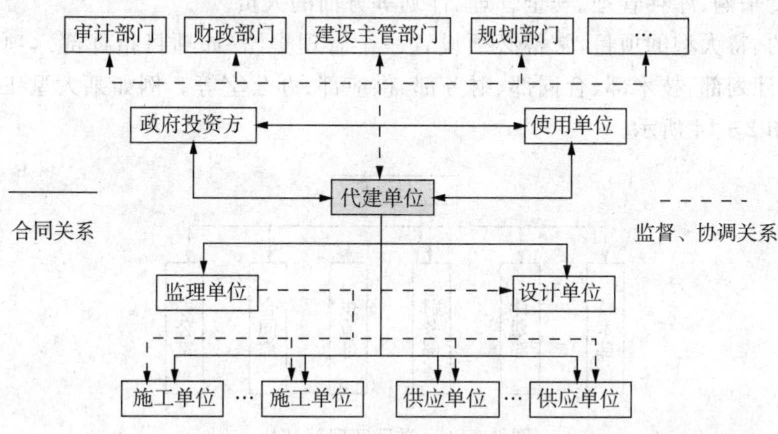

图 2－12　代建制项目管理模式

(4)混合式的管理模式。由业主委托业主代表与监理工程师共同进行项目管理工作。如在我国的施工合同文本中定义“工程师”的角色可能有两种人：业主派驻工地履行合同的代表；监理单位委派的总监理工程师。我国建设工程项目常采用混合式的管理模式进行运作，业主单位可同时委派这两种人在现场共同工作，通常投资控制和合同管理工作由业主代表负责，或双方共同负责。监理单位重点负责项目建设过程中的质量、安全、计量管理。

(5)代理型 CM(CM/Agency)管理模式。CM 单位接受业主的委托进行整个工程的施工管理,并协调设计单位与施工承包商的关系,保证在工程建设过程中设计和施工的协调,但不对项目投资负责。业主直接与工程承包商和供应商签订单位,CM单位主要从事管理工作,与设计、施工、供应单位之间没有合同关系,这种形式在性质上属于管理工作承包。

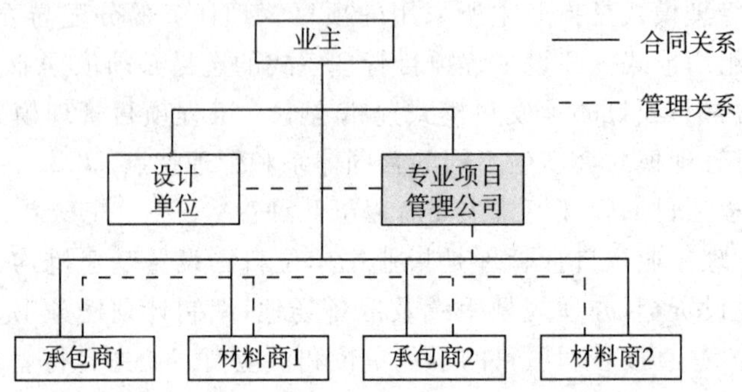

图2-13 代理型CM项目管理模式

2. 项目经理部和项目经理

在工程项目中,业主建立的或委托的项目经理部居于整个项目组织的中心位置,在整个项目实施过程中起决定性作用。项目经理部以项目经理为核心,有自己的组织结构和组织规则。工程项目能否顺利实施,能否取得预期的效果,实现目标,直接依赖项目经理部,特别是项目经理的管理水平、工作效率、能力和责任心。

对常规的工程项目设置项目小组或项目经理部。它们的组织或人员设置与所承担的项目管理任务相关。对中小型的工程项目管理小组通常有:项目经理、专业工程师(土建、安装、各专业设备等方面技术人员)、合同管理人员、成本管理人员、信息管理员、秘书等。有时还可能有负责采购、库存管理、安全管理、计划等方面的人员。

对大型的、特大型的项目,常常必须设置一个管理集团(如项目指挥部),项目经理下设各个部门,如计划部、技术部、合同部、财务部、供应部、办公室等。例如某大型工程项目经理部的结构如图2-14所示。

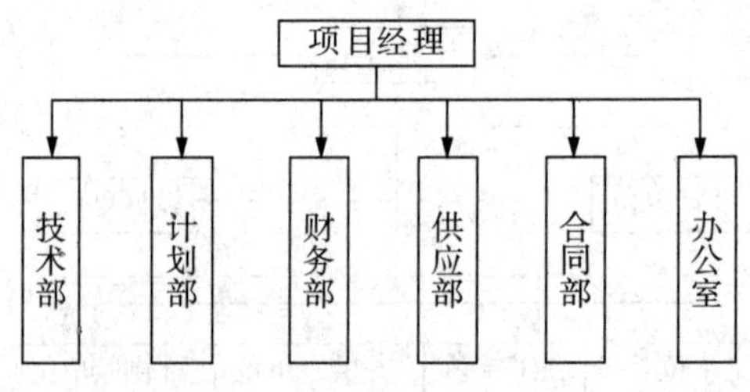

图2-14 项目经理部结构

由于在项目过程中,项目管理的任务不是恒定的,所以项目经理部的组织结构和人员也是不固定的。

由于项目组织的特殊性,团队精神对项目经理部的运作有特殊的作用。项目团队精神是项目组织文化的具体体现。要取得项目的成功,必须化解矛盾,调动各方面的积极性。项目团队精神应体现在:

(1)有明确的共同的目标,所有成员对目标有共识。大家都知道项目的重要性,每个成员都追求项目的成功。从一开始就激发项目组成员的使命感。

(2)有合理的分工和合作。大家有不同的角色分配,对完成任务有明确的承诺,组织成员接受项目的各种约束,在工作中形成合力。

(3)有不同层次的权利和责任。

(4)组织有高度的凝聚力,大家积极地参与。

(5)“团队”成员全身心投入于项目“团队”工作中。

(6)成员互相信任。

(7)有效地沟通,成员交流经常化,团队中有民主气氛,大家感觉团队的存在。

(8)学习和创新是项目经理部经常性的活动。

项目经理部是项目组织的核心,而项目经理领导着项目经理部工作。所以项目经理居于整个项目的核心地位,他承担管理项目的责任,包括明确项目目标及约束,制订项目的各种活动计划,确定适合于项目的组织机构,招募项目组成员,建设项目团队,获取项目所需资源,领导项目团队执行项目计划,跟踪项目实施,及时对项目进行控制,处理与项目相关者的各种关系,对项目进行考评,提出项目报告等。他对整个项目经理部以及对整个项目起着举足轻重的作用,对项目的成功有决定性影响。工程实践证明,一个强的项目经理领导一个弱的项目经理部,比一个弱的项目经理领导一个强的项目经理部项目成就会更大。

在现代工程项目中,由于工程技术系统更加复杂化,实施难度加大,项目管理对项目的效益影响越来越大,业主在选择承包商和项目管理公司时十分注重对项目经理的经历、经验和能力的审查,并将他作为定标、授予合同的指标之一,赋予一定的权重。而许多项目管理公司和承包商将项目经理的选择、培养作为一个重要的企业发展战略。

长期以来我国没有专门的项目经理的教育和培训,项目经理都来自其他不同的工作岗位,有不同的知识背景、经历,则有不同的特点:

1)军队指挥员。在我国新中国成立后相当长时间内,建设项目的经理由军队的指挥员担任,如我国古代的工程项目,以及 20 世纪 50 年代和 60 年代进行的一些重点项目,如“两弹一星”工程等。

他们的特点是:忠诚,原则性强,有坚定的完成目标的信念,办事干练,果断,采用军队式的管理方式管理项目,用军事命令指挥工程施工;但经济观念比较薄弱,目标和计划的弹性较小。比较适合计划经济体制下的工程项目管理。对下级的作风比较强硬。

(2)政府行政领导。在 20 世纪 80 年代和 90 年代,我国大量的建设项目都由政府行政领导(如副市长、副省长、副部长)做负责人(总指挥)。他们能进行多方面的协调,全局把握较好,工作中鼓动性强,对政绩要求高,追求项目的形象,项目目标(特别是工期目标)的刚性大;但他们不太重视技术问题,经济观念淡薄,有为建设而建设的观念,喜欢搞大会战,以行政命令的方式指挥工程实施。

(3)企业经营管理者。现在大量的企业投资项目由企业的经营管理者负责管理。他们有经济思想,为市场搞项目的观念根深蒂固,对市场敏感,思维灵活,常常按照市场要求制定项目目标;较少考虑项目技术的特殊性和要求,目标容易多变。但他们能够面向用户,有使用户满意的理念。

(4)工程技术人员,如总工程师。他们有成熟的技术经验,熟悉工程过程,作为工程专家,在工程实施中有发言权和权威;但常常过于严谨,注重数据,对项目中的软信息不敏感,对市场也不敏感，项目战略上的把握性较差。注重技术细节，由于他不是管理者，可能不会委托任务、协调工作和控制项目。

2.3.5 建设工程项目的组织结构

建设工程项目组织结构模式可用项目组织结构图来描述，项目组织结构图可反映一个组织系统中各组成部门（组成元素）之间的组织关系（指令关系）。如图 2-15 所示，在项目组织结构图中，矩形框表示工作部门，上级工作部门对其直接下属工作部门的指令关系用单方向箭线表示。

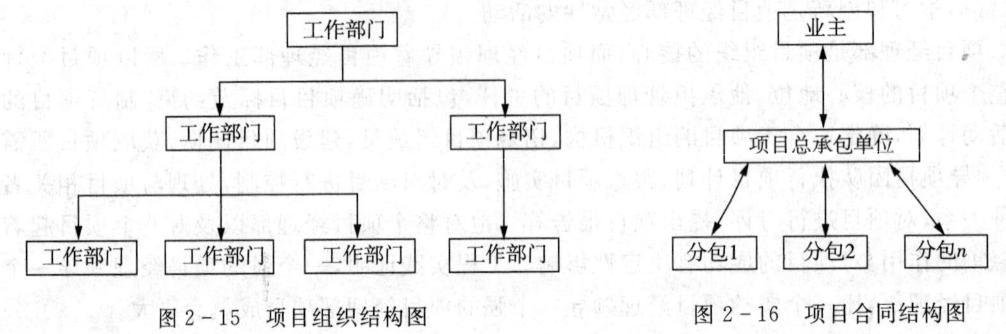

图 2-15 项目组织结构图　　图 2-16 项目合同结构图

项目结构分解图（图 2-5）、组织结构图（图 2-15）和合同结构图（图 2-16）表达的含义和区别见表 2-1 所列。

表 2-1 项目结构分解图、项目组织结构图和合同结构图的区别

	表达的含义	图中矩形框的含义	矩形框连接的表达
项目结构图	对一个项目的结构进行逐层分解，以反映组成该项目的所有工作任务（该项目的组成部分）	一个项目的组成部分	直线
组织结构图	反映一个组织系统中各组成部门（组成元素）之间的组织关系（指令关系）	一个组织系统中的组成部分（工作部门）	单向箭线
合同结构图	反映一个建设项目参与单位之间的合同关系	一个建设项目的参与单位	双向箭线

为了实现工程项目目标，使人们在项目中高效率地工作，必须设计适应项目特征的项目组织结构，并对项目组织的运作进行有效的管理，常用的项目组织结构模式包括直线型、职能式、矩阵式项目组织形式。

1. 直线型

在军事组织系统中，组织纪律非常严谨，军、师、旅、团、营、连、排和班的组织关系是指令逐级下达，一级指挥一级和一级对一级负责。直线型组织结构就是来自于这种十分严谨的军事组织系统。在直线型组织结构中，每一个工作部门只能对其直接的下属部门下达工作指令，每一个工作部门也只有一个直接的上级部门，因此，每一个工作部门只有唯一一个指令源，避免了由于矛盾的指令而影响组织系统的正常运行。

通常独立的单个中小型工程项目都采用直线型组织形式，如图 2-17 所示，它主要描述

“业主—项目管理公司—承包商”的组织关系。这种组织结构形式与项目的结构分解图有较好的对应性。

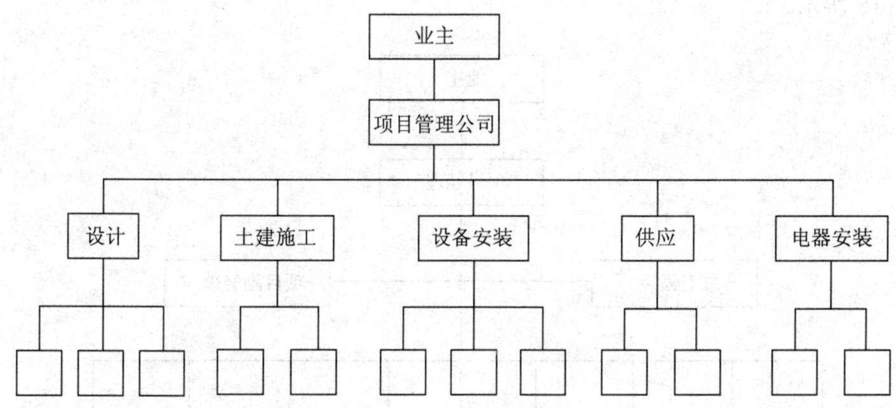

图 2-17　直线型项目组织形式

(1)直线型项目组织的优点

① 保证单头领导,每个组织单元仅向一个上级负责,一个上级对下级直接行使管理和监督的权力即直线职权,一般不能越级下达指令。项目参加者的工作任务、责任、权力明确,指令唯一,这样可以减少扯皮和纠纷,协调方便。

② 项目经理有指令权,能直接控制资源,向业主负责。

③ 信息流通快,决策迅速,项目容易控制。

④ 组织结构形式与项目结构分解图式基本一致。这使得目标分解和责任落实比较容易,不会遗漏项目工作,组织障碍较小,协调费用低。

(2)直线型项目组织的缺点

① 当项目比较多、比较大时,每个项目对应一个完整的独立的组织机构,使企业资源不能达到合理使用。

② 项目经理责任较大,一切决策信息都集中于他处,这要求他能力强、知识全面、经验丰富,否则决策较难、较慢,容易出错。

③ 不能保证企业部门之间信息流通速度和质量,由于权力争执会使项目和企业部门间合作困难。例如工程施工单位发现设计问题不能直接找设计单位,必须先找项目经理再转达设计单位;设计变更后,先交项目经理,再到达施工单位。

④ 在直线型组织中,如果专业化分工太细,会造成多级分包,进而造成组织层次的增加。

2. 职能式

在人类历史发展过程中,当手工业作坊发展到一定的规模时,一个企业内需要设置对人、财、物和产、供、销工作管理的职能部门,这样就产生了初级的职能组织结构。因此,职能组织结构是一种传统的组织结构模式。在职能组织结构中,每一个职能部门可根据它的管理职能对其直接和非直接的下属工作部门下达工作指令。因此,每一个工作部门可能得到其直接和非直接的上级工作部门下达的工作指令,它就会有多个矛盾的指令源。一个工作部门的多个矛盾的指令源会影响管理机制的运行。

职能式项目组织结构模式是专业分工发展的结果，它通常适用于工程项目规模大，但子项目又不多的情况。它包括了工程项目经理部的组织形式。例如，某工程项目的组织形式如图 2-18 所示。

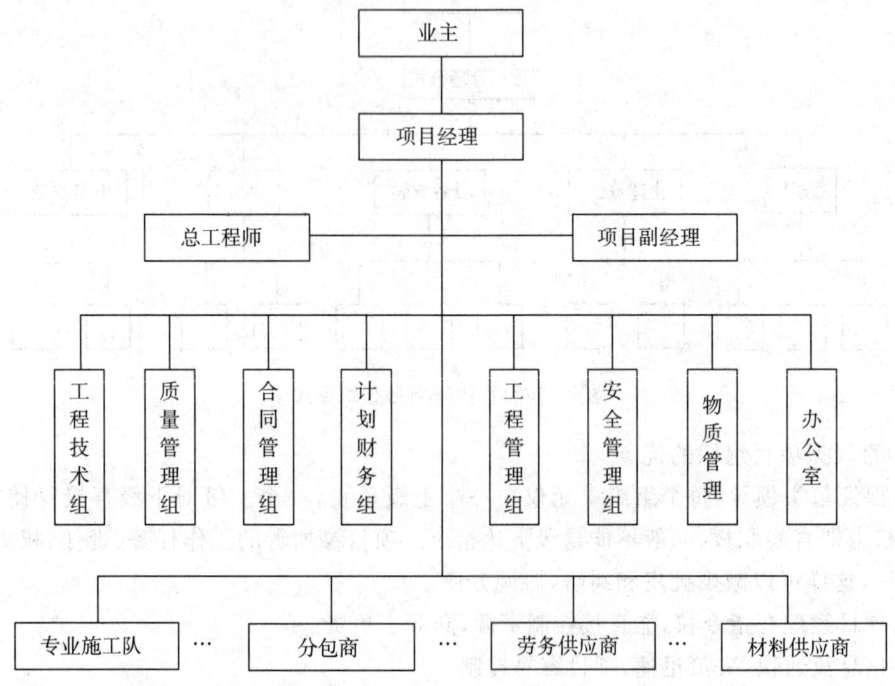

图 2-18 职能式项目组织形式

职能式项目组织形式的优点是强调职能部门和职能人员专业化的作用，大大提高了项目组织内的职能管理的专业化水平，能够提高项目管理水平和效率，项目经理主要负责协调。

职能式项目组织形式的缺点是组织中权力过于分散，有碍于命令的统一性，容易形成多头领导，也容易产生职能工作的重复或遗漏。

3. 矩阵式

进行一个特大型项目的实施，而这个项目可分为许多自成体系、能独立实施的子项目时，可以将各子项目看作独立的项目，则相当于进行多项目的实施。例如，我国的某建设工程指挥部的管理组织结构如图 2-19 所示。

矩阵式项目组织一般有两类部门划分：

(1)按专业任务分类的部门，主要负责专业工作、职能管理或企业资源的分配和利用，主要解决怎样干和谁干的问题，具有与专业任务相关的决策权和指令权。

(2)按子项目分类的组织，主要围绕项目对象，对它的目标负责，负责计划和控制，协调项目各工作环节及项目过程中各部门间的关系，具有与项目相关的指令权。

矩阵式组织是由原则上价值相同的两个领导系统的叠合，由双方共同工作，完成项目任务，使部门利益和项目目标一致。矩阵式组织是纵向职能管理基础上强调项目导向的横向协调作用，信息双向流动和双向反馈机制。在两个系统的集合处存在界面，需要具体划分双

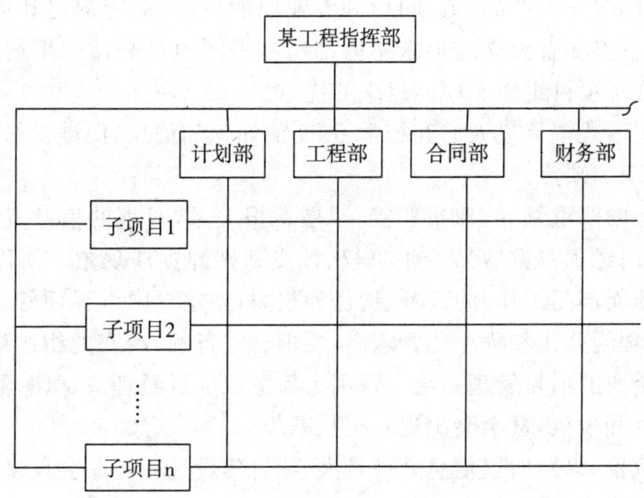

图2-19 矩阵式项目组织形式

方的责任、任务,以处理好两者之间的关系。

矩阵式项目组织的优点:

(1)能够形成以项目任务为中心的管理,集中项目承担企业全部的资源(特别是技术力量)。在各项目上,项目目标能够得到保证,能够迅速反映和满足顾客要求,对环境变化有比较好的适应能力。企业能够保证项目全过程和各项目之间管理的连续性和稳定性。

(2)由于各种资源企业统一管理,能达到最有效地、均衡地、节约地、灵活地使用企业资源,特别是能最有效地利用企业的职能人员和专门人才。能够形成全企业统一指挥,协调管理,进而能保证项目和部门工作的稳定性和效率。一个公司项目越多,虽然增加了计划和平衡的难度,但各种资源企业统一管理的效果越显著。

(3)在矩阵式组织中,项目组成员仍归属于一个职能部门,则不仅保证企业组织和项目工作的稳定性,而且使得人们有机会在职能部门中通过参加各种项目,获得专业上的发展,有了丰富的经验和阅历。

(4)矩阵式组织结构富有弹性,有自我调节的功能,能更好地适合于动态管理和优化组合,适合于时间和费用压力大得多项目和大型项目的管理。例如增加一个项目,对于职能部门仅增加了一项专业任务,仅影响计划和资源分配;某项目结束,并不影响整个企业组织结构。

(5)矩阵式组织的结构、权力与责任关系趋向灵活,能在保证项目经理对项目最有力控制的前提下,充分发挥各职能部门的作用,保证协调、信息和指令的途径较短,组织层次少,企业组织扁平化。"决策层—职能部门—实施层"之间的信息传输距离最小,沟通速度快。

(6)组织上打破了传统的以权力为中心的模式,树立了以任务为中心的思想。这种组织的领导不是集权的,而是分权的、民主的、合作的,所以管理者的领导风格必须变化。组织的运作必须是灵活的、公开的。人们信息共享,需要互相信任与承担义务,容易接受新思想,整个组织氛围符合创新的需要。

(7)各部门相对独立于它的上级领导,有较大的决策空间,工作有挑战性,所以通常人们的工作热情和效率较高,能有好的项目效益。同时组织的运行过程也是管理人员的培训过程。矩阵式组织能同时兼顾产品(或项目)和专业职能活动,职能部门和项目组共同承担项目任务,共同工作,各参加者独立地追求不同部门和不同项目利益的平衡,能够发挥双方的积极性,因此它综合了项目组织和职能组织的优点。

(8)在这种组织形式中促进人们互相学习,交流知识和信息,促进良好的沟通。

矩阵式项目组织的缺点:

(1)存在组织上的双重领导,双重职能,双层汇报关系,双重的信息流、工作流和指令界面。项目经理和部门经理双方容易产生争权、扯皮和推卸责任现象。所以必须严格区分两大类工作(项目和职能部门工作)的任务、责任和权力,划定界限。界面管理的难度和复杂性增加。这对企业管理规范化和程序化要求高,要求有完备的、严密的组织规则、程序,明确的职权划分,有效的企业的项目管理系统。否则极易造成项目经理或部门领导的越权,双方的矛盾,容易产生混乱和争执,甚至会出现对抗状态。

(2)由于存在双重领导,所以信息处理量大,项目建设过程协调会议多,报告多。

(3)由于许多项目同时进行,导致项目之间竞争专业部门的资源。而一个职能部门同时管理许多项目的相关工作,则它的资源分配问题是关键。由于企业内各项目间的优先次序不易确定,所以带来协调上的困难。由于要争夺有限的资源(如资金、人力、设备),职能经理与项目经理之间容易发生有矛盾,项目经理要花许多精力和时间周旋于各专业部门之间,以求搞好人事关系。

(4)采用矩阵式的组织结构会导致对已建立的企业组织规则产生冲击,如职权和责任模式、生产过程的调整、后勤系统、资源的分配模式、管理工作秩序、人员的评价等;更进一步,会对企业的管理习惯、组织文化产生冲击。

(5)需要很强的计划与控制系统,由于项目上对资源数量和质量的需要高度频繁地变化,难以准确估计,容易造成混乱、低效率,使项目的目标受到损害。

4. 工程项目寿命期组织的变化

随着同一个工程项目在整个生命周期不同阶段的进展,项目建设规模和工作任务性质不同,适应的项目组织结构也不同,即项目组织结构在项目期间不断改变。例如某大型建设工程项目在其生命期中组织结构形式经历如下变化(图 2-20)。

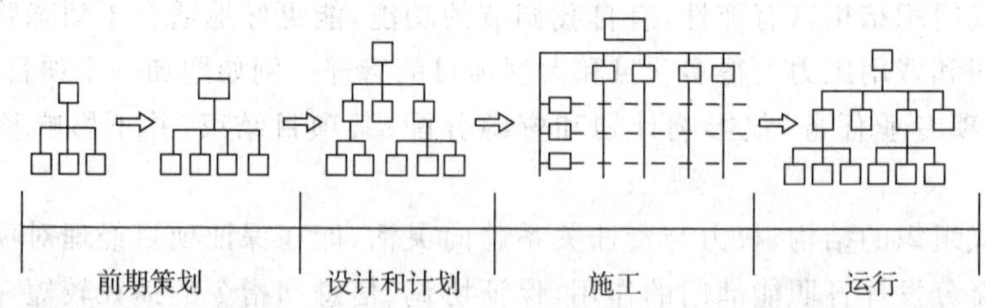

图 2-20 某大型工程项目在其寿命期内组织结构形式的变化示意图

(1)早期在上层组织形成项目构思后,成立一个临时性的项目小组做项目的目标研究,探索项目的机会。它仅为一个小型的研究性组织,挂靠在政府的一个职能部门内,为寄生于政府职能部门的临时组织形式。

(2)在提出项目建议书后,进入可行性研究阶段,就成立了一个规模不大的项目领导班子,项目的参加单位很少,主要为咨询公司(做可行性研究)和技术服务单位(如地质的勘探单位)，为直线型组织形式。

(3)在设计阶段，正式成立业主的组织(项目公司)，由于设计工作管理复杂，项目公司下设几个职能部门，项目参加单位也逐渐增加，采用职能式项目组织结构。

(4)在施工阶段，有多个子项目同时施工，有许多承包商、供应商、咨询和技术服务单位，则为一个多项目的组织，采用矩阵式的组织结构。

(5)在交付使用后，作为一个企业运营，则为企业组织。

2.4　建设项目管理规划和建设项目组织设计

2.4.1　建设项目管理规划

建设项目管理规划(或称建设项目实施规划)，国际上常用的术语为：Project Brief，Project Implementation Plan，Project Management Plan，是指导项目管理工作的纲领性文件，在工业发达国家，多数有一定规模的，或重要的建设项目都编制建设项目管理规划。我国的一些大型基础设施项目，自20世纪90年代中期也开始重视编制建设项目管理规划。

建设项目管理规划涉及项目整个实施阶段的工作，它属于业主方项目管理的工作范畴。如果采用建设项目总承包的模式，业主方也可以委托建设项目总承包方编制建设项目管理规划，因为建设项目总承包的工作涉及项目整个实施阶段。

建设项目的其他参与单位，如设计单位、施工单位和供货单位等，为进行其项目管理也需要编制项目管理规划，但它只涉及项目实施的一个方面，并体现一个方面的利益，如设计方项目管理规划、施工方项目管理规划和供货方项目管理规划等。

建设项目管理规划内容涉及的范围和深度，在理论上和工程实践中并没有统一的规定，应视项目的特点而定，一般包括如下内容：

(1)项目概述；

(2)项目的目标分析和论证；

(3)项目管理的组织；

(4)项目采购和合同结构分析；

(5)投资控制的方法和手段；

(6)进度控制的方法和手段；

(7)质量控制的方法和手段；

(8)安全、健康与环境管理的策略；

(9)信息管理的方法和手段；

(10)技术路线和关键技术的分析；

(11)设计过程的管理；

(12)施工过程的管理；

(13)风险管理的策略等。

2.4.2 建设项目组织设计

建设项目组织设计是重要的组织文件，它涉及项目整个实施阶段的组织，它属于业主方项目管理的工作范畴。建设项目组织设计主要包括以下内容：

(1)项目结构分解；

(2)合同结构；

(3)项目管理组织结构；

(4)工作任务分工；

(5)管理职能分工；

(6)工作流程组织等。

案例分析

【背景资料】

某城市在建设地铁轨道交通项目时，业主单位从工程开始进行策划设计阶段开始成立了业主方项目管理组织机构，如图 2-21 所示；项目进入全面施工阶段后，为了适应项目建设的需要对业主方项目管理组织机构进行了整体调整，如图 2-22 所示；工程任务基本完成后，在地铁投入使用准备阶段，业主单位对项目管理组织机构进行了局部调整，如图 2-23 所示。

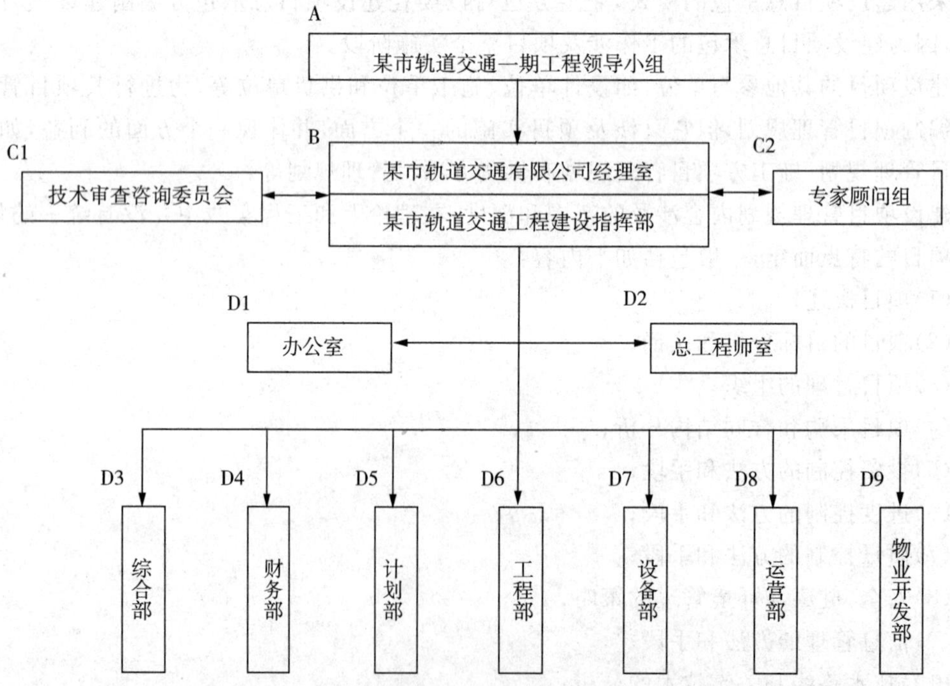

图 2-21 某市轨道交通工程组织结构图(第一阶段)

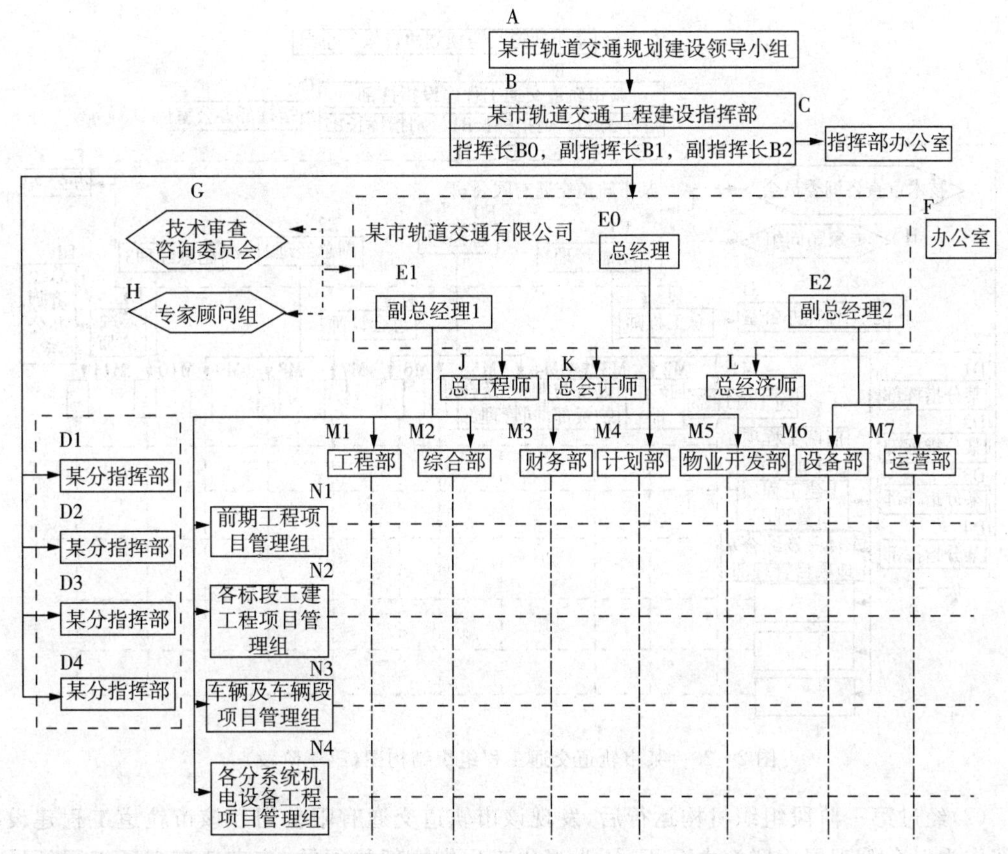

图 2－22　某市轨道交通工程组织结构图(第二阶段)

【问题】

根据上述该地铁轨道交通项目建设的组织机构图，分别分析施工前、施工开始后、项目移交使用准备这三个阶段项目组织机构的特点。

【参考答案】

1. 在项目刚开始时，项目建设业主单位主要要完成项目的前期策划、工程设计及工程施工准备工作，为此，成立了如图 2－21 所示的职能式项目组织结构。通过构建的项目组织结构，主要明确了以下机构设计和关系：

(1)确立了该市轨道交通有限公司和该市轨道交通工程建设指挥部联合办公的模式，联合指挥部共同受该市轨道交通一期工程领导小组的领导，来管理下属职能机构。

(2)设立了技术审查咨询委员会和专家顾问组来协助联合指挥部进行项目建设技术和管理决策。

(3)联合指挥部可以对总工程师室、办公室和七个职能部门发布指令，通过职能部门完成项目建设过程中建设管理工作。

2. 当工程进行到施工阶段，由于项目建设全面铺开进行，现有的组织机构管理多个标段项目建设的协调任务加重，对项目组织机构进行了调整，项目组织结构特点如下：

(1)项目组织机构调整为矩阵式组织结构为主体的组织结构，纵向为 7 个工作部门，横向为 4 个工作部门。

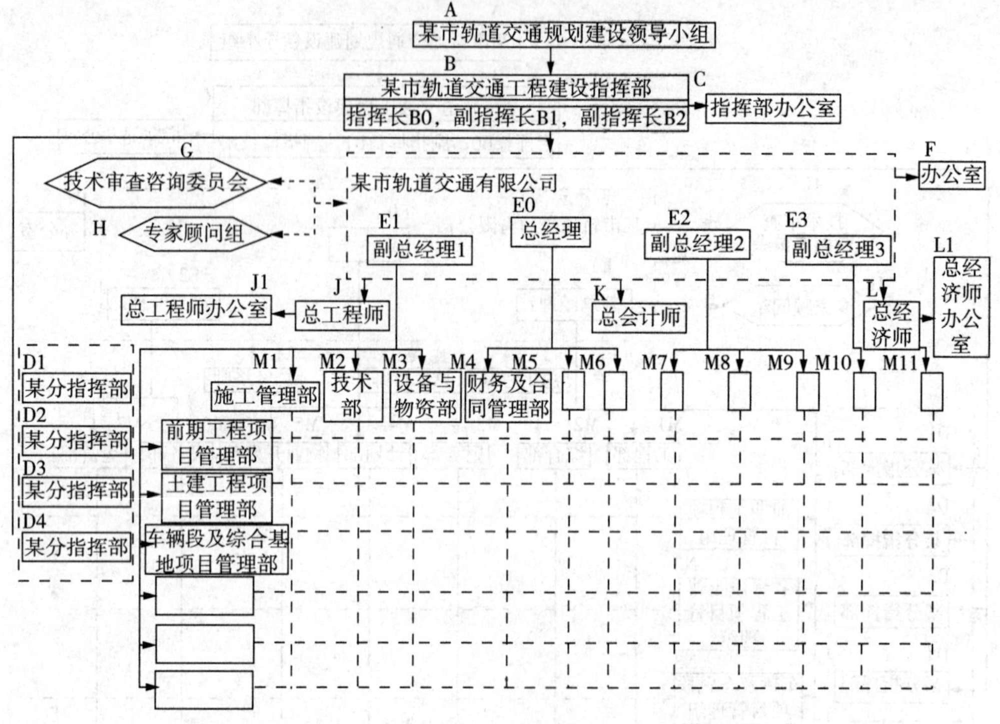

图 2-23　某市轨道交通工程组织结构图(第三阶段)

(2)经过第一阶段组织机构运行后,发现该市轨道交通有限公司和该市轨道工程建设指挥部作为一个管理层次联合办公不妥,为强化工程指挥部的领导,该市轨道交通工程领导小组、该市轨道交通工程指挥部和该市轨道交通有限公司作为三个管理层次。

(3)总经理和副总经理分别直接管理下属的工作部门,以避免矛盾的指令。

(4)根据项目建设需要,设总工程师、总经济师和总会计师。

(5)在该市轨道交通工程建设指挥部下设四个地域性的分指挥部,以协调轨道交通工程与所在地区的关系。

3. 当工程施工任务基本完成,移交使用单位之前,项目组织结构图特点如下:

(1)根据工作的需要,该市交通有限公司增设一位副总经理,他主要分管运营部和物业开发部。

(2)由于项目工程竣工决算工作量的增加,设总工程师和总经济师办公室。

(3)纵向由 7 个工作部门增加为 11 个,横向由 4 个工作部门增加为 6 个。

综合以上分析可以看出,项目组织结构是动态的,可根据工程进展的需要及时进行必要的调整。

实战演练

【背景资料】

某飞机场迁建项目总投资约 200 亿元人民币,子项目很多,主要包括航站区、飞行区和综合工程三部分,现设计项目采用直线型组织结构,如图 2-24 所示。

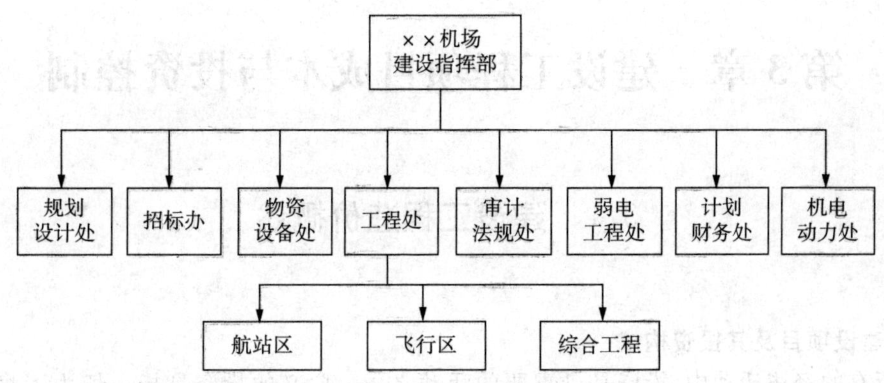

图 2-24　项目组织结构图

【问题】

1. 试分析如图 2-24 所示的项目组织结构图的优缺点。

2. 如果要改进如图 2-24 所示的项目组织结构图,怎么改进比较合适?

思考题

1. 建设工程项目组织特点不同于一般的企事业单位组织,请结合具体工程项目分析建设工程项目组织结构,并阐述其组织机构特殊性体现在哪些方面?

2. 结合你所熟悉的工程项目分析其项目工作结构分解情况。

3. 分析 PPP 建设模式项目资本结构特点。

4. 分析 EPC 总承包模式特点及适用工程类型。

5. 结合具体工程项目分析矩阵式项目组织结构的优缺点。

6. 分析大型工程项目全寿命周期不同阶段的组织结构特点。

7. 阐述工程项目管理规划一般应包括的内容。

第3章 建设工程项目成本与投资控制

3.1 建设工程造价概述

3.1.1 建设项目及其投资构成

在所有的经济活动中,投资是最重要的活动之一。广义的投资是指一切为了将来的所得而实现垫付的资金及其经济行为;而狭义的投资是指为建造和购置固定资产、购买和储备流动资产而事先垫付的资金以及经济行为。而在建设工程项目中,投资是在工程建设活动过程中为实现预定的生产、经营目的而预先垫付的资金及经济行为。

建设工程项目投资与社会的发展和相关政策法规的变化而变化。建设工程项目投资包括固定资产投资、流动资产投资以及建设期贷款利息。根据我国现阶段建设项目投资费用的构成,主要建设项目的费用构成见表 3-1 所列。

表 3-1 建设项目投资费用构成表

费用名称	主要内容
固定资产投资	
——工程费	建设安装工程费设备、工器具及生产家具购置费
——工程建设其他费	与土地使用有关的费用与工程建设有关的其他费用与未来企业生产经营有关的其他费用
——预备费	基本预备费工程造价调整预备费
流动资产投资	
——流动资金	用于购买原材料、燃料、动力、支付职工工资和其他相关费用
建设期贷款利息	

投资按照费用项目性质,分为静态投资和动态投资。静态投资是以某一基准年、月的建设要素的价格为依据所计算出的建设工程项目投资的时值。项目确定后,在总投资中相对固定的部分,如建设安装工程费、设备和工器具购置费、工程建设其他费用、预备费中的基本预备费等构成建设工程的静态投资。动态投资是指为完成一个工程项目的建设,预计投资需要量的总和。在静态投资的基础上,加上工程造价调整预备费、建设资金贷款利息和经营性项目流动资金等费用构成动态投资。动态投资适应市场价格运行机制的要求,使得投资的计划、估算、控制更加符合实际、符合经济运行规律。

3.1.2 固定资产投资

固定资产是指使用年限在一年以上,单位价值在规定标准以上,并在使用过程中保持原有物质形态的资产。固定资产从实物形态上看,能以同样的实物形态为连续多次的生产周期服务，而且在长期的使用过程中始终保持原有的物质形态。固定资产从价值形态上看，其价值会随着固定资产的使用而磨损，以折旧的形式分期分批地转移到新产品的价值中去，构成新产品价值的组成部分。从资金运动来看，固定资产所占用的资金循环一次周期较长，通过折旧得到补偿与收回的部分将转化为货币资金。

固定资产投资由工程费、工程建设其他费用和预备费三部分构成。固定资产投资估算，按单项工程的费用预算投资，最后汇总成固定资产总额。下面详细介绍固定资产投资每个部分的组成。

1. 工程费

工程费是指设计范围内的建设安装工程费和设备及工器具购置费等直接费用。建筑工程费指各类房屋建筑、一般建筑安装工程、室内外装饰装修、各类设备基础、室外构筑物、道路、绿化、铁路专用线、码头、围护等工程费。一般建筑安装工程费指建筑物附属的室内供水、供热、卫生、电气、燃气、通风孔、弱电设备的管道安装及线路建设工程。安装工程费包括专业设备安装工程费和管线安装工程费。专业设备安装工程费指在主要生产、辅助生产、公用等单项工程中需安装的工艺、电气、自动控制、运输、供热、制冷等设备、装置及各种工艺管道安装及防腐、保温等工程费。管线安装工程费指供电、通信、自控等管线安装工程费。

设备购置费是为工程建设项目购置或自制的达到固定资产设备标准的设备、工器具的费用。新建项目和扩建项目的新建车间购置或自制的全部设备、工器具，不论是否达到固定资产标准，均计入设备、工器具购置费用中。设备购置费由设备原价与设备运杂费组成。设备原价是指国产标准设备、国产非标准设备、进口设备的原价。设备运杂费指除设备原价之外，关于设备采购、运输、途中包装及仓库保管等方面指出的费用。另外，工器具及生产家具购置费指新建项目初步设计规定所必须购置的不够固定资产的设备、仪器、工卡模具、器具、生产家具和备品备件等的费用。

2. 工程建设其他费用

工程建设其他费用，是根据设计文件要求和国家相关规定应在工程建设投资中支付的并列入建设项目总概算或单项工程综合概预算的费用。这些费用不属于建设项目中的任何一个工程项目，而是仅属于建设项目范围内的工程费用。工程建设其他费用包括下列内容：

(1)与土地使用有关的费用

土地使用费指建设工程项目通过土地使用权出让或划拨方式取得土地使用权，所需土地使用权出让金及土地征用及拆迁补偿费。

土地使用权出让金指建设项目通过土地使用权出让方式取得有限期的土地使用权，依照《中华人民共和国城市房地产管理法》《中华人民共和国土地管理法》等法规的规定，支付土地使用权出让金。

土地征用及拆迁补偿费是指建设工程项目通过划拨方式取得无限期的土地使用权，依照《中华人民共和国土地管理法》等规定所支付的费用，内容包括：土地补偿费；征用耕地安置补助费；征地动迁费；水利水电工程库区淹没处理补偿费。

(2)与工程建设相关的其他费用

建设单位管理费指建设工程项目从立项开始至竣工验收交付使用为止的建设全过程中建设单位在项目建设管理中所需费用，内容包括建设单位开办费、建设单位经费、临时设施费、工程监理费、工程保险。建设单位管理费按照单项工程费之和乘以建设单位管理费率计算。

研究试验费指为本建设工程项目提供或验证设计数据、资料进行必要的研究试验，按照设计规定在施工过程中必须进行试验所需的费用，以及支付科技成果、先进技术和一次性技术转让费。研究试验费按照设计单位根据本工程项目的需要提出的研究试验内容和要求计算。

勘察设计费指委托勘察设计单位进行勘察设计时，按规定应支付的工程勘察设计费；为建设工程项目进行可行性研究而支付的费用，以及在规定范围内由建设单位自行勘察、设计工作所需的费用。勘察设计费按国家计委颁发的工程勘察设计收费标准和相关规定计算。

供电贴费指按照国家规定建设项目应缴纳的供电工程贴费、施工临时用电贴费、电力建设基金，是我国政府在特定的社会经济条件下制定的解决电力建设资金不足的临时对策，按照国家计委批准相关部门关于供电工程收取贴费的暂行规定执行。

施工机构迁移费指施工机构根据设计任务的需要，经相关部门决定成建制地由原驻地迁移到另一地区所发生的一次性搬迁费用，一般按照建筑安装工程费用的百分比或类似工程预算计算。

矿山巷道维修费是指锚喷支护巷道、木支架巷道、钢筋混凝土支架巷道建成后至移交生产前，由施工企业代管期间所发生的维修费，一般可以按国务院主管部门相关规定执行。

引进技术和进口设备项目的其他费用指项目采用引进技术和进口设备所增加的除设备本身费用外而增加的其他费用。

工程监理费指委托工程监理单位对工程实施监理工作所需的费用。按照国家物价局、国家建设部《关于发布工程建设监理费用有关规定的通知》等文件的规定计算。

工程保险费指建设项目在建设期间根据需要实施工程保险所需的费用，包括工程一切险、施工机械险、第三者责任险、机动车辆保险、人身意外险等。根据不同的工程类别，分别以其建筑、安装工程费乘以建筑、安装工程保险费率计算。

(3)与未来企业生产经营相关的其他费用

联合试运转费指新企业或新增加生产工艺工程的扩建企业在竣工前，按照设计规定的工程质量标准，进行整个车间的负荷试运转所发生的费用支出大于试运转收入的亏损部分以及必要的工业炉烘炉费。联合试运转费一般根据不同性质的项目按需要试运转车间的工艺设备购置费的百分比计算。

生产职工培训费指新建企业或新增生产能力的扩建企业，为保证项目在交工使用后能够发挥生产能力而进行的生产职工培训所发生的费用，包括自行培训或委托其他单位培训技术人员、工人和管理人员所支付的费用、生产单位为参加施工、设备安装、调试等，以及熟悉工艺流程、机器性能等需要提前进厂人员所支付的工资、工资性补贴、职工福利费等。一般根据需要培训和提前进厂人员的人数及培训时间按生产职工培训费指标进行估算。

办公和生活家具购置费指为保证新建、改建和扩建项目初期正常生产、使用和管理所必须购置的办公和生活家具、用具的费用。改建、扩建项目所需的办公和生活用具购置费应低于新建项目的费用，一般按照设计定员人数乘以综合指标计算。

3. 预备费

预备费又称不可预见费，包括基本预备费和工程造价调整预备费。基本预备费指初步设计概算内难以预料的工程费用，包括在批准的初步设计范围内，技术设计、施工图设计以及施工过程中所增加的工程相应的费用，设计变更，局部地基处理等增加的费用，一般自然灾害造成的损失和为了预防自然灾害所采取的措施费用等。基本预备费一般是工程费和工程建设其他费的总和乘以基本预备费率。

工程造价调整预备费指建设项目在建设期间内，对由于各种资源价格等变化引起工程造价变化的预测预留费用，内容包括人工、设备、材料、施工机械价差，建筑安装工程量、工程建设其他费用调整，利率以及汇率等的调整。工程造价调整预备费的测算，一般根据国家规定的投资综合价格指数，依照年份价格水平的投资额为基数，采用复利方法计算。

3.1.3　流动资产投资

流动资产指可以在一年内或者超过一年的一个营业周期内变现或耗用的资产，包括现金、各种存款、短期投资、应收及预付款项、存货等。在流动资产中，现金及各种存款是企业在生产经营过程中停留于货币形态的那部分资产，该资产具有流动性大的特点。企业要进行生产经营活动，首先必须拥有一定数量的现金和各种存款，以支付劳动对象、劳动手段和劳动方面的费用，通过生产经营过程，将劳动产品销售出去，又获得了这部分资金。存货指企业在生产经营过程中为销售或耗用而储备的物资，如材料、燃料、低值易耗品、在产品、半成品、产成品、协作件和商品等。流动资产中存货的价值占有较大的比重，存货包括为企业销售或制造产品所耗用而储备的一切物资，特点是不断处于销售和重置或耗用和重置之中。

3.1.4　无形资产与递延资产

无形资产指没有物质实体，但可以使拥有者长期受益的资产。无形资产是企业拥有的一种特殊权利，有助于企业取得高于一般水平的收益，主要包括专有技术、专利权、商标权、著作权、土地使用权、经营特许权、商誉权等。无形资产通常有一定的有效期限(如 10 年)。

递延资产指不能全部计入当年损益，应当在以后年度内分期摊销的各种费用，包括开办费、固定资产改良支出、租入固定资产的改良支出以及摊销期限在一年以上的其他待摊费用。

3.1.5　建设期贷款利息

建设期贷款利息包括向国内银行和其他非银行金融机构贷款、出口信贷、外国政府贷款、国际商业银行贷款以及在境内外发行的债券等在建设期间内应偿还的借款利息。建设期借款利息实行复利计算。如果是国外贷款，贷款利息应包括国外贷款银行根据贷款协议向贷款方以年利率的方式收取的手续费、管理费、承诺费；以及国内代理机构经国家主管部门批准的以年利率的方式向贷款单位收取的转贷费、担保费、管理费等。

3.2　建设工程成本控制的任务与措施

3.2.1　建设项目成本控制的概念

建设工程项目的成本控制，可以理解为成本管理，其任务是在保证工期和治疗满足要求的情况下，利用组织措施、经济措施、技术措施、合同措施把成本控制在计划范围内，并进一步寻求最大程度的成本节约。施工成本管理的内容包括成本计划、成本控制、成本核算和成本考核等。施工成本控制,是在项目成本形成过程中,对各项生产费用的开始进行监督,及时纠正发生的偏差,把各项费用的支出控制在计划成本规定范围内,以保证成本计划的实现。

施工项目成本是施工企业为完成建设工程项目的建筑安装工程任务所耗费的各项生产费用的总和,它包括施工过程中所消耗的生产资料转移价值及工资补偿形式分配给劳动者个人消费的因为劳动消耗所创造的价值。施工成本控制对于整个建设工程项目管理意义重大。

(1)施工成本控制是施工项目工作质量的综合反映,施工成本的降低,表明生产资料的节约,生产率的提高。

(2)施工成本控制有助于发现施工项目生产和管理中存在的问题,以便采取措施,充分利用人力和物力,降低施工项目成本。

(3)施工成本控制是增加企业利润,扩大社会积累的最主要途径之一。

(4)在施工项目价格一定的前提下,成本越低、盈利越高。施工企业以施工为主业,因此,施工利润是企业经营利润的来源。降低施工成本成为施工企业盈利的关键。

3.2.2 施工项目成本控制的原则

一个健全的企业,应该有完善的成本控制体系及原则,主要的成本控制原则包括:

(1)经济原则:施工成本控制必须突出经济效益和社会效益,正确处理产值、竣工面积、工程质量和成本的关系。任何承建单位决不能只顾追求产值而不顾竣工面积、工程质量和成本,同时不能为片面追求低成本而不顾工程质量、产值和竣工面积。在施工成本控制中,应统筹兼顾,不能顾此失彼。

(2)全面性原则:包括全员成本控制和全过程成本控制两项内容。全员成本控制指通过全体职工进行项目成本控制。由于项目成本是一个综合性指标,它涉及承担施工的各专业施工单位和有关职能部门以及全体职工的工作成果,这要求建设工程项目成本控制要细化、全面,要按照定额、限额和预算严格进行管理。全过程成本控制指成本控制的对象不只是生产领域中施工费用,项目成本控制的范围必须贯穿于成本形成的全过程,它包括施工规划、劳动组织、材料供应、工程施工和工程点交各个方面。

(3)责权利相结合原则:贯彻责权利相结合原则,有责就应该有权,否则就不能完成分担的责任;有责还应该有利,否则就缺乏推动履行现职的动力。

3.2.3 施工项目成本控制的内容

施工项目成本控制应遵循一定的程序,首先掌握生产要素的市场价格和变动状态,确定合理的项目合同价;接着编制成本计划,确定成本实施目标;进行成本动态控制,实现施工实施目标;进行项目成本核算和工程价款结算,及时收回工程款;进行项目成本分析;进行项目成本考核,编制成本报告;最后积累项目成本资料。因此,施工项目成本控制包括成本计划,成本控制,成本核算,成本分析和成本考核。

1. 成本计划

成本计划是项目经理对建设工程项目成本进行管理的工具之一,它以货币形式编制工程项目在计划期内的生产费用、成本水平、成本降低率以及为降低成本所采取的主要措施和规划的书面方案，它是建立项目成本管理责任制、开展成本控制和核算的基础。一般来说，一个项目成本计划应包括从开工到竣工所必需的施工成本，是减低项目成本的指导性文件，是设立目标成本的依据。

建设工程项目成本计划，在多种成本预测的基础上，经过分析、比较、论证、判断之后，以货币形式预先规定计划期内项目施工的耗费和成本要求达到的水平，并且确定各个成本项目比预计要达到的降低额和降低率，提出保证成本计划实施所需要的主要措施方案。

建设工程项目成本计划是项目全面计划管理的核心，内容涉及项目范围内的人、财、物和项目管理职能部门等方方面面，是受企业成本计划制约的计划体系，关系着这个建设项目的成功实施和成本控制，同时依赖于项目组织对生产要素的有效控制。

一般来说，建设工程项目成本计划的编制根据项目相关的文件，包括合同，项目管理实施规划，可行性分析报告，设计文件，市场价格信息，成本定额以及其他相关的成本资料。编制成本计划需要满足一些要求：(1)由项目经理负责编制，报组织管理层批准；(2)自下而上分级编制并逐层汇总；(3)反映各成本项目指标和降低成本指标。建设工程项目成本计划中要求反映以下内容：(1)合同规定的项目质量和工期、成本要求；(2)以经济合理的项目实施方案为基础的要求；(3)有关定额及市场价格的要求；(4)类似项目提供的启示。

建设工程项目成本计划的编制要遵循以下的几个原则。

(1)合法性原则：编制成本计划必须遵守国家有关法律法规、政策及财务制度的规定，遵守成本开支范围和各项费用开支标准，任何违反财务制度的规定，随意扩大或缩小成本开支范围的行为，将造成成本计划失效。

(2)先进可行性原则：成本计划既要保持先进性，又必须切实可行。编制成本计划必须以各种先进的技术经济定额为依据，并针对施工项目的具体特点，采取切实可行的技术组织措施作保证，制订的成本计划既要有科学根据，又有实现的可能，使成本计划有一定的促进和激励作用。

(3)弹性原则：编制成本计划，要保持一定的弹性，对于未来可能发生的变化，尤其是材料的市场价格变化，要充分考虑，发挥成本计划的作用。

(4)可比性原则：成本计划应与实际成本、前期成本保持可比性，在编制的时候，要采用科学的计算方法，并与成本核算的方法保持一致(包括成本核算对象、成本费用汇集、结转、分配方法等)。只有这样，才能有效地进行成本分析，发挥成本计划的作用。

(5)统一领导、分级管理原则：成本计划的编制，要在项目经理的领导下，以财务和计划部门为中心，发动全体职工总结经验的积极性，找出降低成本的正确途径，使成本计划的制订和执行具有广泛的群众基础。

(6)从实际情况出发的原则：编制成本计划必须从实际出发，使降低成本的指标切实可行。建设工程项目降低成本的措施要立足于正确选择施工方案，合理组织施工，提高劳动生产率，改善材料供应，降低材料消耗，提高机械设备利用率，节约施工管理费用等。

(7)与其他计划结合的原则：编制成本计划，必须与工程项目的其他各项计划如施工方案、生产进度、财务计划、资料供应及耗费计划等密切结合，保持平衡。一方面要根据工程项目的生产、技术组织措施、劳动工资、材料供应等计划来编制，另一方面又影响着其他组织的各种计划指标。在制订其他计划时，应考虑适应降低成本的要求，与成本计划密切配合。

建设工程项目成本计划的内容具体如下。

(1)编制说明:对建设工程项目的范围、投票竞争过程及合同条件、承包人对项目经理提出的责任成本目标、项目成本计划编制的指导思想和依据等具体说明。

(2)项目成本计划的指标:成本计划的指标应经过科学的分析预测,采用对比法,因素分析法等方法确定。

(3)按工程量清单列出单位工程计划成本汇总表。

(4)按成本性质划分的单位工程成本汇总表,根据清单项目的造价分析,分别对人工费、材料费、机械费、措施费、企业管理费和税费进行汇总,形成单位工程成本计划表。

(5)项目计划成本应在项目实施方案确定和不断优化的前提下进行编制,因为不同的实施方案将导致直接工程费、措施费和企业管理费的差异。成本计划的编制是项目成本预控的重要手段。因此在工程开工前编制完成,以便将计划成本目标分解落实,为各项成本的执行提供明确的目标、控制手段和管理措施。

2. 成本控制

成本控制指在施工过程中,对影响项目成本的各种因素加强管理,并采取各种有效措施,将施工中实际发生的各种消耗和支出严格控制在成本计划范围内,随时揭示并及时反馈,严格审查各项费用是否符合标准、计算实际成本和计划成本之间的差异并进行分析,消除施工中的损失浪费现象,发现和总结先进经验。通过成本控制,使建设工程项目最终实现甚至超过预期的成本节约目标。项目成本控制应贯穿在工程项目从招投标阶段开始直到项目竣工验收的全过程,是企业全面成本管理的重要环节。

成本控制的方法有很多,没有必要在一个工程项目中全部使用,可根据项目特点,选用有针对性的、简单使用的方法来合理控制成本。常用的成本控制方法包括以施工图预算控制成本支出,和以施工预算控制人力资源和物质资源的消耗。

(1)以施工图预算控制成本支出

在建设工程项目的成本控制中,可按施工图预算,实行“以收定支”,或者“量入为出”,是最有效的方法之一。具体的处理方法如下:

① 对人工费的控制

假定预算定额规定的人工费单价为13.80元,合同规定人工费补贴为20元/工日,两者相加,人工费的预算收入为33.80元/工日。在这种情况下,项目经理部与施工队签订劳务合同时,应该将人工费单价定在30元以下(辅工还可再低一些),其余部分考虑用于定额外人工费和关键工序的奖励费。如此安排,人工费就不会超支,而且还留有余地,以备关键工序的不时之需。

② 对材料费的控制

在实行按“量价分离”方法计算工程造价的条件下,水泥、锶材、木材等“三材”的价格随行就市,实行高进高出;地方材料的预算价格=基准价×(1+材差系数)。在对材料成本进行控制的过程中,首先要以上述预算价格来控制地方材料的采购成本;至于材料消耗数量的控制,则应通过“限额领料单”去落实。

由于材料市场价格变动频繁,往往会发生预算价格与市场价格严重背离而使采购成本失去控制的情况。因此,项目材料管理人员有必要经常关注材料市场价格的变动,并积累系统翔实的市场信息。如遇材料价格大幅度上涨,可向“定额管理”部门反映,同时争取甲方按实补贴。

③ 对钢管脚手、钢模板等周转设备使用费的控制

施工图预算中的周转设备使用费＝耗用数×市场价格，而实际发生的周转设备使用费＝使用数×企业内部的租赁单价或摊销率。由于两者的计量基础和计价方法各不相同，只能以周转设备预算收费的总量来控制实际发生的周转设备使用费的总量。

④ 对施工机械施工费的控制

施工图预算中的机械使用费＝工程量×定额台班单价。由于项目施工的特殊性，实际的机械利用率不可能达到预算定额的取定水平；再加上预算定额所设定的施工机械原值和折旧率又有较大的滞后性，因而使施工图预算的机械使用费往往小于实际发生的机械使用费，形成机械使用费超支。由于上述原因，有些施工项目在取得甲方的谅解后，于工程合同中明确规定一定数额的机械费补贴。在这种情况下，就可以按施工图预算的机械使用费和增加的机械费补贴来控制机械费支出。

⑤ 对构件加工费和分包工程费的控制

在市场经济体制下，钢门窗、木制成品、混凝土构件、金属构件和成型钢筋的加工，以及打桩、土方、吊装、安装、装饰和其他专项工程（如屋面防水等）的分包，都要通过经济合同来明确双方的权利和义务。在签订这些经济合同的时候，特别要坚持“以施工图预算控制合同金额”的原则，绝不允许合同金额超过施工图预算。根据部分工程的历史资料综合测算，上述各种合同金额的总和约占全部工程造价的 55％～70％。由此可见，将构件加 T 和分包工程的合同金额控制在施工图预算以内，是十分重要的。如果能做到这一点，实现预期的成本目标，就有了相当大的把握。

(2)以施工预算控制人力资源和物质资源的消耗

资源消耗数量的货币表现是成本费用，因此，资源消耗的减少，就等于成本费用的节约，空置了资源消耗，也就等于控制了成本费用。以施工预算控制资源消耗的实施步骤和方法如下：

① 项目开工以前，应根据设计图纸计算工程量，并按照企业定额或上级统一规定的施工预算定额编制整个工程项目的施工预算，作为指导和管理施工的依据。施工预算对分部分项工程的划分，原则上应与施工工序相吻合，或直接使用施工作业计划的“分项工程工序名称”，以便与生产班组和任务安排和施工任务单的签发取得一致。

② 对生产班组的任务安排，必须签发施工任务单和限额领料单，并向生产班组进行技术交底。施工任务单和限额领料单的内容，应与施工预算完全相符，不允许篡改施工预算，也不允许有定额不用而另行估工。

③ 在施工任务单和限额领料单的执行过程中，要求生产班组根据实际完成的工程量和实耗人工、实耗材料做好原始记录，作为施工任务单和限额领料单结算的依据。

④ 任务完成后，根据回收的施工任务单和限额领料单进行结算，并按照结算内容支付报酬。为了保证施工任务单和限额领料单结算的正确性，要求对施工任务单和限额领料单的执行情况进行认真的验收和核查。为了便于任务完成后进行施工任务单和限额领料单与施工预算的对比，要求编制施工预算时对每个分项工程工序名称统一编号，在签发施工任务单和限额领料单时，也要按照施工预算的统一编号对每一个分项工程工序名称进行编号，以便对号检索对比，分析节超。

(3)应用成本与进度同步跟踪的方法控制分部分项工程成本

为了便于在分部分项工程的施工中同时进行进度与费用的控制，掌握进度与费用的变化过程，可以按照横道图和网络图的特点分别进行处理。

① 横道图计划的进度与成本的同步控制

在横道图计划中，表示作业进度的横线有计划线和实际线。在表 3－2 中，计划线（虚线）上的 C，表示与计划进度相对应的计划成本；实际线（实线）下的 C，表示与实际进度对应的实际成本。在表中，可以掌握以下信息：

A. 每道工序的进度与成本的同步关系，即施工到什么阶段，就将发生多少成本；

B. 每道工序的计划施工时间与实际施工时间（从开始到结束）之比（提前或拖期），以及对后道工序的影响；

C. 每道工序的计划成本与实际成本之比（节约或超支），以及对完成某一时期责任成本的影响；

D. 每道工序施工进度的提前或拖期对成本的影响程度；

E. 整个施工阶段的进度和成本情况。

表 3－2　××工程项目进度与成本同步跟踪横道图（基础阶段）

编号	工序	单位	工程量	产值（元）	人工 技	人工 辅	进度线 5 10 15 20 25 30 35 40
1	蟹斗挖土	m^3	11.30	6968	—	44	
2	C10 混凝土垫层	m^3	3.75	7.28	3	2	
3	有梁带基扎铁	t	9.45	28448	41	5	
4	C20 有梁带基混凝土	m^3	150.00	20.00	40	44	
5	砖基础 M10 砂浆	m^3	135.00	21477	141	49	
6	C20 钢筋混凝土防水带	m^3	6.75	3787	30	12	
7	架空板 12cm	m^3	450.00	25002	120	31	
8	基础回填土	m^3	1048.00	1572	—	231	

通过进度与成本同步跟踪的横道图，要求实现：以计划进度控制实际进度；以计划成本控制实际成本；随着每道工序进度的提前或拖期，对每个分项工程的成本实行动态控制，以保证项目成本目标的实现。

② 网络图计划的进度与成本的同步控制

网络图计划的进度与成本的同步控制，与横道图计划有异曲同工之处，所不同的是，网络计划在施工进度的安排上更具逻辑性，而且可随时进行优化和调整，因而对每道工序的成本控制更为有效。

网络图如图 3－1 所示，代号为工序施工起止的阶段，箭杆表示工序施工过程，箭杆下方为工序的计划施工时间，箭杆上方“C”后面的数字为工序的计划成本；实际施工的时间和成本，则在箭杆附近的空格中按实填写。这样，就能从网络图中看到每道工序的计划进度与实际进度、计划成本与实际成本的对比情况；同时，也可清楚地看出今后控制进度、控制成本的方向。

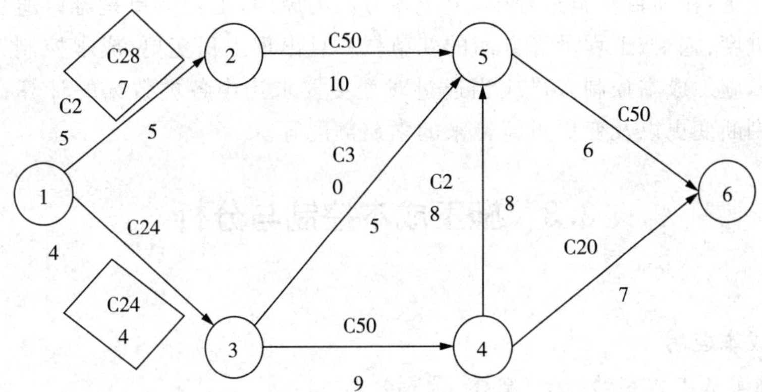

图 3-1　进度与成本同步跟踪的网络图

注:粗箭杆表示关键工作

3. 成本核算

成本核算是指项目施工过程中所发生的各种费用和形式成本的核算。一是按照规定的成本开支范围对施工费用进行归集,计算出施工费用的实际发生额;二是根据成本核算对象,采用适当的方法,计算出该工程项目的总成本和单位成本。项目成本核算所提供的各种成本信息,是成本预测、成本计划、成本控制、成本分析和成本考核等各个环节的依据。

4. 成本分析

成本分析是在成本形成过程中,对项目成本进行的对比评价和剖析总结工作,它贯穿于项目成本管理的全过程。项目成本分析主要利用工程项目的成本核算资料(成本信息),与目标成本(计划成本)、预算成本以及类似的工程项目的实际成本等进行比较,了解成本的变动情况,同时也要分析主要技术经济指标对成本的影响,系统地研究成本变动的因素,检查成本计划的合理性,并通过成本分析,深入揭示成本变动的规律,寻找降低项目成本的途径,以便有效地进行成本控制。

5. 成本考核

成本考核指在项目完成后,对项目成本形成中的各责任者,按项目成本目标责任制的有关规定,将成本的实际指标与计划、定额、预算进行对比和考核,评定项目成本计划的完成情况和各责任者的业绩,并以此给以相应的奖励和出发。通过成本考核,做到有奖有惩,有效地调动企业的每一个职工在各自的岗位上努力完成目标成本的积极性,为降低项目成本和增加企业利润做贡献。

除了主要的成本控制内容,施工成本控制有以下的依据:

(1)工程承包合同:以工程承包合同为依据,围绕降低工程成本这个目标,从预算收入和实际成本两方面,努力挖掘增收节支潜力,以求获得最大的经济效益。

(2)施工成本计划:根据施工项目的具体情况制定的施工成本控制方案,既包括预定的具体成本控制目标,又包括实现控制目标的措施和规划,是施工成本控制的指导文件。

(3)进度报告:进度报告提供了工程实际完成量、工程施工成本实际支付情况等重要信息。施工成本控制工作是通过实际情况与施工成本计划相对比,找出二者之间的差别,分析偏差产生的原因，从而采取措施改进以后的工作。

(4)工程变更：在项目实施过程中，由于各方面的原因，工程变更是难以避免的。工程变更包括设计、进度、施工、工程量等方面的变革。一旦出现工程变更，成本控制工作将变得更加复杂。因此，施工成本控制人员应当通过对变更要求当中各类数据的计算、分析，随时掌握变更情况，判断变更以及变更可能带来的索赔额度等。

3.3 施工成本控制与分析

3.3.1 施工成本控制

1. 施工项目成本控制的概述(概念、原则)

项目成本控制，指在项目成本形成的过程中，为控制人、机、物、材消耗和费用支出，降低工程成本，达到预期的项目成本目标，所进行的成本预测、计划、实施、核算、分析、考核、整理成本资料与编制成本报告等一系列活动。

建设工程项目成本控制是在成本发生和形成的过程中，对成本进行的监督检查。成本的发生和形成是一个动态过程，因此成本控制也是一个动态过程。在工程投标阶段，根据工程概况和招标文件，进行项目成本的预测，提出投标决策意见。施工准备阶段，结合设计图纸的自审、会审和其他资料，编制实施性施工组织设计，通过多方案的技术经济比较，从中选择经济合理、先进可行的施工方案，编制明细而具体的成本计划，对项目成本进行事前控制。施工阶段，以施工图预算、施工预算、劳动定额、材料消耗定额和费用开支标准等，对实际发生的成本费用进行控制。竣工交付使用及保修期阶段，应对竣工验收过程发生的费用和保修费用进行控制。

成本控制的目的是合理处理成本与项目实施的关系，应保证在项目实施的前提下，使成本降低。因此，成本控制应满足下列要求：

(1)要按照计划成本目标值来控制生产要素的采购价格，并认真做好材料、设备进场数量和质量的检查、验收与保管。

(2)要控制生产要素的利用效率和消耗定额，如任务单管理、限额领料、验工报告审核等。同时要做好不可预见成本风险的分析和预控，包括编制相应的应急措施等。

(3)控制影响效率和消耗量的其他因素所引起的成本增加。

(4)把项目成本管理责任制与对项目管理者的激励机制结合起来，以增强管理人员的成本意志和控制能力。

(5)承包人必须有一套健全的项目财务管理制度，按规定的权限和程序对项目资金的使用和费用的结算支付进行审核、审批，这是成本项目成本控制的一个重要手段。

2. 施工项目成本控制的内容

建设工程项目的成本控制是一个动态过程，应注意各个不同阶段的特点和要求。

在工程招投标阶段，根据工程概况和招标文件，分析建筑市场和竞争对手的情况，进行成本预测，提出投标决策意见。中标以后，应根据建设工程项目的建设规模，组建与之相适应的项目经理部，同时以标书为依据确定项目的成本目标，下达给项目经理部。

在施工准备阶段，根据设计图纸和有关设计资料，对施工方法、施工顺序、作业组织形式、机械设备选型、技术组织措施等进行认真的研究分析，并运用价值工程原理，制定出科学先进、经济合理的施工方案。另外根据成本目标，以分部分项工程实物工程量为基础，联系劳动定额、材料消耗定额和技术组织措施的节约计划，在优化的施工方案的指导下，编制明细而具体的成本计划，并按照部门、施工队和班组的分工进行分解，作为部门、施工队和班组的责任成本落实下去，为成本控制做准备。根据项目建设时间的长短和参加建设人数的多少，编制间接费用预算，并进行明细分解，作为成本控制和绩效考核的依据。

3.3.2　施工期间的成本控制

(1)加强施工任务单和限额领料单的管理，做好每一个分部分项工程完成后的验收，包括实际工程量的验收和工作内容、工程质量、文明施工的验收，以及实耗人工、实耗材料的数量核对，以保证施工任务单和限额领料单的结算资料绝对正确，为成本控制提供真实可靠的数据。

(2)将施工任务单和限额领料单的结算资料与施工预算进行核对，计算分部分项工程的成本差异，分析差异产生的原因，并采取有效的纠正措施。

(3)做好月度成本原始资料的收集和整理，正确计算月度成本，分析月度预算成本与实际成本的差异。对于一般的成本差异，要在充分注意不利差异的基础上，认真分析有利差异产生的原因，防止对后续作业成本产生不利影响或因质量低劣造成的返工损失；对于盈亏比例异常的现象，则要特别重视，并在查明原因的基础上，采取果断措施，尽快加以纠正。

(4)在月度成本核算的基础上，实行责任成本核算。利用原有会计核算的资料，重新按责任部门或责任者归集成本费用，每月结算一次，并与责任成本进行对比，由责任部门或责任者自行分析成本差异和产生差异的原因，自行采取措施纠正差异，为全面实现责任成本创造条件。

(5)检查对外经济合同的履约情况，为顺利施工提供物质保证。如遇拖期或质量不符合要求时，应根据合同规定向对方索赔；对缺乏履约能力的单位，要采取果断措施，立即中止合同，并另找可靠的合作单位，以免影响施工，造成经济损失。

(6)定期检查各责任部门和责任者的成本控制情况，检查成本控制责权利的落实情况。发现成本差异偏高或偏低的情况，应会同责任部门或责任者分析产生差异的原因，并督促他们采取相应的对策来纠正差异；如有因责权利不到位而影响成本控制工作的原因，应对责权利不到位的原因进行分析，调整有关各方的关系，落实责权利相结合的原则，使成本控制工作得以顺利进行。

3.3.3　竣工验收阶段的成本控制

(1)精心安排竣工验收的人力物力，避免造成浪费，采取“快刀斩乱麻”的方法，把竣工扫尾时间缩短到最低限度。

(2)重视竣工验收工作，顺利交付使用。在验收以前，要准备好验收所需要的各种书面资料(包括竣工图)送甲方备查；对验收中甲方提出的意见，应根据设计要求和合同内容认真处理，如设计费用，应请甲方签字，列入工程结算。

(3)认真进行全面核对，及时办理工程结算。

(4)在工程保修期间，应由项目经理指定保修工作的责任者，并责成保修责任者根据实际情况提出保修计划(包括费用计划),以此作为控制保修费用的依据。

3.3.4 施工成本分析

建设工程项目的成本分析,是根据统计核算、业务核算和会记核算提供的资料,对项目成本的形成过程和影响成本升降的因素进行分析,以寻求进一步降低成本的途径(包括项目成本中的有利偏差的挖潜和不利偏差的纠正);另一方面,通过成本分析,可从账薄、报表反映的成本现象看清成本的实质,从而增强项目成本的透明度和可控性,为加强成本控制,实现项目成本目标创造条件。

建设工程项目的成本分析原则包括:(1)实事求是:在成本分析中,必然会涉及一些人和事,因此要注意人为因素的干扰,要有充分的事实依据,对事物进行实事求是的评价;(2)用数据说话:成本分析要充分利用统计核算和有关台账的数据进行定量分析,尽量避免抽象的定性分析;(3)注重实效:及时在项目全过程中实施成本分析,及时发现问题,纠正、解决问题,避免效益流失;(4)为生产经营服务:成本分析要提出积极有效的解决矛盾的合理化建议。

成本分析要在会计核算、统计核算以及业务核算的基础上,具体的成本分析要基于统计资料及报表,包括工程量进度周报表、施工消耗周报表、项目成本分析周报表、项目成本预测月报表、费用—时间曲线。

成本分析的方法包括很多,在实际工程中,要根据自身需要选择合适的方法。成本分析方法可以单独使用,也可以综合使用。本书简单介绍以下几种成本分析方法。

1. 对比法

对比法又称“指标对比分析法”,是通过技术经济指标的对比,检查目标的完成情况,分析产生差异的原因,进而挖掘内部潜力的方法。对比法又可以细分为:(1)实际指标与目标指标对比;(2)本期实际指标与上期实际指标对比;(3)与本行业平均水平、先进水平对比。对比法具有通俗易懂、简单、便于使用的特点,但在应用中要注意各技术经济指标的可比性。

2. 因素替换法

因素替换法用来测算和检验有关影响因素对项目成本作用的大小,从而找到产生成本偏离的根源。具体做法是:当一项成本受几个因素影响时,先假定一个因素变动,其他因素不便,计算出该因素的影响效应;然后在依次替换第二、第三……个因素,从而确定每一个因素的影响额。

3. 差额计算法

差额计算法利用各因素的目标值与实际值的差额来计算其对成本的影响程度。它是因素替换法的一种简化形式。

4. 因果分析图法

因果分析图又称树枝图,是用来寻找某项成本偏离原因的有效工具。因果分析图的做法是:首先明确项目成本偏离的结果,画出项目成本偏离分析的主干线,然后再逐层确定影响费用偏离的大原因、中原因和小原因。影响某项费用超支的原因可能有多个,也可能只有一个;有主要原因也有次要原因。通常要对主要原因做出标记,以引起重视。

在成本分析的基础上,要提出降低建设工程项目成本的途径和措施。

(1)认真审核图纸,积极提出修改意见。①施工单位应该在满足用户要求和保证工程质量的前提下，联系项目施工的主客观条件，对设计图纸进行认真的会审，并提出积极修改意见，在取得用户和设计单位的同意后，修改设计图纸，办理增减账；②在会审图纸的时候，对于结构复杂、施工难度高的项目，更要加倍认真，并且要从方便施工，有利于加快工程进度和保证工程质量，又能降低资源消耗、增加工程收入等方面综合考虑，提出有科学根据的合理化建议，争取建设单位和设计单位的认同。

(2)制定先进合理、经济实用的施工方案(包括施工方案的确定，施工机具的选择，施工顺序的安排和流水施工的组织)。制定施工方案要以合同工期和上级要求为依据，联系项目的规模、性质、复杂程度、现场条件、装备情况、人员素质等因素综合考虑。

(3)切实落实技术组织措施，走技术与经济相结合的道路，以技术优势来取得经济效益。

(4)组织流水施工，加快施工进度。

(5)降低成本，包括材料成本和机械使用费用。

(6)以激励机制调动员工增产节约的积极性。

(7)加强合同管理，增创工程收入。

3.4 建设工程项目成本核算

3.4.1 建设工程项目成本核算

建设工程项目的成本核算建立在企业管理方式和管理水平基础上，是企业降低成本、提高利润的有效途径。它以建设工程项目为对象，对施工生产过程中各项耗费进行核算，落实项目责任制，增进项目及企业的经济活力和社会效益。建设工程项目成本核算的要求包括：(1)项目经理部根据财务制度和会计制度的有关规定，建立项目成本核算制度，明确成本核算的原则、范围、程序、方法、内容等，设置核算台账，记录原始数据；(2)项目经理部应按照规定的时间间隔进行项目成本核算，具体可分为定期的成本核算和竣工工程成本核算；(3)成本核算应坚持形象进度、产值统计、成本归集三同步的原则，三者的取值范围是一致的；(4)编制定期成本包括建立以单位工程为对象的项目生产成本核算体系。

为了发挥施工项目成本管理职能，提高施工项目管理水平，施工项目成本核算就必须讲求质量，才能提供对决策有用的成本信息。要提高成本核算质量，除了建立合理、可行的施工项目成本管理系统外，很重要的一条，就是遵循成本核算的原则。概括起来一般有下列几条：

(1)确认原则：是指对各项经济业务中发生的成本，都必须按一定的标准和范围加以认定和记录。只要是为了经营目的所发生的或预期要发生的，并要求得以补偿的一切支出，都应作为成本来加以确认。正确的成本确认往往与一定的成本核算对象、范围和时期相联系，并必须按一定的确认标准来进行。这种确认标准具有相对的稳定性，主要侧重定量，但也会随着经济条件和管理要求的发展而变化。在成本核算中，往往要进行再确认，甚至是多次确认。如确认是否属于成本，是否属于特定核算对象的成本(如临时设施先算搭建成本，使用后算摊销费)以及是否属于核算当期成本等。

(2)分期核算原则：施工生产是川流不息的，企业(项目)为了取得一定时期的施工项目成本，就必须将施工生产活动划分若干时期，并分期计算各期项目成本。成本核算的分期应与会计核算的分期相一致，这样便于财务成果的确定。《企业会计准则》第 51 条指出：“成本计算一般应当按月进行”，这就明确了成本分期核算的基本原则。但要指出，成本的分期核算，与项目成本计算期不能混为一谈。不论生产情况如何，成本核算工作，包括费用的归集和分配等都必须按月进行。至于已完施工项目成本的结算，可以是定期的，按月结转，也可以是不定期的，等到工程竣工后一次结转。

(3)相关性原则：也称“决策有用原则”，《企业会计准则》第 11 条指出：“会计信息应当符合国家宏观经济管理的要求，满足有关方面了解企业财务状况和经营成果的需要，满足企业加强内部经营管理的需要”。因此，成本核算要为企业（项目）成本管理目的服务，成本核算不只是简单的计算问题，要与管理融于一体，算为管用。所以，在具体成本核算方法、程序和标准的选择上，在成本核算对象和范围的确定上，应与施工生产经营特点和成本管理要求特性相结合，并与企业（项目）一定时期的成本管理水平相适应。正确地核算出符合项目管理目标的成本数据和指标，真正使项目成本核算成为领导的参谋和助手。无管理目标，成本核算是盲目和无益的，无决策作用的成本信息是没有价值的。

(4)一贯性原则：这是指企业（项目）成本核算所采用的方法应前后一致。《企业会计准则》第 51 条指出：“企业也可以根据生产经营特点，生产经营组织类型和成本管理的要求自行确定成本计算方法。但一经确定，不得随意变动”。只有这样，才能使企业各期成本核算资料口径统一，前后连贯，相互可比。成本核算办法的一贯性原则体现在各个方面，如耗用材料的计价方法，折旧的计提方法，施工间接费的分配方法，未完施工的计价方法等。坚持一贯性原则，并不是一成不变，如确有必要变更，要有充分的理由对原成本核算方法进行改变的必要性做出解释，并说明这种改变对成本信息的影响。如果随意变动成本核算方法，并不加以说明，则有对成本、利润指标、盈亏状况弄虚作假的嫌疑。

(5)实际成本核算原则：这是指企业（项目）核算要采用实际成本计价。《企业会计准则》第 52 条指出，“企业应当按实际发生额核算费用和成本。采用定额成本或者计划成本方法的，应当合理计算成本差异，月终编制会计报表时，调整为实际成本”，即必须根据计算期内实际产量（已完工程量）以及实际消耗和实际价格计算实际成本。

(6)及时性原则：指企业（项目）成本的核算，结转和成本信息的提供应当在要求时期内完成。要指出的是，成本核算及时性原则，并非越快越好，而是要求成本核算和成本信息的提供，以确保真实为前提，在规定时期内核算完成，在成本信息尚未失去时效情况下适时提供，确保不影响企业（项目）其他环节会计核算工作顺利进行。

(7)配比原则：是指营业收入与其相对应的成本，费用应当相互配合。为取得本期收入而发生的成本和费用，应与本期实现的收入在同一时期内确认入账，不得脱节，也不得提前或延后，以便正确计算和考核项目经营成果。

(8)权责发生制原则：凡是当期已经实现的收入和已经发生或应当负担的费用，不论款项是否收付，都应作为当期的收入或费用处理；凡是不属于当期的收入和费用，即使款项已经在当期收付，都不应作为当期的收入和费用。极责发生制原则主要从时间选择上确定成本会计确认的基础，其核心是根据权责关系的实际发生和影响期间来确认企业的支出和收益。根据权责发生制进行收入与成本费用的核算，能够更加准确地反映特定会计期间真实的财务成本状况和经营成果。

(9)谨慎原则：是指在市场经济条件下，在成本、会计核算中应当对企业（项目）可能发生的损失和费用，做出合理预计，以增强抵御风险的能力。为此，《企业会计准则》规定企业可以采用后进先出法、提取坏账准备、加速折旧法等，就体现了谨慎原则的要求。

(10)划分收益性支出与资本性支出原则：划分收益性支出与资本性支出是指成本，会计核算应当严格区分收益性支出与资本性支出界限，以正确地计算当期损益。所谓收益性支出是指该项支出发生是为了取得本期收益，即仅仅与本期收益的取得有关，如支付工资、水电费支出等。所谓资本性支出是指不仅为取得本期收益而发生的支出，同时该项支出的发生有助于以后会计期间的支出，如购建固定资产支出。

(11)重要性原则：是指对于成本有重大影响的业务内容，应作为核算的重点，力求精确，而对于那些不太重要的琐碎的经济业务内容，可以相对从简处理，不要事无巨细，均作详细核算。坚持重要性原则能够使成本核算在全面的基础上保证重点，有助于加强对经济活动和经营决策有重大影响和有重要意义的关键性问题的核算，达到事半功倍，简化核算，节约人力、财力、物力，提高工作效率的目的。

(12)明晰性原则：是指项目成本记录必须直观、清晰、简明、可控、便于理解和利用。使项目经理和项目管理人员了解成本信息的内涵，弄懂成本信息的内容，便于信息利用，有效地控制本项目的成本费用。

3.4.2　建设工程项目成本核算的方法

建设工程项目成本核算方法是将各种产品的生产费用进行归集，以计算完工产品总成本和单位成本低方法，主要包括表格核算法和会计核算法两种。

1. 表格核算法

表格核算法是建立在内部各项成本核算基础上，各要素部门和核算单位定期采集信息，填制表格，形成成本核算体系，作为支撑项目成本核算平台的方法。表格核算法依靠众多部门和单位支持，专业性要求不高。表格由有关部门按规定填写，完成数据比较、考核和核算。它的特点是简洁明了，直观易懂，易于操作，实时性好；缺点是覆盖范围较窄，较难实现科学严密的审核制度，有可能造成数据失实，精度较差。表格核算法的过程是：

(1)确定项目责任成本总额，分析项目成本收入构成。

(2)项目编制内控成本和落实岗位成本责任。

(3)项目责任成本和岗位收入调整。

(4)确定当期责任成本收入。

(5)确定当月的分包成本支出。

(6)材料消耗的核算。

(7)周转材料租用支出的核算。

(8)水、电费支出的核算。

(9)项目外租机械设备的核算。

(10)项目自用机械设备、大小型工器具摊销等费用开支的核算。

(11)现场实际发生的措施费用开支核算。

(12)项目成本总收支的核算。

2. 会计核算法

会计核算法是建立在会计核算基础上，利用会计核算独有的借贷记账法和收支全面核算的综合特点，按项目成本内容和收支范围，组织项目成本核算的方法。会计核算法是以传统的会计方法为主要手段，组织进行核算，有核算严密、逻辑性强、人为调节的可能因素小、核算范围大等特点。

使用会计核算法进行建设工程项目成本核算的施工，项目成本直接在项目上进行的核算称为直接核算，不直接在项目上进行核算称为间接核算，介于直接核算和间接核算之间的是列账核算。

(1)项目成本直接核算。项目除了及时上报规定的工程成本核算资料外，要直接进行项目施工的成本核算，编制会计报表，落实项目成本的盈亏。直接核算是将核算放在项目上，便于项目及时了解项目各项成本情况。不足的一面是每个项目都要配有专业水平和工作能力较高的会计核算人员。因此，直接核算一般适用于大型项目。

(2)项目成本间接核算。项目经理部不设置专职的会计核算部门，有项目有关人员按期、按规定的程序和质量向财务部门提供成本核算资料，委托企业在本项目成本责任范围内进行项目成本核算，落实当期项目成本盈亏。间接核算将核算放在企业的财务部门，是会计专业人员相对集中，提高了会计人员的利用率。但是，不足之处在于项目了解成本情况不方便，对核算结论信任度不高。同时由于核算不在项目上进行，项目开展管理岗位成本责任核算的时候，会失去人力支持和平台支撑。

(3)项目成本列账核算。这种核算介于直接核算和间接核算之间。项目经理部组织相对直接核算，正规的核算资料留在企业的财务部门。项目每发生一笔业务，正规资料由财务部门审核存档，与项目成本人员办理确认和签收手续。项目凭此列账通知作为核算凭证和项目成本收支的依据，对项目成本范围的各项收支，登记台账会计核算，编制项目成本及相关报表。企业财务部门按期以确认资料，对其审核。这种方法的不足之处在于比较繁琐，适用于大型项目。

3.5 建设工程项目成本考核

3.5.1 项目成本考核

项目成本考核，指对建设工程项目成本目标完成的情况和成本管理工作业绩两方面的考核。项目成本考核是项目落实成本控制目标的关键，将施工成本总计划支出，在结合项目施工方案、施工手段和施工工艺、讲究技术进步和成本控制的基础上提出的，针对不同项目的管理岗位人员，而做出的成本耗费目标要求。具体要求如下：

(1)组织应建立和健全项目成本考核制度，对考核的目的、时间、范围、对象、方式、依据、指标、组织领导、评价和奖惩原则等做出规定。

(2)组织应以项目成本降低额和项目成本降低率作为成本考核的主要指标，在发现偏离目标时，应及时采取改进措施。

(3)对项目经理部的成本和效益进行全面审核、审计、评价、考核和奖惩，真正做到公正、公平、公开，并在此基础上兑现项目成本的奖惩、激励机制。

项目成本考核，分为两个层次。第一个层次，对项目经理的考核的内容包括：项目成本目标和阶段成本目标的完成情况；建立以项目经理为核心的成本管理责任制的落实情况；成本计划的编制和落实情况；对各部门、各作业队和班组责任成本的检查和考核情况；在成本管理中贯彻责权利相结合原则的执行情况。第二个层次，是项目经理对所属部门、施工队和班组的考核，包括考核各部门的责任成本完成情况和成本管理责任的执行情况；对劳务合同规定的承包范围和承包内容的执行情况；对分部分项工程成本作为班组的责任成本以及班组责任成本的完成情况。

3.5.2　项目成本考核的实施

项目成本考核是工程项目根据责任成本完成情况和成本管理工作业绩确定权重后，按考核的内容评分。具体方法为：先按考核内容评分，再按责任成本完成情况与成本管理工作业绩一定的比例加权平均。项目成本考核要考虑相关指标的完成情况，予以嘉奖与扣罚，要有进度、质量、安全和现场标准管理。

强调项目成本的中间考核，一般有月度成本考核和阶段成本考核。月度成本考核是在月度成本报表编制以后，根据月度成本报表的内容进行考核。阶段成本考核，是对施工告一段落后的成本进行考核，可与施工阶段其他指标的考核结合，反映项目管理水平。

为贯彻责权利结合的原则，在项目成本考核的基础上，确定成本奖惩标准，通过经济合同的形式明确规定，及时兑现。项目成本奖罚的标准，可以通过经济合同的形式明确规定，以保证其在项目成本管理中的积极作用。

最后，要正确考核项目的竣工成本。建设工程项目的竣工成本，是在工程竣工和工程款结算的基础上编制的，是竣工成本考核的依据，也是项目成本管理水平和项目经济效益的最终反映，也是考核承包经营情况、实施奖罚的依据，必须做到核算无误，考核正确。

3.6　建设项目投资控制原理

3.6.1　建设项目投资控制概念

工程项目投资控制是在不影响工程进度、工程质量、安全施工的条件下，将工程的实际费用控制在目标值之内。此项控制以目标值为基线，实施于整个工程管理过程中。下面就工程建设的立项决策阶段、设计阶段和实施阶段谈谈工程项目的投资控制。

建设工程项目包括建筑和构筑物的新建、改建、迁建、恢复等工作。它具有耗资巨大、建设周期长、工作风险大等特征。由于目前我国建筑行业整体项目管理的水平不高，投资控制意识薄弱，工程建设投资失控的现象屡见不鲜，不仅是国家、投资者蒙受巨大损失，对项目的资金回笼、正常运作也造成极大的困难。究其原因主要有以下几点：

(1)投资控制忽视工程项目建设前期、重施工阶段，依图算量、定价。

目前，我国大部分建设工程项目的投资预测与控制都是从项目的施工阶段开始的，即在项目设计阶段结束后，根据施工图纸算量、计价，测算出工程预算价格，作为项目投资控制的依据；工程竣工后依据竣工图结算建安工程价款、算细账，预算金额与结算金额的差值就是投资控制的成果。由于设计常常未按照批准的设计任务书及投资估算来控制初步设计，未按照设计概算来控制施工图设计在工程施工过程中常出现设计变更记录不明确、责权不清、工作界面重复等问题，导致工程项目建设中的“三超”(概算超估算、预算超概算、决算超预算)现象时有发生。

(2)设计多数依靠专业设计院或者境外设计机构完成,设计时间短、任务重。

建设工程项目是从土地的取得、规划设计开始的,后面的发包、施工、工程竣工、项目的交付使用等过程都是前期规划设计阶段的延伸。因此,一个好的规划设计不仅对于工程项目建设本身有着良好的指导作用,对有效地控制项目投资、提高工程质量也有重要意义。目前,我国绝大多数建设单位没有专门的规划设计人才,项目的规划设计依靠专业设计院和境外设计机构的现象较为普遍。由于在设计中大多数尚未引入竞争机制,且缺乏一套完整的投资控制指标加以规范,致使设计人员投资控制意识薄弱,在设计时无主动进行多方案比选、设计优化的动力和创造附加值的能力。而且建设工程项目从规划设计到工程的发包、正式施工常常只有两三个月的时间完成,时间短、任务重,加之建设单位的管理人员常将主要精力放在施工现场,对设计师的设计盲点及设计偏差易于疏漏,导致设计图纸中错、漏、碰、缺现象严重,施工过程中设计变更大量发生,建安成本大幅增加。

(3)施工过程中投资控制不严格,附加费用经常发生。

建设项目的投资目标、进度目标,质量目标共同构成工程项目管理的目标体系。目前,工程项目建设投资主要由项目的成本部(合同预算部)负责管理,项目的进度和质量要由工程部管理。项目各管理部门之间各自为政,经常出现工程一味地追求建设速度,把工期作为项目管理的唯一目标,造成施工中费用控制不严,赶公费、措施费等大量附加费用的发生,再加上欠缺细部设计、图纸错误多等问题,导致工程预算与最后的竣工决算相差甚远,投资失控的现象严重。

工程建设项目的各项技术经济决策,对项目的工程造价有重大影响,特别是建设标准水平的确定、工艺的选择、设备选用等,都直接关系到工程造价的高低。据有关资料统计,在项目建设各阶段中,投资决策阶段对工程造价的影响程度最高,可达到70%～80%。因此,项目投资决策阶段的造价控制是决定工程造价的基础,它直接影响着各个建设阶段工程造价的控制是否科学合理。建设工程投资控制要做到以下几点:①积极做好项目决策前的准备工作,认真搜集有关资料。②切实做好项目可行性研究报告,并根据市场需求及发展前景,合理确定工程的规模及标准。③科学进行工程项目的效益分析、编制工程投资估算。

建设工程项目投资控制的对策措施包括:

(1)已规划设计阶段为重点的建设全过程投资控制

根据有关专家研究结构和大量统计资料表明,在工程项目决算和规划设计阶段,项目累计投资虽然只占项目总投资的5%～10%,但其影响投资的可能性却达到75%～95%;而在施工阶段,通过技术经济措施节约投资的可能性只有5%～10%。由此可见,项目的建设前期是影响工程投资最重要的阶段,亦是降低成本可能性最大的阶段。要有效地控制投资,必须做到以建设工程项目规划设计阶段为重点的全过程投资控制,为此应抓好以下环节的工作。

① 对拟建项目进行深入的可行性分析论证,做出正确的投资决策,并达到资源的合理配置。

② 设计中引入竞争机制,开展设计方案优化竞赛。以技术先进、造型新颖、安全适用、经济合理、节约投资作为衡量设计方案的基本标准。

③ 在设计中积极推行限额设计。严格按照可行性中确定的投资目标控制初步设计;按

照批准的设计概算控制施工图设计；将肥梁、胖柱、密钢筋、深基础等不合理的现象消灭在设计阶段，杜绝“三超”现象的发生。

④ 精确测算、合理制定标底价格。招投标中采用工程量清单报价，实行量价分离，优选工程承包单位，搞好招投标工作。

⑤ 从项目筹划、设计、施工到竣工验收，实行人、财、物全过程、全方位的科学管理。

(2)编制积极的投资计划

编制积极的投资计划是能否有效地控制项目投资的首要前提。在现代工程项目管理中，编制积极的投资计划应做到：①不是被动地按照已确定的技术设计、合同、工期、实施方案和环境等预算工程投资，而是综合考虑项目的进度、投资、质量、实施方案等之间的互相影响和平衡，以寻求最优的解决方案。②投资计划不仅局限于建设成本，还应考虑项目投入使用后的运营成本，即采用项目全寿命期成本计划和优化方法编制投资计划。③利用项目管理技术——WBS(工作分解结构)方法进行全面详细的投资估算，制订一个全面而周密的投资计划。

(3)主动控制与被动控制相结合

在工程项目投资计划的实施过程中，应采取主动控制与被动控制相结合的控制方法，才能确保项目投资目标顺利实现。

① 主动控制。即在事前确立项目的投资目标和编制投资计划时，就应对工程建设中环境的不确定性、风险因素等有超前的考虑和预测、分析各种因素对项目投资的影响，预测项目实施过程中目标和计划偏离的可能性，采取相应的预控措施输入目标和计划系统，对项目实施主动控制。它可以解决传统控制过程中存在的“时滞影响”，将各类隐患消灭在萌芽状态，使控制效果更加有效。

② 被动控制。在项目计划的实施过程中还应进行全过程、全方位的追踪监测，通过对项目实际输出工程信息的收集、加工、整理、分析，及时发现问题、找出偏差，采取相应的对策措施纠偏，再反馈给计划管理部门付诸实施，使工程中出现的问题及时得到处理，使目标和计划一旦出现偏离及时得到矫正。

③ 主动与被动相结合的控制。主动控制与被动控制均为实现项目投资目标所必须采用的控制方式，有效的控制是将其紧密结合起来，两者缺一不可。即对项目投资目标的控制既要以预防为主，加大主动控制的力度，同时又要对项目的实施过程进行定期、连续的跟踪检查，通过信息反馈实行被动控制，两者有机地融合在一起，形成一个贯穿建设全过程的动态控制系统，方能确保项目投资目标的顺利实施。

3.6.2 工程造价控制与管理

投资控制是经营管理的重要环节，它与计划管理、技术质量管理、安全文明管理、现场协调管理、设备材料管理等一系列的管理工作密不可分。只有切实搞好各项管理工作，才能使投资控制尽可能达到最佳状态。整个工程管理的关键是要由水平较高的、内行的、有丰富实践经验的专家组成一个高素质的管理班子并建立严格的管理制度。只有这样才能使投资得到最佳控制。只有加强项目决策的深度，采用科学的估算方法和可靠的数据资料，合理地计算投资估算，细致做好投资估算，才能保证其他阶段的造价被控制在合理范围，使投资控制目标能够实现。工程造价控制需要在设计阶段和施工阶段做好工程投资的控制和管理。

1. 工程设计阶段的控制造价控制与管理

工程项目设计质量的好坏直接影响着工程的建设质量、投资的回报和工程的效益。

(1)制定建设工程投资目标规划。工程设计人员往往偏重于设计质量与功能,不注重设计对工程造价的影响。有了切实可行的建设工程投资目标规划,使设计人员在注重工程设计质量与功能的同时,也将工程投资作为设计控制指标。

(2)进行技术经济分析,使设计投资合理化。

(3)优化设计,满足建设工程投资的收益要求。

(4)审核概预算,提出改进意见。设计阶段概算及施工图预算要求全面准确,力求不漏项、不留缺口,并要考虑足够的各种价格浮动因素。加强设计阶段的工程概预算审核,确保设计阶段概算和施工图预算科学、准确。

另外采用工程设计招标和进行设计监理也是设计阶段控制工程质量和造价的一种非常有效的手段。

2. 工程施工阶段的工程造价控制与管理

(1)工程施工招标

严格按照建设工程招投标规范要求进行工程施工招标。

(2)严格审查施工技术方案及措施

① 要由懂技术、有现场实践经验的专业工程师对施工单位编制的施工组织设计、重大施工方案及其他费用有关的技术方案和措施进行审核。

② 加强技术管理和质量监督,对施工图纸中的问题要求设计单位及时解决,力求做到不因图纸和技术问题而延误施工,避免造成不必要的经济损失。

(3)严格控制施工质量

① 对进场的原材料和设备及其他半成品等应由具备资质的单位进行各种质量检验。另外还要有一个完善的设备和材料管理程序,以保证材料和设备及半成品始终处于良好的质量状态。

② 通过各种措施杜绝重大质量事故,减少一般质量事故。

(4)搞好施工进度和计划管理

① 应按总体计划要求按时开工,材料和设备价格会随市场而波动,力求避免因延误开工后的价格上涨而造成投资费用的增加。

② 要认真编制年、季、月施工计划,必要时还应编制旬、周施工计划。一般应编制 3 个月滚动计划。不但要有形象进度计划,还要控制施工过程中的关键路线和关键节点,以便进一步落实人员、机具、材料和设备等。

③ 提高劳动生产率,做到按计划施工,避免和减轻高峰期的施工压力,同样也能减少不必要的费用支出。

④ 分析没完成计划任务的原因并追究责任,争取在下一周期的施工段中补回损失,避免工程延期造成的损失。

(5)依据施工进度,合理支付工程款

① 要求施工单位按时上报验工月报,对施工单位上报的验工月报要按现场实际完成情况严格审查核实,不多报、早报、重报、漏报,控制费用不超过目标。

② 对统计的验工月报的审核必须由相关的专业工程师签字,才能作为拨款的依据。

③ 拨款的比例要严格按协议或合同办理,当发现有重大的质量问题时应拒绝付款。工程付款单必须由费用控制造价工程师签字才有效。

④ 工程施工决算经审计无疑后方可付清余款,但应按合同要求留下质量保证金,待质量保证金期满后付清。同时,严格控制工程款的最终超付现象。

(6)现场签证和设计变更费用的控制

① 对施工单位提出的签证要严格审查,凡在协议或合同内已包含或定额范围内的内容一律不予签证。

② 施工签证先要由监理单位富有现场施工经验的专业工程师签字认可,然后交给管理单位及设计单位的技术主管签字认可。

③ 现场施要的费用支出。

④ 分析没完成计划任务的原因并追究责任,争取在下一周期的施工段中补回损失,避免工程延期造成的损失。

(7)依据施工进度,合理支付工程款

① 要求施工单位按时上报验工月报,对施工单位上报的验工月报要按现场实际完成情况严格审查核实,不多报、早报、重报、漏报,控制费用不超过目标。

② 对统计的验工月报的审核必须由相关的专业工程师签字,才能作为拨款的依据。

③ 拨款的比例要严格按协议或合同办理,当发现有重大的质量问题时应拒绝付款。工程付款单必须由费用控制造价工程师签字才有效。

④ 工程施工决算经审计无疑后方可付清余款,但应按合同要求留下质量保证金,待质量保证金期满后付清。同时,严格控制工程款的最终超付现象。

(8)好工程决算和最终结算

① 在工程竣工之前,应要求施工单位限期完成工程的竣工决算书。

② 施工决算应根据合同规定执行,设计变更和现场签证本着实事求是的原则结合国家、地方政策调价进行编制。

③ 对施工单位编报的施工决算应先由专业预算管理人员进行初步审核,然后经具备工程预(决)算审计资格的单位审计。

案例分析

中国铁建股份有限公司(中文简称中国铁建,英文简称 CRCC),由中国铁道建筑总公司独家发起设立,于 2007 年 11 月 5 日在北京成立,为国务院国有资产监督管理委员会管理的特大型建筑企业。它是一家集施工承包、工程监理、工业制造、勘察设计、房地产开发、科研咨询、资本运营、外经外贸、金融信托、物流与物资贸易于一体的多功能、实力强、大规模的特大型综合建设集团。2008 年 3 月 10 日、13 日分别在上海、香港上市,公司注册资本为 123.38 亿元。2011 年,《财富》杂志“世界 500 强企业”中,中国铁建排名第 105 位,“全球 225 家最大承包商”排名第 1 位。2012 年,《财富》杂志“世界 500 强企业”中,中国铁建排名第 111 位。中国铁建不仅成为中国最大的工程承包商,同时也成为中国最大的海外工程承包商。

近年来,中国铁建积极探索,勇于实践,进一步强化项目成本管理,提高施工项目的盈利水平和创利能力,有效地促进企业战略目标的实现。尽管围绕“责任成本管理”开展实践,但其对各种成本管理理论和方法的应用，以及在全系统内全面贯彻落实的成本管理理念，已经使得中国铁建超脱出“责任成本管理”的范围，形成了一套具有中国铁建自身特色的施工项目成本管理模式。其中，“方圆图”形象地表达了中国铁建项目成本管理模式基本理念。它描述了施工项目从项目中标承接开始，到最终结算完成，整个过程中几组成本概念、收入概念及效益概念之间的关系。我们可以通过这个工具更直观地理解一个建筑施工项目的收入、成本、效益间的关系，并思考项目成本控制和创效管理的既定制度是否合理、科学和有效。同时，以此图对一个项目进行图解分析，能反过来进一步检讨项目承接时的投标成本测算、过程中的成本控制和创效管理措施及结算管理等各个阶段、各种降本创效的方法和措施是否落实并形成了既定的预期效果。

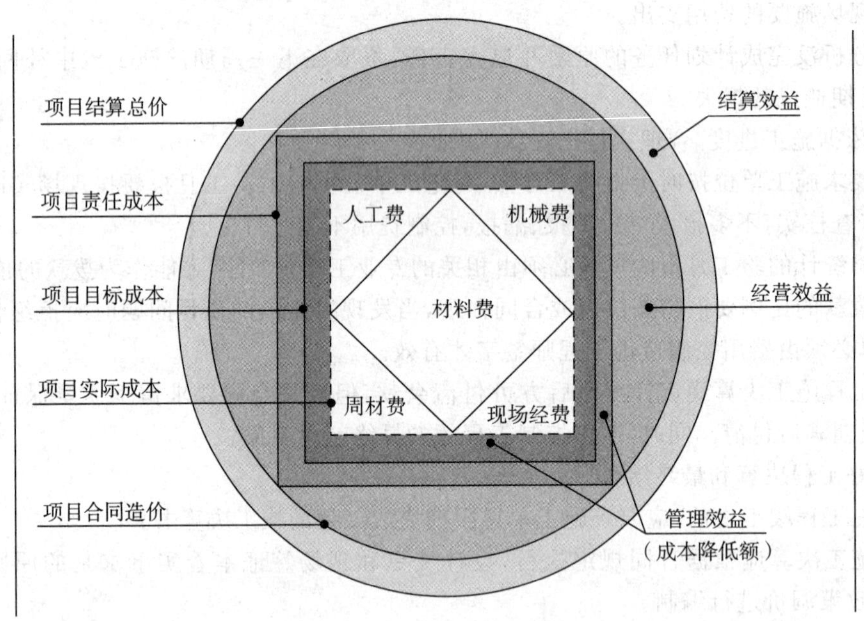

图 3-2 案例分析示图

方圆图中“实线”表示该项内容在项目过程中除合同重大变更、施工条件重大改变外，一般不会发生较大变化。“虚线”表示该项内容随着项目过程中的管理、策划和措施落实的程度不同，一般可以增加或减少其额度。

经营效益：指项目在承接时，通过施工合同条件约定、中标价即已确定的、主要由“一次经营”行为所形成的项目预期利润。其以公司为主。管理效益：指项目实施过程中，由项目管理各层级通过技术方案优化、管理优化等措施，以“价本分离”为基础，在既定的项目责任成本基础上减少实际成本费用支出所形成的降本差额效益。其主体以项目为主。结算效益：指通过“二、三次经营”行为，以市场规则、计算方法等各项措施实现的超预期利润。应包括过程签证索赔形成的、市场风险变化形成的以及企业整体技术进步、科技创新形成的超预期利润。其主要主体视不同情况会是公司、项目和个别经办人的不同组合。

按标准的成本费用划分（不含税），项目的全部成本费用可分为：人工费、材料费、机械费、其他直接费、间接费、分包工程费六类。“方圆图”为了简洁直观，将“其他直接费”和“间接费”合并为以往传统称谓的“现场经费”。各类费用组成表 3-3。

表3-3　项目成本费用表

项目成本费用	组成	
人工费	直接人工费	工程直接支出劳务人工费
材料费	直接材料费	各类工程材料费(包括实体工程材料费和周转材料费)
机械费	机械使用费	租赁费、进出场费、燃料动力费、修理费、机械人员工资其他
分包工程费	分包工程费	各类专业分包工程支出,可视为“人、材、机、现场经费及周材料”等的组合
	其他直接费	实验检验费、工具机具摊销费、临时设施摊销费、材料二次搬运费、场地清理费、工程保险费、施工水电费、安全生产费、其他
现场经费	间接费用	职工薪酬、办公费、差旅交通费、车辆使用费、业务招待费、劳务保护费、劳务保险费、财产保险费、物业费、工程保修费、诉讼费、招投标费、上交管理费、税费、其他

注:根据中国铁建提供资料整理。

项目效益方圆图在施工项目层面的应用包括:

(1)源管理。外圆灵活,各有特点,以创效论英雄;必须以技术优化为基础,用商务方法来体现;低成本,高品质。做不好“别人的事”就难做好“自己的事”;强调签证索赔有效性。随心所欲不逾矩。

(2)材料费控制。量、价控制管重点,目前应该重在量;方案定方向;关键管控进出场验收;现场重在不浪费;限额领料的前提是:工长算量、分包参与验收领用;材料节余不能笼统看。

(3)人工费控制。有效利用公司层面劳务储备性考察机制、战略合作劳务资源及招议标制度,防止进场急、考察虚、招标假而存隐患;现场技术准备、工序搭接优化、减少劳务返工和窝工,提高工效,让劳务有钱挣,老板少成本;讲信用,按时结支,讲情商管理;勤与一线工人沟通,了解行市,搞清成本,控制反索赔。

(4)机械费控制。机械费的控制把握两个要素:数量、时间。数量由策划和技术方案确定,故应配套经济比较;时间由工期定。

(5)现场经费控制。项目体量越来越大,现场经费的绝对值越来越高;充分发挥人员能动性和潜力,适紧配置机构人员;强化固定成本概念,树立工期为纲管理意识。

(6)周材费控制。周材费的控制的直接影响因素有两个:工期、最大进场量。工期和最大进场量均由策划和技术方案确定,故应配套经济比较,同时落实以工期管理为纲的理念;自购与分包合劳务的选择视管理水平各有利弊得失,包括管理人员现场管理基本技能的培养在内。

一直以来,中国铁建对目标成本、责任成本、质量成本、战略成本等成本管理理论的实践运用,使得企业成本管理理念深入人心,成本管理体制、机制等逐步完善,经济效益得到大幅提升,企业的综合实力显著增强。责任成本管理在中国铁建实施以来,中国铁建人经过不懈努力,已经统一了思想,更新了观念,形成了共识,深刻地认识到成本管理的核心是责任共担,关键是考核兑现,灵魂是员企共赢,成本管理是围绕成本效益的企业管理和项目管理,是最核心的管理价值观。深刻的成本管理意识为责任成本管理的开展打下了良好的基础,逐渐形成了整体重视，全员参与，全过程控制的成本管理氛围。

管理制度是规范企业管理行为的章程，也是企业管理理念的书面体现，企业为了实现经济管理的正常有效运转，就必须紧抓制度建设。中国铁建进一步修订和完善了《工程项目责任成本管理办法》和《工程项目变更索赔管理办法》，这两个办法成为公司规范基层项目，明确责任、义务，强化项目责任成本管理的最高准则。另外，企业集团下属各个公司也分别制定了成本管理文件，十一局、十二局、十五局、十六局、十七局、十八局、十九局、二十四局、二十五局、中铁建设等单位制定了一系列配套子项制度，形成了比较完善的制度体系，例如，中土集团制定了《海外工程项目全面责任成本管理办法》，针对海外市场特点，推行"五统一"模式，对同一区域市场项目统筹管理，实现了对海外有限资源的高效、合理利用，极大地降低了项目实施成本；十七局按照架子队管理模式和劳务承包的要求，制定了《工程项目目标成本测评表格》，细化成本测算流程和工序，增强操作性和实用性；十九局制定了《责任成本管理操作指南》，大力解决执行力问题，实现责任成本的规范化、常态化管理；十四局、十八局、二十二局、中铁建设等单位通过努力，在变更索赔的制度建设方面实现了从无到有的根本转变。

中国铁建通过加强培训和实践，各单位预算员、造价工程师、工程计量人员、技术人员、财会人员、设备物资等基层管理人员的业务水平和专业技能得到锻炼和提高。同时各个下属单位积极完善工作运行机制，确保了变更索赔工作的有效运转。各分公司实施了变更索赔的管理目标，向下属项目经理部下达了变更索赔指标，紧抓项目的变更索赔前期策划和过程跟踪控制，深入推进项目的变更索赔工作。

中国铁建实行了以集团公司为决策层，工程公司为控制层，项目部为执行层的三级责任成本管理架构。项目部成立以项目经理为第一责任人，项目副职领导分工负责，相关部门参与的责任成本管理领导小组。工程队配备了专职核算员，具体负责资源消耗量和部分价格的控制等，成本控制落实到了终端。

实战演练

某工程时标网络计划和投资数据如下：

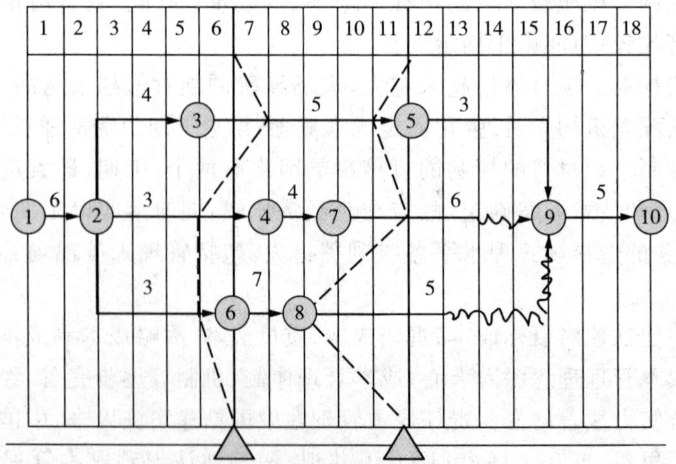

图 3-3　实战演练示图

已知已完工程实际投资累计值相应如下：

1	2	3	4	5	6	7	8	9	10	11	12	13	14	15	16	17	18
6	12	22	32	45	57	69	85	97	118	132	146	156	159	160	166	170	177

【问题】

1. 根据时标网络图进度前锋线分析 6 月底和 11 月底的工程进度情况。
2. 试从投资角度分析 6 月底和 11 月底的进度偏差。
3. 试分析 6 月底和 11 月底的投资偏差。

思考题

1. 简述建筑工程项目成本的组成。
2. 如何在施工期间有效控制建设工程成本？
3. 建设工程项目成本核算的方法有哪些？
4. 建设工程项目投资控制的对策措施包括哪些？

第4章 建设工程项目进度管理与控制

4.1 建设工程项目进度管理

4.1.1 建设工程项目进度管理概述

建设工程项目进度管理是根据工程项目的进度目标，编制经济合理的进度计划，在施工进度计划的实施过程中，定期搜集和整理实际进度数据，比较、分析进度计划，及时发现问题，采取必要的措施对工程进度计划进行调整或修正原来的进度计划，以保证工程的按时竣工交付使用。建设工程进度管理是一个动态的循环过程，受很多因素的影响，如人为因素、技术因素、机具因素、环境因素等。

进度管理目标的制定应在项目分解的基础上确定，包括项目进度总目标和分阶段目标；按照时间间隔划分，可以分为年、季度、月、旬、周目标。在确定不同的进度管理目标的时候，必须全面细致地分析与建设工程进度有关的各种有利因素和不利因素(包括建设工程总进度目标，施工工期，工期定额，类似工程的实际进度，工程难易程度以及工程条件等)，制定一个科学、合理的进度管理目标。在确定施工进度目标时，要考虑下列因素。

(1)对于大型建筑工程项目，应根据尽早提供可动用单元的原则，集中力量分期分批建设，以便尽早投入使用，尽快发挥投资效益。要处理好前期准备和后期建设的关系，每期工程中主体工程与辅助及附属工程之间的关系，地下工程与地上工程的关系，场外工程与场内工程之间的关系。

(2)结合本工程特点，参考同类工程建设的经验来确定工程进度目标，避免只按主观愿望盲目确定进度目标，从而在实施过程中造成进度失控。

(3)合理安排土建与设备的综合施工。按照工程特点，合理安排土建施工与设备基础、设备安装的先后顺序及搭接、交叉或平行作业，明确设备工程对土建工程的要求和土建工程为设备工程提供施工条件的内容及时间。

(4)做好资金供应能力，施工力量，物资(材料、构配件、设备)供应能力与施工进度的平衡，从而确保工程进度目标的要求。

(5)考虑外部协作条件的配合情况，包括施工过程中及项目竣工动用所需的水、电、气、通信、道路及其他社会服务项目的满足程序和满足实际，协调与进度目标的关系。

保证工程项目按期交付使用，是工程项目进度管理的最终目标。为了有效地控制施工进度，必须先将施工进度总目标从不同角度进行层层分解，形成施工进度控制目标体系。

(1)按施工阶段分解：根据工程特点，将施工过程分为几个施工阶段，如基础、结构、装饰等。根据总体网络计划，以网络计划中表示这些施工阶段起止的节点为控制，明确提出阶段目标，并对每个施工阶段的施工条件进行具体的分析研究，制定各阶段施工进度和计划，以实现阶段进度目标，保证总体施工目标的实现。

(2)按施工单位分解：若项目由多个施工单位参加施工，则要以总进度计划为依据，确定各单位的分包目标,并通过分包合同落实各单位的分包责任,实现各分部目标来保证总目标的实现。

(3)按专业工种分解:工序管理是项目管理的基础,只有控制好每道工序完成的质量和时间,才能保证各分部工程进度的实现。因此,既要对同专业、工种的任务进行综合平衡,又要强调不同专业工程间的衔接配合,明确相互间的交接日期。

(4)按时间分解:按工期及进度目标将施工总进度计划分解成年、季、月的进度计划。

4.1.2　建设工程项目进度控制的内容

建设工程项目的施工进度管理从审核承包单位提交的施工进度计划开始,直至工程项目保修期满为止,具体包括以下内容。

1. 事前进度控制

事前进度控制是项目正式施工前进行的进度控制。首先,确定施工阶段进度控制工作的细则,确定进度控制的工作内容和特点,控制方法及具体措施,进度目标实现的风险分析,提出尚待解决的问题。其次,要编制施工组织总进度计划,根据合同工期、施工进度目标及工程分期投产要求,对施工准备工作及各项施工任务作出时间安排,确定各单位工程、准备工程和全工地工程的施工衔接关系。再次,编制单位工程施工进度计划,利用流水施工原理,科学组织分段流水施工,实现立体的和平面的流水作业,同时应用网络计划技术,编制局部的实施性网络计划,并根据关键线路工作,实现施工的连续性和均衡性。最后,编制年度、季度、月度工程计划,以施工总进度计划为基础编制年度工程计划,确定单位工程的形象进度和所需人力、物力、资金的供应计划,做好综合平衡,保证相互衔接。

2. 事中进度控制

事中进度控制是对项目施工过程中进行的进度控制,具体内容包括:(1)建立项目施工进度控制的实施系统;(2)及时对施工进度进行检查,并做好施工进度记录,以便随时掌握进度实施动态;(3)对收集的进度数据进行整理和分析,将计划与实际进度比较,发现是否出现进度偏差;(4)分析进度偏差将带来的影响并进行工程进度预测,从而提出可行的修改措施;(5)重新调整进度计划及相关计划并付诸实施;(6)加强现场的施工管理和调度,及时预防和处理施工中发生的技术问题、质量事故和安全事故,减少这些问题对进度的影响;(7)组织现场调度和协调,及时解决资源矛盾,保证工程顺利进行。

3. 事后进度控制

事后进度控制是指完成施工任务后的进度控制工作,包括及时组织工程验收、处理工程索赔、工程进度资料整理和归档。

4.1.3　建设工程项目进度管理的措施

建设工程项目进度管理包括进度计划、控制和协调。进度计划主要指确定建设工程项目总进度控制和分阶段控制目标,并编制进度计划。进度控制是在施工项目实施的全过程中,跟踪检查实际进度,并与计划进度进行比较,发现偏差就及时采取措施,加以调整和纠正。进度协调是协调与施工有关的各单位、部门和施工队之间的进度关系。

建设工程项目进度管理的措施包括组织措施、技术措施、合同措施、经济措施和信息管理措施。组织措施指落实各层次的进度控制的人员、具体任务和工作职责,建立进度控制的组织体系;根据施工项目的规模、组成、实施顺序、专业工种及合同要求进行项目分解,确定其进度目标,建立控制目标体系,确定进度协调和控制的工作制度和会议制度,分析进度实施的干扰因素和风险程度。技术措施指加快施工进度、实现项目目标的方法,包括能保证质量和安全,能降低成本,又能加快施工速度的施工技术方法;加强施工的管理技术方法(如流水作业法、科学排序法、网络计划等);预测预控措施;监测监控措施和调整控制措施。合同措施指对各分包单位签订承包合同,并规定合同工期,各合同工期应与有关进度计划和协调。经济措施指实现进度计划的资金保证措施和相应的奖惩制度,有关进度控制的经济换算方法。信息管理措施指不断收集施工实际进度的有关信息,及时跟踪各有关单位的进度,进行整理、统计并与计划进度相比较,定期向各有关方面提供比较报告,分析影响进度的程度,以便采取对策。

4.2 建设工程项目进度计划的编制

4.2.1 建设工程项目进度计划的要求

工程项目进度计划是在确定工程施工目标工期基础上,根据相应完成的工程量,对各项施工过程的施工顺序、起止时间和施工工艺衔接关系以及所需的劳动力和各种技术物资的供应所做的具体策划和统筹安排。编制一份合理的施工进度计划,协调施工时间和资源配置情况,是编制进度计划的首要条件。编制进度计划需要遵循一定的原则包括:

(1)保证施工项目按目标工期规定的期限完成,尽快发挥投资效益;

(2)在合理范围内,尽可能缩小施工现场各种临时设施的规模;

(3)充分发挥施工机械、设备、工具、模具、周转材料等施工资源的生产效率;

(4)尽量组织流水搭接、连续、均衡施工,减少现场工作面停工现象;

(5)努力减少因组织安排不善、停工待料等人为因素引起的时间损失和资源浪费。

根据不同的划分标准,工程进度计划可分为不同种类。

(1)按计划内容来分,分为目标性时间计划与支持性资源进度计划。针对建设工程项目的时间进度计划,是最基本的目标性计划,确定了项目施工的工期目标。为了实现工程目标,还需要确定劳动力使用计划,机械设备使用计划,材料构配件和半成品供应计划等。

(2)按计划时间长短来分,划分为总进度计划与阶段性计划。总进度计划是控制项目施工全过程的;阶段性计划包括项目年、季、月施工进度计划等。

(3)按计划表达形式,可以划分为文字说明计划与图表形式计划。文字说明计划用文字说明各阶段的施工任务,以及要达到的形象进度要求;图表形式计划用图表表达施工的进度安排,用横道图、斜线图、网络计划图等。

(4)按项目组成分,划分为总体进度计划和分项进度计划。总体进度计划是针对施工项目全局性的部署,比较粗略;分项进度计划是针对项目中某一部分(子项目)或某一专业工程的进度计划,一般比较详细。

4.2.2 项目进度计划的编制方法

建设工程进度计划通常用横道图或网络技术图表示。横道图从 20 世纪初开始使用,是一种在工业生产、工程施工等领域广泛应用的计划图表。横道图直观、易懂,编制比较容易,所以一直沿用至今。横道图又叫甘特图(Gantt chart),它是以图示的方式通过活动列表和时间刻度形象地表示出任何特定项目的活动顺序与持续时间。横道图的编制中,横轴方向表示时间,纵轴方向并列机器设备名称、操作人员和编号等。图表内以线条、数字、文字代号等来表示计划(实际)所需时间,计划(实际)产量,计划(实际)开工或完工时间等,见表 4-1 所列。

表 4-1 施工进度计划表

编号	分部分项工程	时间(天)	工作人数(人)	工程量( )	8 月份	9 月份	10 月份	11 月份
					12 15 10 21 21 27 51 5 6 9 12 15 10 21 21 27 50 5 6 9 12 16 10 21 21 27 51 5 6 9 12 16 10 21 24 27			
1	施工准备	6	15					
2	土方开挖	4	44					
3	岩石爆破	4	33					
4	独立柱基础	5	15					
5	土方回填	2	10					
6	一层主体	10	18					
7	二屋主体	8	18					
8	三层主体	7	15					
9	四层主体	7	12					
10	砌体工程	15	15					
11	屋面	8	6					
12	墙面抹灰	12	20					
13	门窗安装	8	8					

由于横道图太简单,用它来描述较复杂的计划安排时,就显得无能为力了。首先,横道图无法描述项目中各种活动间错综复杂的相互制约的逻辑关系,而这种关系是在安排大型项目计划时经常遇到的。其次,横道图只能描述项目计划内各种活动安排的时序关系,无法同时反映更多的由项目策划者或实施者关注的其他计划内容,如影响项目总工期的关键活动有哪些,在哪些活动的节点存在一定的活动余地等。另外,横道图也不便于调整,从而也不便于优化。因此,横道图的应用受到一定的限制,通常仅适用于如下场合:(1)用于某些小型的,简单的,由少数活动组成的项目计划;(2)用于大中型项目或复杂项目计划的初期编制阶段,这时,项目内复杂的内容尚未揭示出来;(3)用于只需要了解粗线条的项目计划的高层领导;(4)用于宣传报道项目进度形象的场合。

网络计划方法起源于美图,是项目计划管理的重要方法。从 1956 年起,美国就有一些数学家和工程师开始探讨这方面的问题。1957 年,美国杜邦化学公司首次采用了一种新的计划管理力法,即关键路线法(Critical Path Method,CPM),第一年就节约了 100 多万美元,相当于该公司用于研究发展 CPM 所花费用的 5 倍以上。1958 年,美国海军武器局特别规划室在研制北极星导弹潜艇时，应用了被称为计划许审技术(Program Evaluation and Review Technique，PERT))的计划方法，使北极星导弹潜艇比预定计划提前两年完成。统计资料表明，在不增加人力、物力、财力的既定条件下，采用 PERT 就可以使进度提前 15%～20%，节约成本 10%～15%。网络计划方法在我国各类大型工程项目的管理中已经得到普遍应用。

CPM 和 PERT 是独立发展起来的计划方法，在具体做法上有不同之处。CPM 假定每一活动的时间是确定的，而 PERT 的活动时间基于概率估计；CPM 不仅考虑活动时间，也考虑活动费用及费用和时间的权衡，而 PERT 则较少考虑费用问题；CPM 采用节点型网络图，PERT 采用箭线型网络图。但两者所依据的基本原理基本相同，即是通过网络形式表达某个项目计划中各项具体活动的逻辑关系，现在人们就将其合称为网络计划技术。

网络图是由若干个圆圈和箭线组成的网状图，它能表示一项工程或一项生产任务中各个工作环节或各道工序的先后关系和所需时间。网络图有两种形式。一种以箭线表示活动(或称为作业、任务、工序)，称为箭线型网络图；另一种以圆圈表示活动，称为节点型网络图。箭线型网络图又称为双代号网络图，因为它不仅需要一种代号在箭线上表示活动，而且还需要一种代号在圆圈上表示事件。每一条箭线的箭头和箭尾各有一圆圈、分别代表箭头事件和箭尾事件。圆圈上有编号、可以用一条箭线的箭头事件和箭尾事件的两个号码表示这项活动，如图 4-1(a)所示。节点型网络图用圆圈表示活动，用箭线表示活动之间的关系，它又称为单代号网络图，因为它只需要一个代号就可以表示。单代号网络图如图 4-1(b)所示。

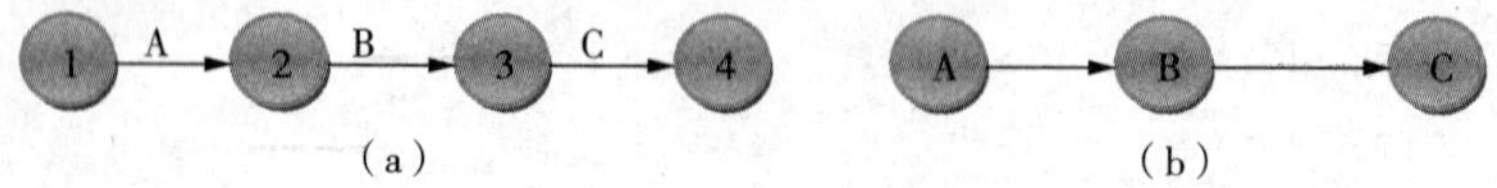

图 4-1 网络图

网络计划方法是继 20 世纪初甘特发明甘特图以来，在计划工具上取得的最大进步。甘特图法是传统的作业计划方法。图 4-2 为用甘特图表示制造某一专用设备的各项活动的进度安排。图中用线条标出了各项活动的延续时间和起、止时间。从图 4-2 中还可看出，活动 A(设计活动)、B(工艺编制活动)、D(工装制造活动)、E(零件加工活动)、F(产品装配活动)是顺序关系，即前一项活动完成后，后一项活动才能开始。而 B 和 C(采购活动)是并行关系，它们可以同时进行。用网络图表示该专用设备制造进度计划如图 4-3 所示，其中字母后的数字为活动的持续时间。

活动代号	活动内容	八月											
		1	2	3	4	5	6	7	8	9	10	11	12
A	产品设计	═	═	═									
B	工艺编制				═	═	═						
C	原材料，外构品采购				═	═	═	═	═				
D	工艺装备制造						═	═	═				
E	零件加工									═	═		
F	产品装备											═	═

图 4-2 用甘特图表示的各项活动的进度安排

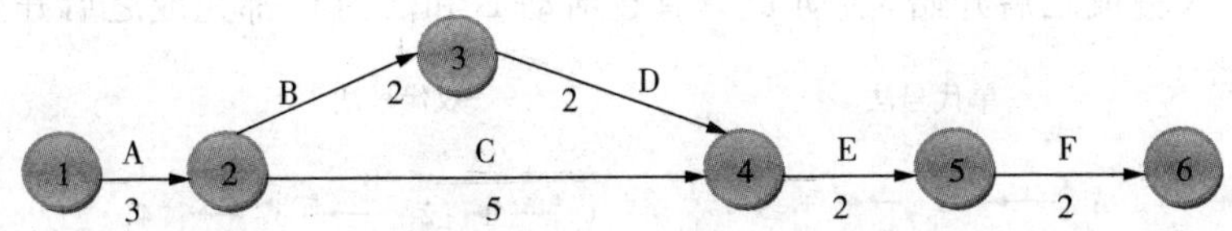

图 4－3　用网络图表示的该专用设备制造进度计划

将甘特网与网络图进行比较，可以看出，网络图有以下优点：

(1)通过网络图，可使整个项目及其各组成部分一目了然；

(2)可足够准确地估计项目的完成时间，并指明哪些活动一定要按期完成；

(3)使参加项目的各单位和有关人员了解他们各自的工作及其在项目中的地位和作用；

(4)便于跟踪项目进度，抓住关键环节；

(5)可简化管理，使领导者的注意力集中到可能出问题的活动上。

应用网络计划方法一般可按如下步骤进行。

1. 项目分解

项目分解就是将一个工程项目分解成各种活动。在进行项目分解时，可采用“任务分解结构”(work breakdown structure，WBS)。WBS 类似于产品结构，它将整个项目分解成任务包(Work package)，再将任务包分解成主要成分，最后再分解成具体活动。WBS 有助于管理人员确定所要做的工作，便于管理人员编制预算和作业计划。

在把一个项目分解之前，必须确定分解的详细程度。项目分解的详细程度按需要决定。给上级领导使用的网络计划较粗略，项目可分解成一些较大的活动，如设计、制造、安装等，这样做的目的是便于他们从总体上把握进度；而给具体施工单位使用的网络计划则较细，项目可分解成一些较细的活动，如挖地基、浇灌水泥等，这样便于具体应用。

一般可以从以下几个角度进行项目分解：

(1)按项目的结构层次分解，如建设火电站需要制造铭炉、汽轮机、发电机以及辅机；制造锅炉需要制造水冷壁、汽包、空气预热器等；而制造水冷壁需要对钢管进行加工。

(2)按项目的承担单位或部门分解，如设计、施工、验收等。

(3)按工程的发展阶段分解，如分成论证、设计、试制等。

(4)按专业或工种分解，如机械、电气、装配、焊接等。

以上几种项目分解的方式可以混合使用，使工程进展的一定阶段与一定部门发生联系。

2. 确定各种活动之间的先后关系，绘制网络图

项目分解成活动之后，要确定各种活动之间的先后次序，即一项活动的进行是否取决于其他活动的完成，它的紧前活动或紧后活动是什么。活动之间的关系通常有以下几种，如图 4－4 所示。图 4－4(a)表示活动 A 完成之后活动 B 才能开始，活动 B 完成之后活动 C 才能开始。如设计之后才能制造产品，产品制造后才能安装。图 4－4(b)表示活动 B 和 C 都只有在活动 A 完成之后开始。图 4－4(c)表示活动 C 只有在活动 A 和活动 B 都完成之后才能开始。图 4－4(d)表示活动 C 和活动 D 都只有在活动 A 和活动 B 都完成之后才能开始。图 4－4(e)表示活动 C 只有在活动 A 完成之后开始，活动 D 只有在活动 B 完成之后开始，但活动 A 和 C 与活动 B 和 D 相互独立。图 4－4(f)表示活动 C 只有在活动 A 和活动 B 都完成之后才能开始，但活动 D 只需在活动 B 完成之后就可以开始。图 4－4(g)表示活动 B 和 C

都只有在活动A完成之后开始,活动D只有在活动B和活动C都完成之后开始。

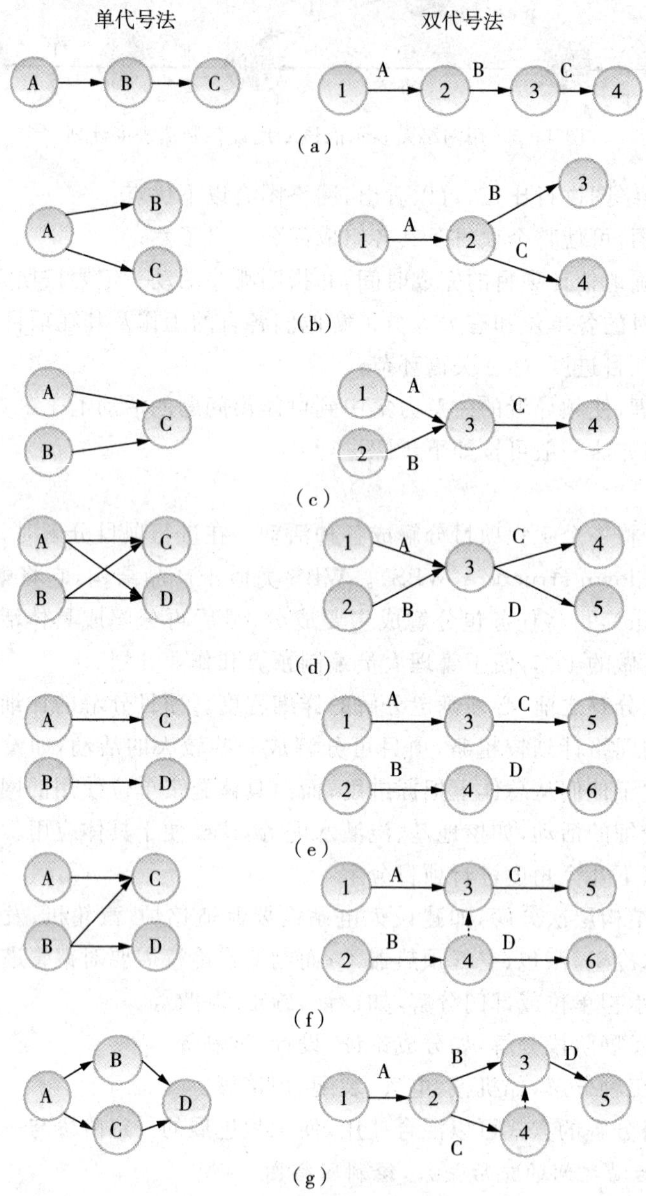

图4-4 活动之间的典型关系

3. 估计活动所需的时间

活动所需的时间是指在一定的技术组织条件下,为完成一项任务或一道工序所需要的时间,是一项活动的延续时间,活动时间以 $t(i,j)$ 表示,其时间单位可以是小时、日、周、月等,可按具体工作性质及项目的复杂程度以及网络图使用对象而定。

根据活动性质的不同,活动时间有两种估计方法。

(1)单一时间估计法。是指对各种活动的时间,仅确定一个时间值。这种方法适用于有同类活动或类似活动时间作参考的情况,如过去进行过且偶然性因素的影响又较小的活动。

采用单一时间估计法作出的网络图也称为确定型网络图。

(2)三点时间估计法。是对活动时间预估三个时间值，然后求出可能完成的平均值。这三个时间值是：

① 最乐观时间(Optimistic time)。指在最有利的条件下顺利完成一项活动所需要的时间，常以 a 表示。

② 最可能时间(Most likely time)。指在最正常情况下完成一项活动所需要的时间，常以 m 表示。

③ 最悲观时间(Pessimistic time)。指在最不利的情况下完成一项活动所需要的时间，常以 b 表示。

三点时间估计法常用于带探索性的工程项目。如原子弹工程，其中有很多工作任务是从未做过的，需要研究、试验，这些工作任务所需的时间也很难估计，只能由一些专家估计最乐观的时间、最悲观的时间和最可能的时间，然后对这三种时间进行加权平均。计算活动平均时间 $t(i,j)$ 及方差 σ^2 的公式为：

$$t(i,j)=\frac{a+4m+b}{6} \tag{4-1}$$

$$\sigma^2=\left(\frac{b-a}{6}\right)^2 \tag{4-2}$$

采用三点时间估计法作出的网络图也称为随机型网络图。

4. 计算网络参数，确定关键路线

对箭线型网络图，网络参数包括事件的时间参数和活动的时间参数。求出时间参数之后，就可以确定关键路线。

5. 优化

包括时间优化、时间-资源优化和时间-费用优化。

6. 监控

利用网络计划对项目进行监视和控制，以保证项目按期完成。

7. 调整

按实际发生的情况对网络计划进行必要的调整。

箭线型网络图用圆圈(节点)表示事件，用箭线表示活动。事件表示一项活动开始或结束的瞬间。在箭线型网络图中，某一节点用圆圈及圆圈内的数字表示。如果一个节点只有箭线发出，没有箭线引入，即只表示某些活动的开始时刻，而不表示任何活动的结束瞬间，则该结点称为起始节点。相反，如果一个节点只有箭线引入而没有箭线引出，即只与箭头相连，则只表示某些活动的结束时刻，而不表示任何活动的开始瞬间，这样的节点称为终止节点。介于起始节点与终止节点之间的节点都是中间节点。中间节点连接着先行活动箭线的箭头和后续活动箭线的箭尾。因此，中间节点的时间状态既表示先行活动的结束时刻，又表示后续活动的开始时刻。

既不需要消耗时间也不需要消耗其他资源的活动称为虚活动。虚活动是为了准确而清楚地表达各项活动之间的关系而引入的，一般用虚箭线表示。虚活动在实际工作中并不存在，但在箭线型网络图中却有着重要作用。图 4-4(f)和(g)中都有虚活动。虚活动是箭线型网络图中所独有的，节点型网络固不需要虚活动或虚箭线。

观察图 4-3，从中可以发现，从网络图的起始节点(结点 1)出发，顺箭线方向经过一系列节点和箭线，到网络图的终止节点有若干条路，每一条路都称为一条路线或通路。例如，A—C—E—F 就是一条路线。路线上各项活动延续时间之和称为该路线的长度。其中最长的路线称为关键路线。图 4-3 中的关键路线为 A—B—D—E—F。

4.2.2 绘制箭线型网络图的规则

(1)网络图中不允许出现循环。网络图中的箭线必须从左至右排列，不能出现回路。图 4-5 为出现循环的示例。

(2)两个节点之间只允许有一条箭线相连。否则，当用节点编号标识某项活动时，就会出现混乱。要消除这样的现象，就必须引入虚活动。图 4-6(a)为不正确的画法，图 4-6(b)为正确的画法。

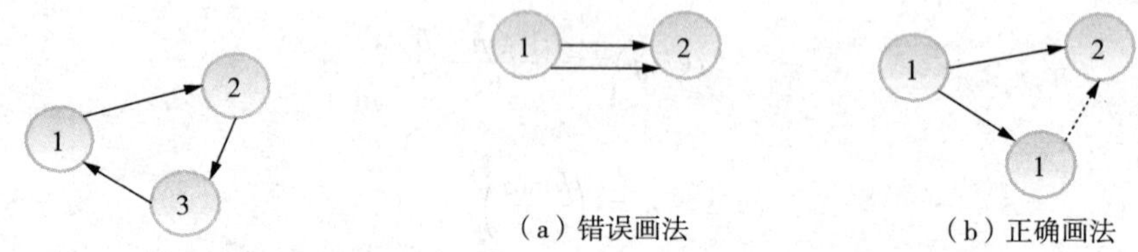

(a) 错误画法　　(b) 正确画法

图 4-5 出现循环的错误绘制　　图 4-6 双代号网络图箭线画法

(3)箭头事件的编号必须大于箭尾事件的编号。编号可以不连续，而且最好是跳跃式的，以便调整。通常用 i 表示箭尾事件，用 j 表示箭头事件，$j>i$。

(4)一个完整的网络图必须有，也只能有一个起始节点和一个终止节点。起始节点表示项目的开始，终止节点表示项目的结束。在本课程中，起始节点的编号为“1”，终止节点的编号为“n”。按惯例，起始节点放在图的左边，终止节点放在图的方边。图 4-7 中(a)和(b)两种情形是不允许的。

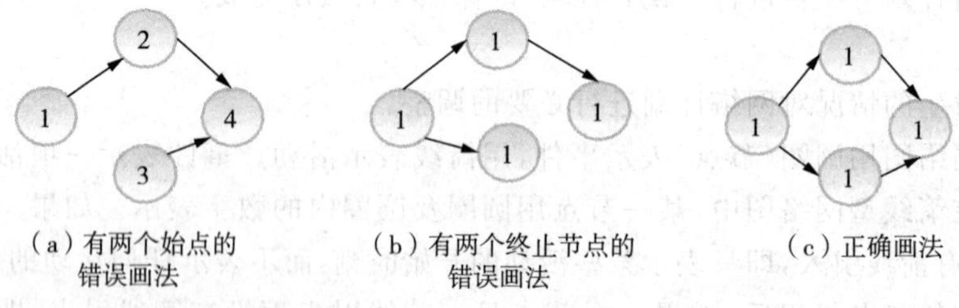

(a) 有两个始点的错误画法　　(b) 有两个终止节点的错误画法　　(c) 正确画法

图 4-7 双代号网络图始点节点和终点节点

4.2.3 网络图的绘制

任务分解之后，根据在任务分解中确定的活动之间的关系，列出活动清单。在列活动清单时，可以采用紧前活动或紧后活动作为表示活动先后关系的依据。表 4-2 所列为某机械厂开发计算机管理信息系统项目的活动清单。现以表 4-2 中的资料为例说明网络图的绘制方法。

表 4-2　某机械厂管理信息系统开发活动清单

活动代号	活动描述	紧后活动	活动时间(周)
A	系统分析和总体设计	B,C	3
B	输入和输出系统	D	4
C	模块 1 详细设计	E,F	6
D	输入和输出程序设计	G,I	8
E	模块 1 程序设计	G,I	8
F	模块 2 详细设计	H	5
G	输入和输出及模块 1 测试	J	3
H	模块 2 程序设计	I,K	6
I	模块 1 测试	J	3
J	系统总调试	L	5
K	稳当编写	无	8
L	系统测试	无	3

根据活动清单中规定的活动之间的关系，将活动代号栏中所有的活动逐项地画在网络图上。按惯例，绘制网络图应该从左至右进行。起始节点画在最左边，表示项目的开始。然后，从活动代号栏中找出紧后活动栏中没有出现的活动，即它(们)是项目开始时就可以进行的活动。这样，从起始节点发出的箭线就表示这个(些)活动。画出最早能开始的活动之后，就要找出其紧后活动，再将表示其紧后活动的箭线画在紧后。按这样的方式进行下去，直到没有紧后的活动为止。没有紧后活动的活动所对应的箭线汇集在终止节点上。草图绘出后，将序号标在节点上，将活动代号和时间标在箭线上。要根据网络图绘制规则，逐项活动进行检查，去掉不必要的虚活动。然后，按要求画出正规的网络图，如图 4-8 所示。

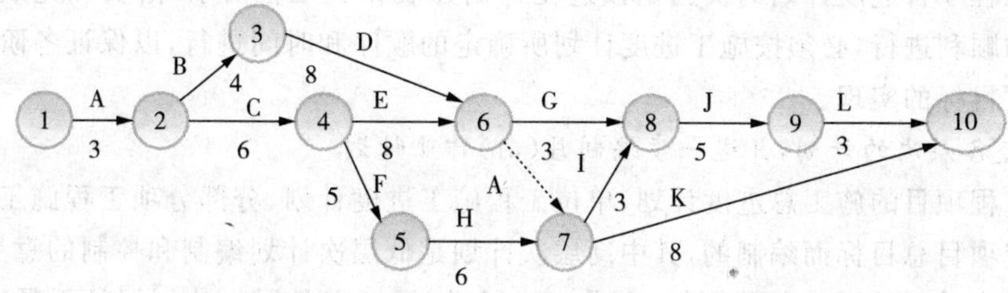

图 4-8　某机械厂管理信息系统开发活动网络图

绘制箭线型网络图的关键在虚箭线的画法。以下三种情况都需要虚箭线才能表示清楚：①当一项活动完成后，同时有几项活动可以进行，且这几项活动都完成后，后续活动才能开始。图 4-4(g)就是这种情况。平行作业也属于这种情况。如图 4-9 所示，当活动 B 被分成 B_1、B_2 和 B_3 可以同时进行时，只有用虚箭线才能表示清楚。②交叉作业。如图 4-10

所示。③当出现图 4－11 所示的情况时，没有虚箭线也是无法表达的。

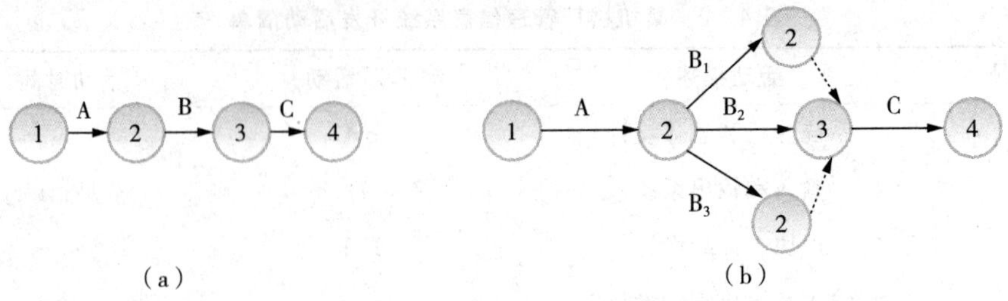

图 4－9 平行作业的处理

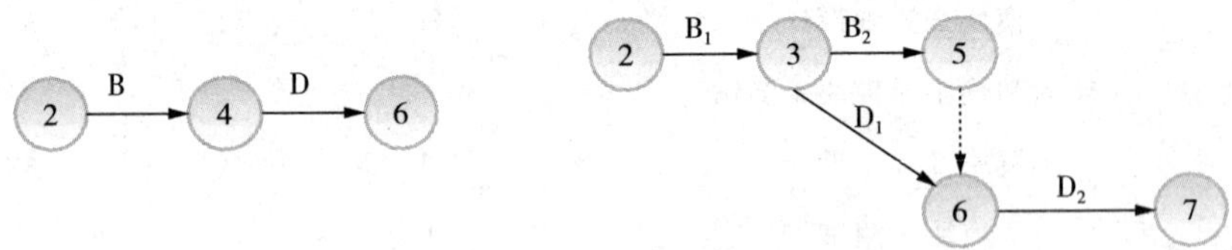

图 4－10 交叉作业

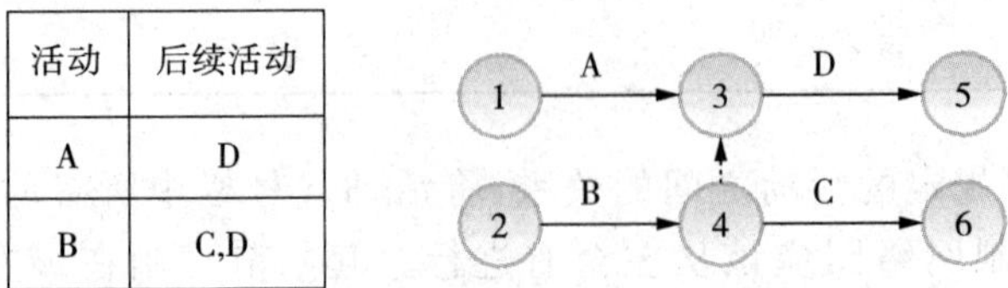

活动	后续活动
A	D
B	C,D

图 4－11 出现虚线的第三种情况

4.3 建设工程项目进度计划实施

4.3.1 进度计划的实施

建设工程项目进度计划的实施是按进度计划开展相关工程活动，落实和完成计划。为保证项目的顺利进行，必须按施工进度计划所确定的顺序和时间进行，以保证各阶段进度目标和总进度目标的实现。

1. 检查各层次的计划，并进一步编制月(旬)作业计划

建设工程项目的施工总进度计划、单位工程施工进度计划、分部分项工程施工进度计划是为了实现项目总目标而编制的，其中高层次计划是低层次计划编制和控制的意见，低层次计划是高层次计划的深入和具体化，在贯彻执行时，要检查各层次计划间是否紧密配合、协调一致。计划目标是否层次分解、互相衔接，检查在施工顺序、空间及时间安排、资源供应等方面有无矛盾，以组成一个可靠的计划体系。

为实施建设工程进度计划，项目经理部将规定的任务与现场实际施工条件和施工的实际进度相结合，在施工开始前和实施中不断贬值本月(旬)的作业计划，从而使施工进度计划更具体，更切合实际。在进度计划中，要明确本月(旬)应完成的施工任务，完成计划所需的

各种资源量，提高劳动生产率，保证质量和节约的措施。作业计划的编制，要在不同项目间同时施工的平衡协调，确定对施工项目进度计划分期实施的方案，施工项目同时要分解为工序，以满足指导作用的要求，并明确进度目标。

2. 综合平衡，做好主要要素的优化配置

建设项目需要不同的资源配合才能完成，同时，项目对资源的需要是动态变化的，因此，施工企业应在各项目进度计划的基础上进行综合平衡，编制企业的年度、季度、月旬计划，将施工生产要素在项目中的动态组合，优化配置，以保证满足项目在不同时间对不同资源的需求，从而保证施工项目进度计划的顺利实施。

3. 层层签订承包合同，并签发施工任务书

按已检查过的各层次计划，以承包合同和施工任务书的形式，分别向分包单位、承包队和施工班组下达施工进度任务，其中，总承包单位与分包单位、施工企业与项目经理部、项目经理部与各承包队和职能部门、承包队与各作业班组间应分别签订承包合同，按计划目标明确规定合同工期，相互承担的经济责任、权限和利益。

另外，要将月（旬）作业计划中的每项具体任务通过签发施工任务书的方式向班组下达任务，实行责任承包，全面管理原始记录综合性文件，它明确了各工作班组具体的施工任务，技术措施，质量要求，劳动量，完成时间等内容，并建立相应的责任制，促使各班组采取措施，保证能按作业计划完成任务。

4. 全面实行层层计划交底，保证全体人员共同参与计划实施

在施工进度计划实施前，必须根据任务进度文件的要求进行层次交底落实，使有关人员都明确各项计划的目标，任务，实施方案，预控措施，开始、结束日期，有关保证条件，协作配合要求等，使项目管理层和作业层能协调一致工作，从而保证施工生产按计划、有步骤、连续均衡地进行。

5. 做好施工记录，掌握现场实际情况

在计划任务完成的过程中，各级施工进度计划的执行者都要跟踪做好施工记录，实事求是地记录计划执行中每项工作的开始日期、工作进程和完成日期，为建设工程项目进度计划实施的检查、分析、调整、总结提供真实、准确的原始资料。

6. 做好施工中的调度工作

施工中的调度室在施工过程中针对出现的不平衡和不协调进行调整，以不断组织新的平衡，建立和维护正常的施工秩序。它是组织施工中各阶段、环节、专业和工种的互相配合、进度协调的指挥核心，也是保证施工进度计划顺利实施的重要手段。施工调度的主要任务是监督和检查计划实施情况，定期协调各方协作配合关系，采取措施，消除施工中出现的各种矛盾，加强薄弱环节，实现动态平衡，保证作业计划和进度控制目标的实现。调度工作必须以作业计划与现场实际情况为依据，从施工全局出发，按规章制度办事，必须做到及时、准确、果断灵活。

7. 预测干扰因素，采取预控措施

在建设工程项目实施过程中，应经常根据所掌握的各种数据资料，对可能致使项目实施结果偏离进度计划的各种干扰因素进行预测，并分析这些干扰因素所带来的风险的大小，预先采取一些有效的控制措施，把可能出现的偏离及时纠正。

4.3.2 施工项目进度计划的检查

在施工项目的实施进程中，为了进行进度控制，进度控制人员应经常地、定期地跟踪检查施工实际进度情况，主要是收集施工项目进度材料，进行统计整理和对比分析，确定实际进度与计划进度之间的关系，其主要工作包括以下几点。

1. 跟踪检查施工实际进度

跟踪检查施工实际进度是项目施工进度控制的关键措施。其目的是收集实际施工进度的有关数据。跟踪检查的时间和收集数据的质量，直接影响控制工作的质量和效果。一般检查的时间间隔与施工项目的类型、规模、施工条件和对进度执行要求程度有关。通常可以确定每月、半月、旬或周进行一次。若在施工中遇到天气、资源供应等不利因素的严重影响，检查的时间间隔可临时缩短，次数应频繁，甚至可以每日进行检查，或派人员驻现场督阵。检查和收集资料的方式一般采用进度报表方式或定期召开进度工作汇报会。为了保证汇报资料的准确性，进度控制的工作人员，要经常到现场察看施工项目的实际进度情况，从而保证经常地、定期地准确掌握施工项目的实际进度。

2. 整理统计检查数据

收集到的施工项目实际进度数据，要进行必要的整理、按计划控制的工作项目进行统计，形成与计划进度具有可比性的数据，相同的量纲和形象进度。一般可以按实物工程量、工作量和劳动消耗量以及累计百分比整理和统计实际检查的数据，以便与相应的计划完成量相对比。

3. 对比实际进度与计划进度

将收集的资料整理和统计成具有与计划进度可比性的数据后，用施工项目实际进度与计划进度的比较方法进行比较。通常用的比较方法有：横道图比较法、s 型曲线比较法和“香蕉”型曲线比较法、前锋线比较法和列表比较法等。通过比较得出实际进度与计划进度相一致、超前、拖后三种情况。

4. 施工项目进度检查结果的处理

施工项目进度检查的结果，按照检查报告制度的规定，形成进度控制报告向有关主管人员和部门汇报。进度控制报告是把检查比较的结果，有关施工进度现状和发展趋势，提供给项目经理及各级业务职能负责人的最简单的书面形式报告。

进度控制报告是根据报告的对象不同，确定不同的编制范围和内容而分别编写的。一般分为项目概要级进度控制报告、项目管理级进度控制报告和业务管理级进度控制报告。项目概要级的进度报告是报给项目经理、企业经理或业务部门以及建设单位或业主的。它是以整个施工项目为对象说明进度计划执行情况的报告。项目管理级的进度报告是报给项目经理及企业的业务部门的。它是以单位工程或项目分区为对象说明进度计划执行情况的报告。业务管理级的进度报告是就某个重点部位或重点司题为对象编写的报告，供项目管理者及各业务部门为其采取应急措施而使用的。进度报告由计划负责人或进度管理人员与其他项目管理人员协作编写。报告时间一般与进度检查时间相协调，也可按月、旬、周等司隔时司进行编写上报。进度控制报告的内容主要包括：项目实施概况、管理概况、进度概要；项目施工进度、形象进度及简要说明；施工图纸提供进度；材料、物资、构配件供应进度；劳务记录及预测；日历计划；对建设单位、业主和施工者的变更指令等。

4.4 建设工程项目进度计划的调整与优化

4.4.1 影响工程进度的因素

影响建设工程进度的不利因素有很多，其中，人为因素是最大的干扰因素。在工程建设过程中，常见的影响因素如下。

(1)建设单位因素。如建设单位即业主使用要求改变而进行设计变更；应提供的施工场地条件不能及时提供或所提供的场地不能满足工程正常需要；不能及时向施工承包单位或材料供应商付款等。

(2)勘察设计因素。如勘察资料不准确，特别是地质资料错误或遗漏；设计内容不完善，规范应用不恰当，设计有缺陷或错误；设计对施工的可能性未考虑或考虑不周；施工图纸供应不及时、不配套，或出现重大差错等。

(3)施工技术因素。如施工工艺错误；不合理的施工方案；施工安全措施不当；不可靠技术的应用等。

(4)自然环境因素。如复杂的工程地质条件；不明的水文气象条件；地下埋藏文物的保护、处理；洪水、地震、台风等不可抗力等。

(5)社会环境因素。如外单位临近工程施工干扰；节假日交通、市容整顿的限制；临时停水、停电、断路；以及在国外常见的法律及制度变化、经济制裁、战争、骚乱、罢工、企业倒闭等。

(6)组织管理因素。如向有关部门提出各种申请审批手续的延误；合同签订时遗漏条款、表达失当；计划安排不周密，组织协调不力，导致停工待料、相关作业脱节；领导不力，指挥失误，使参加工程建设的各个单位、各个专业、各个施工过程之间交接、配合上发生矛盾等。

(7)材料、设备因素。如材料、构配件、机具、设备供应环节的差错，品种、规格、质量、数量、时间不能满足工程的需要；特殊材料及新材料的不合理使用；施工设备不配套，选型不当，安装失误，有故障等。

(8)资金因素。如有关方拖欠资金，资金不到位，资金短缺，汇率浮动和通货膨胀等。

4.4.2 分析进度偏差的影响

通过前述的进度比较方法，当判断出现进度偏差时，应当分析该偏差对后续工作和对总工期的影响。

1. 分析进度偏差的工作是否为关键工作

若出现偏差的工作为关键工作，则无论偏差大小，都对后续工作及总工期产生影响，必须采取相应的调整措施，若出现偏差的工作不为关键工作，需要根据偏差值与总时差和自由时差的大小关系，确定对后续工作和总工期的影响程度。

2. 分析进度偏差是否大于总时差

若工作的进度偏差大于该工作的总时差，说明此偏差必将影响后续工作和总工期，必须采取相应的调整措施。若工作的进度偏差小于或等于该工作的总时差，说明此偏差对总工期无影响，但它对后续工作的影响程度，需要根据比较偏差与自由时差的情况来确定。

3. 分析进度偏差是否大于自由时差

若工作的进度偏差大于该工作的自由时差，说明此偏差对后续工作产生影响，应该如何调整，应根据后续工作允许影响的程度而定；若工作的进度偏差小于或等于该工作的自由时差，则说明此偏差对后续工作无影响，因此，原进度计划可以不作调整。经过如此分析，进度控制人员可以确认应该调整产生进度偏差的工作和调整偏差值的大小，以便确定采取调整措施，获得新的符合实际进度情况和计划目标的新进度计划。

4.4.3 施工项目进度计划的调整方法

在对实施的进度计划分析的基础上，应确定调整原计划的方法，一般主要有以下两种：

(1)改变某些工作间的逻辑关系(施工作业组织形式)。

若检查的实际施工进度产生的偏差影响了总工期，在工作之间的逻辑关系允许改变的条件下，改变关键线路和超过计划工期的非关键线路上的有关工作之间的逻辑关系，达到缩短工期的目的。用这种方法调整的效果是很显著的，例如可以把依次进行的有关工作改变平行的或互相搭接的以及分成几个施工段进行流水施工的等都可以达到缩短工期的目的。

(2)缩短或延长某些工作的持续时间。

这种方法是不改变工作之间的逻辑关系，而是缩短某些工作的持续时间，而使施工进度加快，并保证实现计划工期的方法。这些被压缩持续时间的工作是位于由于实际施工进度的拖延而引起总工期增长的关键线路和某些非关键线路上的工作。同时，这些工作又是可压缩持续时间的工作。

(3)增强或减弱资源供应强度。

(4)不违反工艺规律的前提下改变工作衔接关系、修正施工方案等。

4.5 建设工程项目进度计划的控制

4.5.1 进度控制

工期和进度是两个既互相联系，又有区别的概念。由工期计划可以得到各项目单元的计划工期的各个时间参数。它分别表示各层次的项目单元(包括整个项目)的持续时间、开始和结束时间、容许的变动余地(时差)等。它们定义各个工程活动的时间安排，当然就反映工程的进展状况。进度控制的目的是使工程实施活动与上述工期计划在时间上吻合，即保证各工程活动按计划及时开工、按时完成，保证总工期不推迟。这样才能保持计划的进度，而且还追求在一定的时间内工作量的完成程度(劳动效率和劳动成果)或消耗的一致性。

工期常常作为进度的一个指标，它在表示进度计划及其完成情况时有重要作用，所以进度控制首先表现为工期控制，有效的工期控制才能达到有效的进度控制，但仅用工期表达进度是不完全的，会产生误导。进度的拖延最终一定会表现为工期的拖延。对进度的调整常常表现为对工期的调整，为加快进度，改变施工次序，增加资源投入，则意味着通过采取措施使总工期提前。在建筑工程项目管理中，进度控制起着重要的作用，同时进度控制是一个系统的、科学的过程，包括以下几个步骤。

(1)采用各种控制手段保证项目及各个工程活动按计划及时开始,并在实施过程中监督项目以及各个工程活动的监督状况。在工程过程中记录各工程活动的开始和结束时间及完成程度。

(2)在各控制期末(如月末、季末,一个工程阶段结束)将各活动的完成程度与计划对比,确定各工程活动、里程碑计划以及整个项目的完成程度,并结合工期、生产成果的数量和质量、劳动效率、资源消耗、预算等指标,综合评价项目进度状况,并对重大的偏差做出解释,分析其中的问题和原因,找出需要采取纠正措施的地方。

(3)评定偏差对项目目标的影响。应结合后续工作,分析项目进展趋势,预测后期进度状况,风险及机会。

(4)提出调整进度的措施,根据已完成状况,对下期工作作出详细安排和计划,对一些已开始但尚未结束的项目单元的剩余时间作估算,调整网络(如变更逻辑关系,延长/缩短持续时间,增加新的活动等),重新进行网络分析,预测新的工期状况。

通常对下个控制期的工作要作详细安排,提出下期详细的进度执行计划。

(5)对调整措施和新计划做出评审,分析调整措施的效果,分析新的工期是否符合目标要求。应将对进度计划提出的任何变更通知用户和相关者各方。如果进度调整对其他方有影响时,应让他们参与进度调整决策。应确定进度计划变更对项目成本预算、资源使用、产品质量的可能影响。在采取进度调整措施时,也要考虑到对项目的目标、相关者的影响。

4.5.2　进度控制的方法

1. 利用工作包控制进度

进度控制的对象是各个层次的项目单元,而最低层次的工作包是主要对象,有时进度控制还要细到具体的网络计划中的工程活动。有效的进度控制必须能迅速且正确地在项目参加者(工程小组、分包商、供应商等)的工作岗位上反映如下进度信息:

(1)项目正式开始后,必须监控项目的进度以确保每项活动按计划进行,掌握各工作包(或工程活动)的实际工期信息,如实际开始时间,记录并报告工期受到的影响及原因。这些必须明确反映在工作包的信息卡(报告)上。

(2)工作包(或工程活动)所达到的实际状态,即完成程度和已消耗的资源。在项目控制期末(一般为月底)对各工作包的实施状况、完成程度、资源消耗量进行统计。

在这时,如果一个工程活动已完成或未开始,则很好办:已完成的进度为 100%,未开始的为 0;但这时必然有许多工程活动已开始但尚未完成。这时为了便于比较精确地进行进度控制和成本核算,必须定义它的完成程度。通常有如下几种定义模式:

(1)0～100%,即开始后完成前一直为 0,直到完成才为 100%。这是一种比较悲观的反映。

(2)50%～50%,一经开始则认为已完成 50%,直到完成前;完成后才为 100%。

(3)按实物工作量或成本消耗,劳动消耗所占的比例,即按已完成的工作量占总计划工作量的比例计算。

(4)按已消耗工期与计划工期(持续时间)的比例计算。这在横道图计划与实际工期对比和网络调整中用到。

(5)按工序(工作步骤)分析定义。这里要分析该工作包的工作内容和步骤,并定义各个步骤的进度份额。例如一基础混凝土工程，它的步骤定义见表 4-3 所列。各步骤占总进度的份额由进度的描述指标的比例来计算，例如可以按工时投入比例，也可以按成本比例。如果到月底隐蔽工程验收刚完，则该分项工程完成 60%，而如果混凝土浇捣完成一半，则达 77%。

表 4-3 基础混凝土工程步骤定义

步骤	时间	工时投入	份额	累计进度
放样	0.5	24	3%	3%
支模	4	216	27%	30%
扎钢筋	6	240	30%	60%
隐蔽工程验收	0.5	0	0%	60%
浇捣混凝土	4	280	35%	95%
养护、拆模	5	40	5%	100%
合计	20	800	100%	

当工作包内容复杂，无法用统一的均衡的指标衡量时，可以用这种方法。这个方法的好处是可以排除工时投入浪费、初期的低效率等造成的影响，可以较好地反映工程进度，例如上述工程中，支模已经完成，扎钢筋工作量仅完成 70%，则如果钢筋全完成为 60%，现钢筋仍有 30%未完成，则该分项工程的进度为：60%－30%×(1－70%)＝60%－9%＝51%。

工程活动完成程度的定义不仅对进度描述和控制有重要作用，有时它还是业主与承包商之间工程价款结算的重要参数。

2. 用横道图反映项目进度控制状况

用横道图可以清楚反映实际和计划工期（或进度）的对比，例如现在项目已进行了 8 周，实际状况为：A 已经在 0～3 周中完成；B 已于第 3 周初开始，现预计剩余工作还要 4 周可完成；C 于第 4 周初开始，预计剩余工程量还需要 1 周完成；D 已经于 5 周初开始，还需 4 周才能完成；E 已于 4～8 周内全部结束；其他尚未开始。则可将实际的开始（结束）时间标在计划的横道图下面，用两种图例，以做对比，如图 4-12（图中的百分比是以工期作为尺度的）。

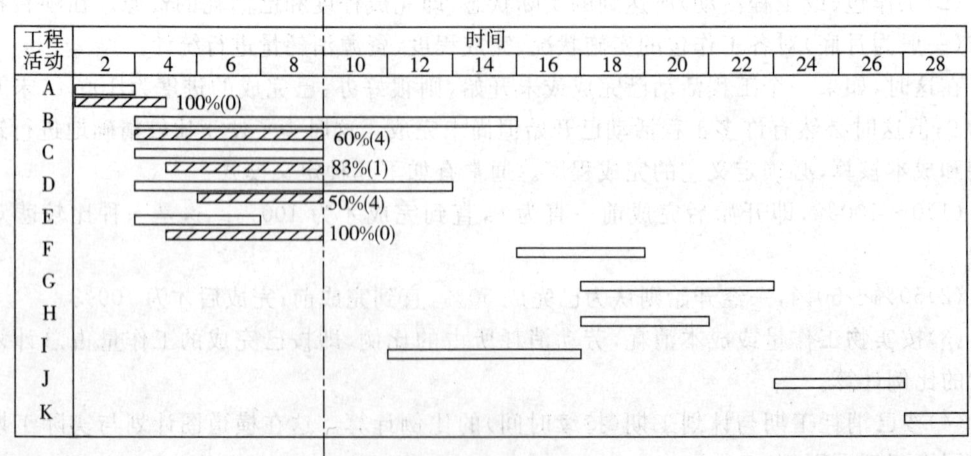

图 4-12 横道图

图 4 - 12 完全是实际开始、结束时间和完成程度情况的反映，是写实性的反映。但工程活动的完成程度的对比并不强烈，对此又可以采用图 4 - 13 的表示方式。在该图中，不反映工程活动的实际开始和结束时间，仅反映与计划相比，实际完成的百分比。通过前锋线可以较好地反映工期的拖延或提前。如图中 A 已经完成；B 活动已经进行了 6 周，还剩 4 周，则完成 60%；C 已经进行了 5 周，还剩 1 周，完成了 84%；D 活动已经进行 4 周，还剩 4 周，完成 50%；E 活动已经结束。

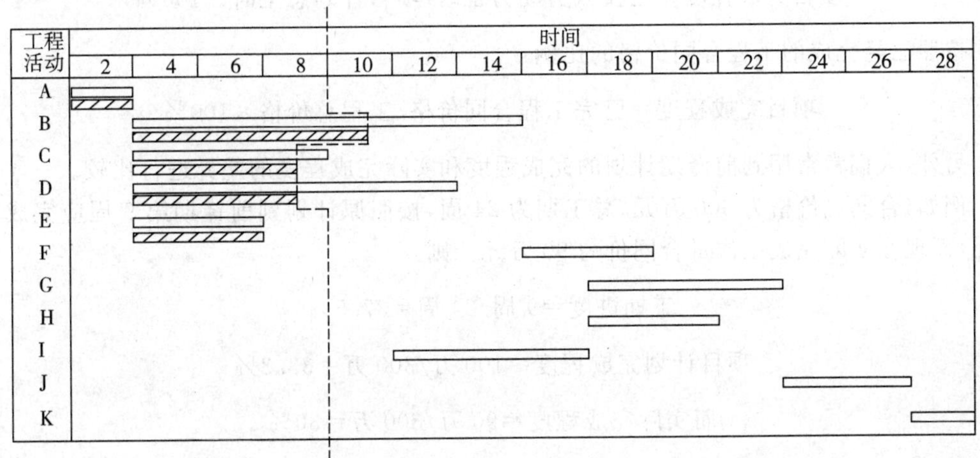

图 4 - 13　改进的横道图

3. 用网络图反映工程进度控制状况

在单代号网络上，可以在活动节点的框上加上"×"表示该活动已经结束，在框上加上"/"表示该活动已经开始，但尚未结束，则上述项目的实施状态可用图 4 - 14 表示。对双代号和时标网络也可以采用前锋线的形式表达工程进展情况。

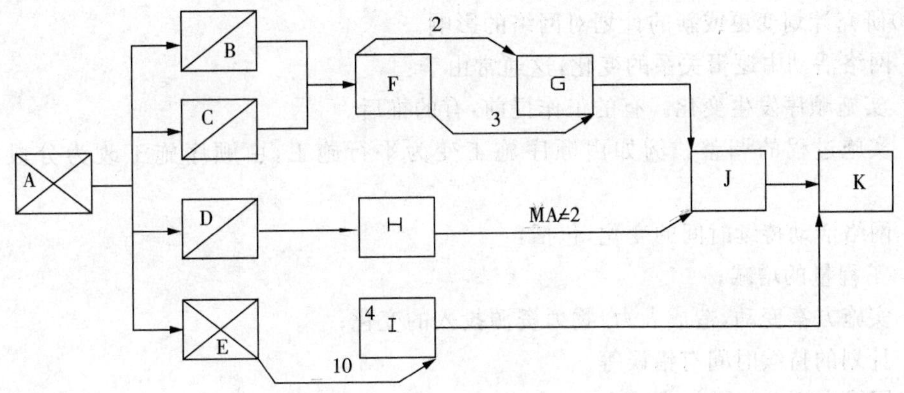

图 4 - 14　单代号网络图表示方法

4.5.3　总项目的进度控制分析

在工程实施过程中，项目的完成程度是一个重要的指标。它对成本控制十分重要，因为没有正确的工程进度表达，则不可能有准确的成本分析。按统一的指标（例如成本、劳动力投入或工期等)进行测算则可以得到各个项目单元进度的情况,最后可以计算项目的进度,即到前锋期已完成的百分比。

例如,按工期则:

项目完成程度=实际总工期/计划总工期=8/28=28.6%

而按劳动力投入比例为:

项目完成程度=已投入劳动力工时/项目计划总工时×100%

按照已经完成的工程合同价格的比例:

项目完成程度=已完工程合同价格/工程总价格×100%

另外,人们常常用到前锋期计划的完成程度和实际完成程度的差异进行比较。

例如,合同总价格为 300 万元,总工期为 24 周,按照原计划到前锋期第 9 周应完成 100 万元,而现在实际完成工作量合同价为 90 万元。则:

工期进度=9 周/24 周=37.5%

项目计划完成程度=100 万/300 万=33.3%

而实际完成程度=90 万/300 万=30%

至前锋期完成计划的程度=90 万/100 万=90%

即在目前状态的基础上,利用网络分析测算工程的总工期。它按如下程序进行:

(1)将已完成的活动划去(如 A,E),将已开始,但未完成的活动的持续时间修改为预计还需要的时间,例如 D_B=4 周,D_C=1 周,D_D=4 周。

在项目控制中,对已开始但尚未结束的活动,完成剩余工作尚需要的时间预测比它的完成程度分析有更大的实际意义。

(2)研究计划变更或新的计划对网络的影响。

① 网络活动中逻辑关系的变化,这通常由于:

A. 实施顺序发生变化。有的工作提前,有的推后。

B. 实施过程的调整。例如由顺序施工变为平行施工,由顺序施工改为分段流水施工等。

② 网络活动持续时间的变化,包括:

A. 工程量的增减;

B. 实施方案变动,造成人力、物力资源投入的变化;

C. 计划的持续时间有错误等。

③ 网络中活动的增加或减少:

A. 新的附加工程或工作,增加新的项目单元(工作包);

B. 删除部分工程;

C. 设计或计划出错,或结构分解出错,造成工程活动的变化等。

(3)定义一个开始节点 P,它的持续时间为"0",开始时间为前锋期,则得到一个新网络。分析计算该网络的时间参数,则得一个新的工期,如图 4-15 所示。

则与原工期相比较，总工期提前了 2 周。

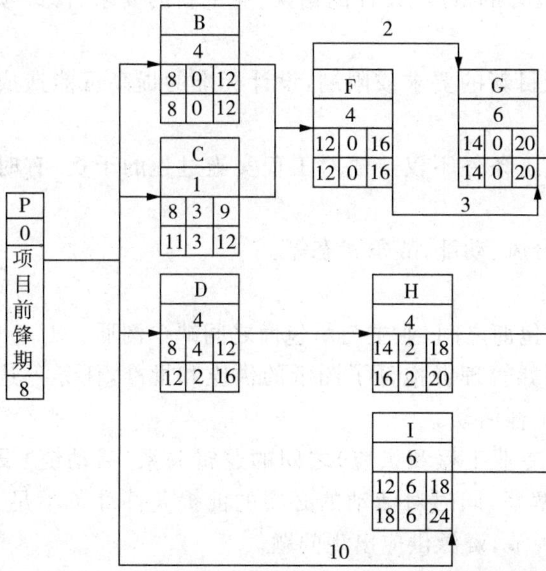

图 4－15　工程活动压缩成本示意图

由于计划期所作的初始网络是基于许多假设的理想状态上的，经过不断的调整，最终的实际执行网络与它已大相径庭。

对计划的调整和总工期的预测应考虑项目后期的风险和机会。

4.5.4　进度拖延原因分析及解决措施

进度拖延是工程项目过程中经常发生的现象，各层次的项目单元，各个项目阶段都可能出现延误。项目管理者应按预定的项目计划定期评审实施进度情况，分析并确定拖延的根本原因。进度拖延的原因分析可以采用许多方法，例如：通过各工程活动（工作包）的实际工期记录与计划对比确定拖延及拖延量；采用关键线路分析的方法确定各拖延对总工期的影响。由于各活动（工作包）在网络中所处的位置（关键线路或非关键线路）不同，它们对整个工期拖延的影响不同；采用因果关系分析图（表），影响因素分析表，工程量、劳动效率对比分析等方法，详细分析各工程活动（工作包）拖延的影响因素，及各因素影响量的大小。

进度拖延的原因是多方面的，常见的有以下几种。

1. 工期及相关计划的失误

计划失误是常见的现象。人们在计划期将持续时间安排得过于乐观了，包括：

(1)计划时忘记（遗漏）部分必需的功能或工作；

(2)计划值（例如计划工作量、持续时间）不足，相关的实际工作量增加。

(3)资源或能力不足，例如计划时没考虑到资源的限制或缺陷，没有考虑如何完成工作。

(4)出现了计划中未能考虑到的风险或状况，未能使工程实施达到预定的效率。

(5)在现代工程中，上级（业主、投资者、企业主管）常常在一开始就提出很紧迫的工期要求。使承包商或其他设计人、供应商的工期太紧。而且许多业主为了缩短工期，常常压缩承包商的做标期、前期准备的时间。

2. 环境条件的变化

(1)工作量的变化。可能是由于设计的修改、设计的错误、业主新的要求、修改项目的目标及系统范围的扩展造成的。

(2)外界(如政府、上层系统)对项目新的要求或限制,设计标准的提高可能造成项目资源的缺乏无法及时完成。

(3)环境条件的变化,如不利的施工条件不仅造成对工程实施过程的干扰,有时直接要求调整原来已确定的计划。

(4)发生不可抗力事件,如地震、台风、动乱、战争状态等。

3. 实施过程中管理过程中的失误

(1)计划部门与实施者之间、总分包商之间,业主与承包商之间缺少沟通。

(2)工程实施者缺少工期意识,例如管理者拖延了图纸的供应和批准,任务下达时缺少必要的工期说明和责任落实,拖延了工程活动。

(3)项目参加单位对各个活动(各专业工程和供应)之间的逻辑关系(活动链)没有清楚地了解,下达任务时也没有作详细的解释,同时对活动的必要的前提条件准备不足,各单位之间缺少协调和信息沟通,许多工作脱节,资源供应出现问题。

(4)由于其他方面未完成项目计划造成拖延。例如设计单位拖延设计、运输不及时、上级机关拖延批准手续、质量检查拖延、业主不果断处理问题等。

(5)承包商没有集中力量施工,材料供应拖延,资金缺乏,工期控制不紧。这可能是由于承包商同期工程太多,力量不足造成的。

(6)业主没有集中资金的供应,拖欠工程款,或业主的材料、设备供应不及时。

4. 其他原因

例如由于采取其他调整措施造成工期的拖延,如设计的变更、质量问题的返工、实施方案的修改。

对已产生的进度拖延可以有如下的基本策略:(1)采取积极的措施赶工,以弥补或部分地弥补已经产生的拖延。主要通过调整后期计划,采取措施压缩工期,修改网络。(2)不采取特别的措施,在目前进度状态的基础上,仍按照原计划安排后期工作。但通常情况下,拖延的影响会越来越大。有时刚开始仅一两周的拖延,到最后会导致一年拖延的结果。这是一种消极的办法,最终结果必然损害工期目标和经济效益,如被工期罚款,由于不能及时投产而不能实现预期收益。

在实际工程中,工期一般会在三种情况下压缩。

(1)工期计划中时间限定。

在工程项目网络计划中,常常总工期或部分里程碑事件的时间是事先确定的,例如:

① 承包商必须按批准的(招标文件或合同规定的)总工期安排项目实施,即总工期限定。

② 业主(或上级)指定工程的某些里程碑事件的时间安排。例如某条道路必须在国庆前通车,办公楼建设在厂庆那一天奠基。

③ 有的是其他方面的特殊要求,如:主体结构必须在雨季到来前封顶,主体混凝土工程必须在冬季到来前完成等。

在网络计划中,这些限定作为输入的约束条件,限定了某些活动(包括开始节点、结束节点)的开始或结束时间。这种限定可能有两种结果:①项目的时间是宽裕的(刚好不长不短的情况一般很少),则会导致网络分析的结果没有关键线路,即所有活动都有时差,都有调整余地。②计划值已突破上述限制,例如按网络分析得到的总工期为 33 周,而业主在招标文件中规定的工期为 30 周。又如按分析结果,道路只能在 11 月 1 日通车,而上级要求在 10 月 1 日通车。这种限定经计算机网络分析后会使有些活动(常常在一条线上)出现负时差,即某些工程活动的最迟开始时间小于最早开始时间,或总时差为负值。这表明,网络中已出现逻辑上的矛盾,必须进行调整,当然如果有可能应尽量争取取消限制,按原计划进行安排。

(2)工程实施中工期拖延。

在实施阶段常常会出现实际工期比计划工期拖延的情况:

① 由于承包商自己的责任造成工期的拖延,他有责任采取赶工措施,使工程按原计划竣工。

② 由于业主责任,或不可抗力影响导致工程拖延,但业主或上级要求承包商采取措施弥补或部分弥补拖延的工期。

③ 工程正常进行,但由于市场变化,或业主和上层组织目标的变化,在项目实施过程中要求项目提前竣工,则必须采取措施压缩工期。

工期的过度压缩会损害质量目标、成本目标,影响项目的现场管理和安全管理等问题。

在上述情况下,都必须进行工期计划的调整,压缩关键线路的工期。这是一个非常复杂的,计算机也不能取代的技术性工作。与在计划阶段压缩工期一样,解决进度拖延有许多方法,但每种方法都有它的适用条件、限制,必然会带来一些负面影响。人们以往的讨论,以及在实际工作中,都将重点集中在时间问题上,这是不对的。许多措施常常没有效果,或引起其他更严重的问题,最典型的是增加成本开支、现场的混乱和引起质量问题。所以应该将它作为一个新的综合的计划过程来处理。在实际工程中经常采用如下赶工措施。

① 增加资源投入,例如增加劳动力、材料、周转材料和设备的投入量以缩短持续时间。这是最常用的办法。它会带来如下问题:

A. 造成费用的增加,如增加人员的调遣费用、周转材料一次性费用、设备的进出场费。

B. 由于增加资源造成资源使用效率的降低。

C. 加剧资源供应的困难,如有些资源没有增加的可能性,加剧项目之间或工序之间对资源激烈的竞争。

② 重新分配资源,例如将服务部门的人员投入到生产中去,投入风险准备资源,采用多班制施工,或延长工作时间。

重新进行劳动组合,在条件允许的情况下,减少非关键线路活动的劳动力和资源的投入强度,而将它们向关键线路活动集中。这样非关键线路在时差范围内适当延长不影响总工期,而关键线路由于增加了投入,缩短了持续时间,进而缩短了总工期。

③ 减少工作范围,包括减少工作量或删去一些工作包(或分项工程)。但这可能产生如下影响:对工程的完整性,经济、安全、高效率运行产生影响,或提高项目运行费用;必须经过上层管理者,如投资者、业主的批准。

④ 改善工具器具以提高劳动效率。

⑤ 提高劳动生产率,主要通过辅助措施和合理的工作过程。

⑥ 将原计划由自己承担的某些分项工程分包给另外的单位,将原计划由自己生产的结

构件改为外购等。当然这不仅有风险，产生新的费用，而且需要增加控制和协调工作。

⑦ 改变网络计划中工程活动的逻辑关系，如：前后顺序工作改为平行工作；流水作业能够很明显地缩短工期，所以在可能的情况下采用流水施工的方法；合理地搭接，例如，平整场地和设备进场在关键线路上，如果采用－3 天的搭接，则比不搭接节约 3 天时间。这又可能产生如下问题：工程活动逻辑上的矛盾性；资源的限制，平行施工要增加资源的投入强度，尽管投入总量不变；工作面限制及由此产生的现场混乱和低效率问题。

⑧ 修改实施方案，采用技术措施，例如将占用工期时间长的现场制造方案改为场外预制，场内拼装；采用外加剂，以缩短混凝土的凝固时间，缩短拆模期等。这样一方面提高施工速度，同时将自己的人力物力集中到关键线路活动上。当然这一方面必须有可用的资源，另一方面又考虑会造成成本的超支。例如在一国际工程中，原施工方案为现浇混凝土，工期较长。进一步调查发现该国木工技术缺乏，劳动力的素质和可培训性较差，无法保证原工期，后来采用预制装配施工方案，则大大缩短了工期。

⑨ 将一些工作包合并，特别是在关键线路上按先后顺序实施的工作包合并，与实施者一齐研究，通过局部地调整实施过程和人力、物力的分配，达到缩短工期。

上述措施都会带来一些不利的影响，都有一些适用条件。它们可能导致劳动效率的降低，资源投入的增加，出现逻辑关系的矛盾，工程成本的增加，或质量的降低。管理者在选择时应做出周密的考虑和权衡。

压缩对象，即被压缩的工程活动的选择，是工期压缩的又一个复杂问题。当然，只有直接压缩关键线路上活动（或时差小于 0 的活动）的持续时间，才能压缩总工期（或消除负时差）。在许多计算机网络分析程序中，事先由管理者定义工程活动的优先级，计算机再按优先级顺序压缩工期。压缩对象的选择（或优先级的定义）一般考虑如下因素：

① 一般首先选择持续时间相对长的活动。因为相同的压缩量，对持续时间长的活动相对压缩比小，则通常影响较小。例如在图 4－15 的关键线路上的活动 D 的持续时间为 10 周，H 为 5 周，要求压缩 2 周，如果选择 D 则它仅压缩 20%，而选择 H 则它压缩 40%。如果其他条件相同则 D 压缩比小，影响较小，如需增加的投入较少。而且持续时间长的工程活动可压缩性较大。

② 选择压缩成本低的活动。工程活动持续时间的变化会引起该活动资源投入和劳动效率的变化，则最终会引起该活动成本的变化，而某活动压缩单位时间所需增加的成本称为该活动的压缩成本（图 4－16）。通常由于原来的持续时间是经过优化的，所以一般压缩都会造成成本的增加，而且同一活动，如果继续压缩，其压缩成本会不断上升，即在图 4－16 中 $\Delta C_1 < \Delta C_2 < \Delta C_3$。这种成本的高速增加有十分复杂的原因，最主要的原因是资源投入的增加和劳动效率的降低。

例如，D 和 H 的劳动力投入量都是 10 人，则 D 压缩 2 周须增加劳动力为：

$$\Delta L = 10\text{ 人} \times 10\text{ 周}/8\text{ 周} - 10\text{ 人} = 2.5\text{ 人}$$

而 H 压缩 2 周须增加劳动力为：

$$\Delta L = 10\text{ 人} \times 5\text{ 周}/3\text{ 周} - 10\text{ 人} = 6.7\text{ 人}$$

显然，在劳动力费用方面 H 的压缩成本要高于 D。例如再将 D 由 8 周压缩到 6 周，即使假定劳动效率没有变化，则需要投入的人数为：

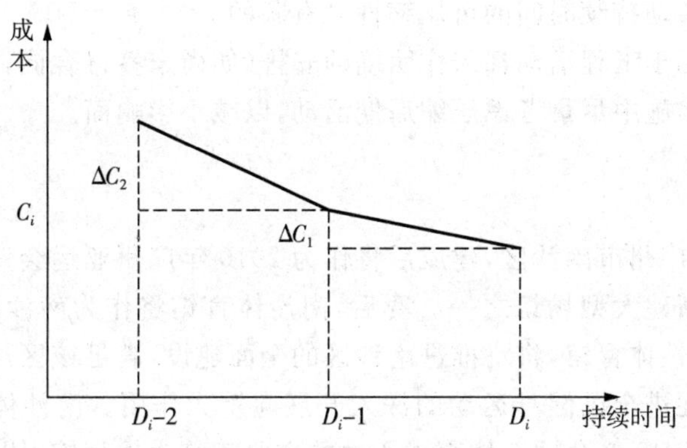

图 4-16　成本时间关系图

$$\Delta L = 10\text{ 人}\times 10\text{ 周}/6\text{ 周} - 12.5\text{ 人} = 16.7 - 12.5 = 4.2\text{ 人}$$

即 D 第一次压缩 2 周需增加投入 2.5 人，而第二次压缩 2 周需增加投入 4.2 人。而且在实际工程中，第二次压缩会造成劳动效率大幅度降低，需增加的人数超过 4.2 人。

由于各个活动的 ΔC 不同，则选其中 ΔC 最小的活动进行压缩。

③ 压缩所引起的资源的变化，如资源的增加量，须增加的资源的种类、范围、可获得性。尽量不要造成大型设备数量的变化，不要增加难以采购的材料（如进口材料），同时不要造成对计划过大的修改。

④ 可压缩性。无论一个工程项目的总工期，还是一个活动的持续时间都存在可压缩性问题或工期弹性。有些活动由于技术规范要求，资源限制，法律的限制，是不可压缩的，或经过压缩（优化）以后渐渐变成不可压缩的，它的工期弹性越来越小，接近最短工期限制。

例如关键线路上有两个活动 I,J。其中对 I 的工期预测如下：

$OD_I = 12$ 天，$PD_I = 16$ 天，$HD_I = 14$ 天。

$$T = (OD + 4\times HD + PD)/6 \tag{5-1}$$

按照公式 5-1 得 $T_D = 14$ 天。

而对 J 的工期预测如下：

$OD_J = 10$ 天，$PD_J = 18$ 天，$HD_J = 14$ 天。同样按照公式 5-1 得 $T_J = 14$ 天。

现在要压缩两天，如果选择 I，将工期由 14 天改为 12 天，已成为最乐观（一切顺利）的工期，则以后它不能再被压缩；而如果选择 J，将工期由 14 天改为 12 天，它仍有一定的压缩余地。

⑤ 考虑到其他方面的影响。例如在定义优先级时，对需要较长前期准备时间的活动，持续时间长的活动，关键活动赋予较高的优先级。

又如，在工程中选择压缩（调整）对象时，经常会遇到这个问题：选择前期（近期）活动还是选择后期活动。

① 选择近期活动，则以后工期需要再作调整（压缩）则仍有余地，但近期活动的压缩影响面较大，这可以从网络上看出来。项目初期活动的变化，影响的活动较多，即后面许多活动都要提前，则与这些活动相关的供应计划，劳动力安排，分包合同等都要变动。

② 选择后期（远期）的活动（例如结束节点）压缩则影响面较小。但以后如果再要压缩

工期就很困难，因为活动持续时间的可压缩性是有限的。

一般在计划期，由于工程活动都未作明确的安排(如尚未签订合同，订购材料)可以考虑压缩前期活动；而在实施中尽量考虑压缩后期活动，以减小影响面。

案例分析

南沙体育馆位于广州市南沙区，建成后将作为2010年广州亚运会武术及体育舞蹈比赛馆，是该届亚运会的新建大型场馆之一。赛后，南沙体育馆将作为南沙区举办体育、艺术表演和大型集会的综合性体育馆，将对推进南沙区的全面建设，满足该区居民日益增长的体育健身活动场地需求，促进全民健身运动的深入开展起重大作用。南沙体育馆用地位于南沙体育中心，总用地约为42.3公顷。体育中心内的主要建筑为体育馆、体育场、游泳中心及其配套设施。一期建设的南沙体育馆及周边的停车、广场、绿化等配套市政设施，体育馆的用地约为12.7公顷，总建筑面积为29856平方米，设置8000座席。二期建设游泳中心和体育场及其他配套设施，总建筑面积41200平方米。另外，用地北部预留约5公顷的发展用地，首期考虑建成绿地，远期将作为加油站及110kV变电站建设用地。

南沙区体育馆工作的建设从总体上可分解为施工设计、施工招投标、土建施工、设备现场安装调试、工程验收及试运行六个活动，活动的完成时间估计见表4-4所列。根据确定的工程范围和内容，结合南沙体育馆工程的特点、施工阶段划分、各工作之间的关系及同类工程施工的经验，制定总进度甘特图。

表4-4 南沙体育馆建设推进计划表

序号	名 称		计划开始时间	计划完成时间
1	项目建议书		/	/
2	可研编制及审批		/	/
3	国土预审		/	/
4	方案设计及审查		/	/
5	初步设计与审查		/	/
6	消防报建		2008年3月24日	2008年4月25日
7	地质灾害评估及评审		/	/
8	环评		2008年3月24日	2008年5月28日
9	工程详勘		2008年3月24日	2008年6月13日
10	施工图设计	上建设计(基础，上部结构)	2008年3月10日	2008年5月16日
		机电及信息系统	2008年5月1日	2008年7月17日
		室外园林景观(含市政道路，排水)	2008年4月20日	2008年8月28日
		室内装潢设计	2008年5月11日	2008年8月28日
11	施工图审查及清单编制		2008年5月20日	2008年10月20日
12	监理招标		2008年3月9日	2008年4月20日

（续表）

序号	名　称		计划开始时间	计划完成时间
13	施工招标	招标报名	2008 年 5 月 16 日	2008 年 5 月 22 日
		资审,上网公示,摇珠,备案	2008 年 5 月 23 日	2008 年 5 月 30 日
		确定造价咨询单位	2008 年 5 月 1 日	2008 年 5 月 9 日
		售标书	2008 年 5 月 30 日	2008 年 6 月 6 日
		开标	2008 年 6 月 6 日	2008 年 7 月 10 日
14	施工临水临电准备		2008 年 4 月 20 日	2008 年 7 月 30 日
15	主体施工	基础部分	2008 年 7 月 10 日	2008 年 9 月 30 日
		主体结构	2008 年 10 月 2 日	2008 年 12 月 30 日
		层面结构	2009 年 1 月 1 日	2009 年 4 月 30 日
16	设备安装施工		2008 年 11 月 3 日	2009 年 1 月 30 日
17	室内安装施工		2009 年 11 月 20 日	2010 年 2 月 25 日
18	室外配套工程施工		2009 年 11 月 13 日	2010 年 2 月 21 日
19	设备调试及试运行		2010 年 2 月 1 日	2010 年 3 月 31 日
20	各专业验收		2010 年 3 月 2 日	2010 年 3 月 31 日
21	综合验收		2010 年 4 月 1 日	2010 年 4 月 30 日

南沙体育馆项目进度计划的实施就是施工活动的进展,也就是用施工进度计划指导施工活动落实和完成计划。施工项目进度计划逐步实施的进程就是施工项目建造的逐步完成过程,为了保证施工项目进度计划的实施,并且尽量按照编制的计划时间逐步实现。进度计划实施的关键是要对计划的权威性给予高度重视并建立责任制,做到层层分解到责任人、管理层的负责人及作业班组的负责人,各责任人按计划安排的活动作业时间严格保证按时开工按时完工。施工过程所需的各种资源(人力、物力、财力)要随计划安排形成资源需用量计划,由资源供应职能块保证所需资源按质按量按期供应。

(1)进度计划的公开:要把计划贯彻到项目经理部的每一个岗位,每一个职工,要保证进度的顺利实施,就必须做好思想发动工作和计划公开工作。项目经理部要把进度计划讲解给广大职工,让他们心中有数,并且要提出贯彻措施,针对贯彻进度计划中的困难和问题,同时提出克服这些困难和解决这些问题的方法和步骤:①项目总进度计划一般不需要全面公开,但需要项目经理部高层管理人员熟知计划,并围绕计划安排或创造良好的内外部环境。②月进度计划是最为重要的施工控制计划,必须安排生产管理人员参加公开,让生产管理人员熟悉讲划并通缉人员进行实施。③周计划应向各专业施工队管理、技术人员及班、组长交底,要求相关施工人员都明确各项计划的任务、目标。④日计划为班组工作安排计划,通过任务小组的晨会进行布置和检查,及时明确和完成当天的任务。

(2)责任的落实:为保证进度计划的贯彻执行,项目管理层和作业层都要建立严格的岗位责任制,要严肃纪律、奖罚分明,项目经理部内部积极推行生产承包经济责任制,贯彻按劳分配的原则,使职工群众的物质利益同项目经理部的经营成果结合起来,激发群众执行进度计划的自觉性和主动性。

(3)制订实施进度计划方案:进度计划执行者应制定工程项目进度计划的实施计划方案,具体来讲,就是编制详细的施工作业计划。由于施工活动的复杂性,在编制施工进度计划时,不可能考虑到施工过程中的一切变化情况,因而不可能一次安排好未来施工活动中的全细节,所以施工进度总计划还只能是比较概括的,很难作为直接下达施工任务的依据。因此,还必须有更为符合当时情况、更为细致具体的、短时间的计划,这就是施工作业计划。施工作业计划是根据施工组织设计和现场具体情况,灵活安排,平衡调度,以确保实现施工进度和上级规定的各项指标任务的具体的执行计划。

实战演练

某建设工程合同工期为17个月承包商编制的初始双代号网络计划如图4-17所示。

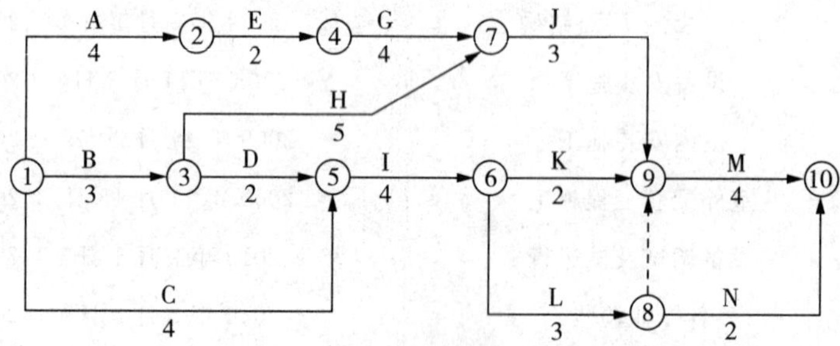

图4-17 实战演练图示

【问题】

1. 由于工作合同工期为17个月,承包商编制的初始双代号网络计划如图所示,由于工作A、I、J均为钢结构安装工程,必须使用同一台300t吊机,则该施工计划应如何调整?

2. 调整后的进度计划能否满足合同工期的要求?300t吊机在现场闲置时间为多少?

3. 承包商按调整后的进度计划施工时,因业主原因致使工作I拖延了2个月,承包商自身原因致使工作M拖延了1个月,事后承包商在合同规定的有效期内提出工期延期申请,请问承包商能够获得工程延期多少时间?为什么?

4. 根据上述问题3所给条件,假设后续工作均按计划进度实施,该工程实际工期为多长?

思考题

1. 简述工程项目进度控制的内容和措施。

2. 如何用甘特图编制项目进度计划?

3. 编制网络计划图有哪几个步骤?

4. 简述进度拖延原因分析及解决措施。

第 5 章　建设工程项目质量管理与控制

5.1　建设工程项目质量管理概述

5.1.1　建设工程项目质量的概念

产品质量是产品固有特性满足使用要求的程度。对于建设工程项目而言，建设工程项目质量是指通过项目实施形成的工程实体的质量，是反映建设工程满足相关技术标准规定或承包合同约定的要求，包括其在安全、使用功能及其在耐久性能、环境保护等方面所有明显和隐含能力的特性总和。建设工程的质量特性主要体现在适用性、安全性、耐久性、可靠性、经济性及与环境的协调性六个方面。

建设工程项目质量是按照工程项目建设程序，经过工程项目的可行性研究、项目决策、工程设计、工程施工、工程验收等环节而逐步形成的。建设工程项目质量主要包括工程产品质量和项目工作质量两个方面。工程产品质量是指工程的使用价值及其属性，是一个综合性的指标，体现符合项目任务书或合同中明确提出的，以及隐含需要与要求的能力。项目工作质量指参与项目的实施者和管理者所从事工作的水平和完善程度，它反映了项目的实施过程对产品质量的保证程度。

5.1.2　建设工程项目质量的特点

建设工程项目质量具有自身的特点，主要包括以下几点。

1. 影响因素多

建设工程项目质量的影响因素，主要是指在项目的质量目标策划、决策和实现过程中影响质量形成的各种客观因素和主观因素，主要包括人的因素、机械因素、材料因素、方法因素和环境因素(简称 4M1E)。

2. 质量波动大

建设工程项目的产品与一般工业产品不同，不具备工业产品流水生产的技术条件，其产品形成过程主要在现场、露天环境下形成，且具有一次性，建设工程项目质量波动性大。

3. 质量隐蔽性

建设工程项目的施工是一个长期的过程，且存在大量的隐蔽工程，若不及时检查并发现其存在的质量问题，容易造成质量隐患，工程建设完成后进行最终质量检验局限性大。

5.1.3　建设工程项目质量与费用的关系

在工程总费用中，与工程质量密切相关的费用主要包括：

(1)实施单位为了保证和提高产品质量、满足用户需要而支出的费用，包括在技术改进方面的投入(如使用高质量的材料、工艺、设备)和管理方面的投入(即质量管理的成本，包括人员费用、检测费用以及工程检查验收损失的费用)。

(2)因未达到质量标准而产生的一切损失费用,如返工成本、维修费用、赔偿费用等。

(3)项目建成投入使用后,为了维持项目的正常使用,需要投入一定的运行维护费用。

从项目全寿命期管理的角度来看,建设工程总费用包括工程建设费用和项目运行维护费用两部分,建设工程质量和工程总费用是直接相关的。在许多工业生产项目中,工程投产后经常会出现"婴儿病",即在投产初期经常会由于工程质量,生产过程中的操作、维护等问题造成停产,需要很长时间才能达到正常的设计生产能力和生产状况,这样不仅造成维护、运行费用大,而且常常会造成很大损失。对于一个建设工程项目,在概念上存在工程总费用与工程质量的关系,如图 5-1 所示。建设工程项目并不一味追求质量的高标准,更追求在合理的费用基础上的适当的质量标准。

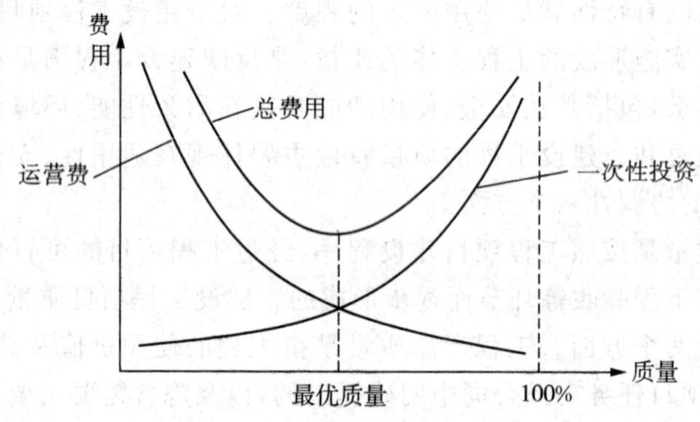

图 5-1 建设工程最优质量选择

对于工程项目,现在业主一般都要求减少运营费用,增加运营的可靠性、安全性。而对于一些特殊项目,必须一次运行成功,人们在决策时通常要求高的可用度(尽管成本很高),例如:

(1)高费用的设备,如高技术的、尖端的设备;

(2)保养维修比较困难的,甚至不可能的设备,如航天空间站、大型水电工程;

(3)不允许出现质量问题的工程(如果出现会造成极大的损害),例如航天飞机、火箭、核工业工程。

5.2 建设工程项目质量管理体系

5.2.1 建设工程项目质量管理的概念

我国《建设工程项目管理规范》GB/T 50326 定义项目质量管理是为确保工程项目的质量特性满足要求而进行的计划、组织、指挥、协调和控制等活动。

项目的质量管理是综合性的工作,它是项目的建设、勘察、设计、施工、监理等单位的共同职责,项目参与各方的项目负责人必须调动与项目质量有关的所有人员的积极性,共同做好本职工作,才能完成项目质量管理的任务。进行工程项目质量管理的目的是为项目的用户(使用者)和其他项目相关者提供高质量的工程和服务,实现项目目标,使用户满意。

工程项目质量管理与通常的企业生产质量管理又有很大的区别。对一般的工业产品,用户在市场上直接购置一个最终产品,不介入该产品的生产过程。而工程的建设过程是十分复杂的,它的业主、投资者必须直接介入整个生产过程,参与全过程的、各个环节的、对各种要素的质量管理。工程项目质量管理过程是各个方面共同投入的过程,而且是一个不断动态反馈的过程。

5.2.2　建设工程项目质量管理的原则

1. 以预防为主的思想

质量管理的目标不仅是发现质量问题,而且应提前避免质量问题的发生,防患于未然,以降低质量损失成本,因此要求在工程项目质量形成的过程中,事先采取各种措施,消灭种种影响工程项目质量的不利因素。

2. 质量第一是根本出发点

质量、进度、成本是建设工程相互联系的三大目标,在协调三者关系中,应认真贯彻保证质量的方针,做到三者协调统一,而不是以降低项目质量水平来片面追求加快进度或节约成本。

3. 坚持实事求是

项目质量管理应依靠确切的数据和资料,对工作对象和工程项目实体的质量状况进行科学评估,寻求影响建设工程项目质量的主次因素,采取有效的改进措施。

5.2.3　建设工程企业质量管理体系

质量管理体系是以保证和提高工程项目质量为目标,运用系统的概念和方法,把企业各部门、各环节的质量管理职能和活动合理地组织起来,形成一个有明确任务、职责、权限而互相协调、互相促进的有机整体。

目前,许多企业都进行或已通过 ISO9000 贯标,建立了企业的质量管理体系。企业的质量管理体系文件包括质量手册、程序文件、作业指导书和记录等,其中质量手册规定了企业的管理承诺、质量方针、质量目标、计划、实施过程控制、监督和检验以及持续改进等。属于 ISO9000 族的关于项目管理的质量标准为《质量管理——项目管理的质量指南(国际标准 ISO10006)》。

1. 企业质量管理体系文件构成

质量管理标准所要求的质量管理体系文件由下列内容构成,这些文件的详略程度无统一规定,以适合于企业使用、使过程受控为准则。

(1)质量方针和质量目标

质量方针和质量目标一般都以简明的文字来表述,是企业质量管理的方向目标,应反映用户及社会对工程质量的要求及企业相应的质量水平和服务承诺,也是企业质量经营理念的反映。

(2)质量手册

质量手册是规定企业组织建立质量管理体系的文件,质量手册对企业质量体系作系统、完整和概要的描述。其内容一般包括:企业的质量方针、质量目标;组织机构及质量职责;体系要素或基本控制程序,质量手册的评审、修改和控制的管理办法。

质量手册作为企业质量管理系统的纲领性文件应具备指令性、系统性、协调性、先进性、可行性和可检查性。

(3)程序性文件

各种生产、工作和管理的程序文件是质量手册的支持性文件，是企业各职能部门为落实质量手册要求而规定的细则，企业为落实质量管理工作而建立的各项管理标准、规章制度都属程序文件范畴。各企业程序文件的内容及详略可视企业情况而定。一般有以下六个方面的程序为通用性管理程序，各类企业都应在程序文件中制定：文件控制程序；质量记录管理程序；内部审核程序；不合格品控制程序；纠正措施控制程序；预防措施控制程序。

除以上六个程序以外，涉及产品质量形成过程各环节控制的程序文件，如生产过程、服务过程、管理过程、监督过程等管理程序文件，可视企业质量控制的需要而制定，不作统一规定。

为确保过程的有效运行和控制，在程序文件的指导下，尚可按管理需要编制相关文件，如作业指导书、具体工程的质量计划等。

(4)质量记录

质量记录是产品质量水平和质量体系中各项质量活动进行及结果的客观反映，对质量体系程序文件所规定的运行过程及控制测量检查的内容如实加以记录，用以证明产品质量达到合同要求及质量保证的满足程度。如在控制体系中出现偏差，则质量记录不仅需反映偏差情况，而且应反映出针对不足之处所采取的纠正措施及纠正效果。

质量记录应完整地反映质量活动实施、验证和评审的情况，并记载关键活动的过程参数，具有可追溯性的特点。质量记录以规定的形式和程序进行，并有实施、验证、审核等签署意见。

2. 企业质量管理体系的建立和运行

(1)企业质量管理体系的建立

企业质量管理体系的建立，是在确定市场及顾客需求的前提下，按照八项质量管理原则制定企业的质量方针、质量目标、质量手册、程序文件及质量记录等体系文件，并将质量目标分解落实到相关层次、相关岗位的职能和职责中，形成企业质量管理体系的执行系统。企业质量管理体系的建立还包含组织企业不同层次的员工进行培训，使体系的工作内容和执行要求为员工所了解，为形成全员参与的企业质量管理体系的运行创造条件。企业质量管理体系的建立需识别并提供实现质量目标和持续改进所需的资源，包括人员、基础设施、环境、信息等。

(2)企业质量管理体系的运行

企业质量管理体系的运行是在生产及服务的全过程，按质量管理体系文件所制定的程序、标准、工作要求及目标分解的岗位职责进行运作。在企业质量管理体系运行的过程中，按各类体系文件的要求，监视、测量和分析过程的有效性和效率，做好文件规定的质量记录，持续收集、记录并分析过程的数据和信息，全面反映产品质量和过程符合要求，并具有可追溯的效能。按文件规定的办法进行质量管理评审和考核。对过程运行的评审考核工作，应针对发现的主要问题，采取必要的改进措施，使这些过程达到所策划的结果并实现对过程的持续改进。落实质量体系的内部审核程序，有组织有计划地开展内部质量审核活动。

3. 企业质量管理体系的认证与监督

质量认证制度是由公正的第三方认证机构对企业的产品及质量体系做出正确可靠的评

价，从而使社会对企业的产品建立信心。第三方质量认证制度自 20 世纪 80 年代以来已得到世界各国的普遍重视。

(1)企业质量管理体系认证的程序

① 申请和受理

具有法人资格，并已按质量体系规范建立了文件化的质量管理体系，并在生产经营全过程贯彻执行的企业可提出申请。申请单位须按要求填写申请书。认证机构经审查符合要求后接受申请，如不符合要求则不接受申请，接受或不接受均予发出书面通知书。

② 审核

认证机构派出审核组对申请方质量管理体系进行检查和评定，包括文件审查、现场审核，并提出审核报告。

③ 审批与注册发证

认证机构对审核组提出的审核报告进行全面审查，符合标准者可以批准并予以注册，颁发认证证书(内容包括证书号、注册企业名称地址、认证和质量管理体系覆盖产品的范围、评价依据及质量保证模式标准及说明、发证机构、签发人和签发日期)。

(2)获准认证后的维持与监督管理

企业质量管理体系获准认证的有效期为 3 年。获准认证后，企业应通过经常性的内部审核，维持质量管理体系的有效性，并接受认证机构对企业质量管理体系实施监督管理。获准认证后的质量管理体系维持与监督管理内容如下。

① 企业通报

认证合格的企业质量管理体系在运行中出现较大变化时，需向认证机构通报。认证机构接到通报后，视情况采取必要的监督检查措施。

② 监督检查

认证机构对认证合格单位质量管理体系维持情况进行监督性现场检查，包括定期和不定期的监督检查。定期检查通常是每年一次，不定期检查视需要临时安排。

③ 认证注销

注销是企业的自愿行为。在企业质量管理体系发生变化或证书有效期届满未提出重新申请等情况下，认证持证者提出注销的，认证机构予以注销，收回该体系认证证书。

④ 认证暂停

认证暂停是认证机构对获证企业质量管理体系发生不符合认证要求情况时采取的警告措施。认证暂停期间，企业不得使用质量管理体系认证证书做宣传。企业在规定期间采取纠正措施满足规定条件后，认证机构撤销认证暂停，否则将撤销认证注册，收回合格证书。

⑤ 认证撤销

当获证企业发生质量管理体系存在严重不符合规定，或在认证暂停的规定期限未予整改，或发生其他构成撤销体系认证资格的情况时，认证机构作出撤销认证的决定。企业不服可提出申诉。撤销认证的企业一年后可重新提出认证申请。

⑥ 复评

认证合格有效期满前，如企业愿继续延长，可向认证机构提出复评申请。

⑦ 重新换证

在认证证书有效期内，出现体系认证标准变更、体系认证范围变更、体系认证证书持有者变更，可按规定重新换证。

5.2.4 建设工程项目质量管理体系

为了达到项目质量目标，必须建立整个工程项目的质量管理体系，在工程实施过程中按照质量管理体系进行全面质量控制。

由于建设工程项目的特殊性，企业的质量管理体系与项目的质量管理体系既有联系又有区别。建立项目质量管理体系还应符合以下基本要求：

(1)项目管理是企业管理的一部分，它的质量管理体系应严格按企业的质量管理体系文件的要求建立并实施项目质量体系。项目质量管理体系主要针对项目实施过程和项目管理过程，通过计划和控制保证项目实施过程和工程质量都能满足目标。

(2)由于建设工程项目的参加者很多，包括业主单位、承包单位、和建设单位等，这就要求项目的质量管理体系既要有一致性又要有包容性，最重要的是满足项目目标的要求。

(3)项目质量管理应能落实在项目组织中，应当是项目管理系统的组成部分，并与项目管理系统的其他组成部分相互兼容，共同组成“一体化”管理体系。

(4)项目质量管理体系通常不仅要对工程项目实施过程进行质量管理，在项目结束时也应对项目的质量管理体系的运作进行全面评价，为今后其他项目提供有用的经验。

项目质量管理过程包括保证项目能满足规定的各项要求所需要的组织实施工作，主要包括质量计划、质量控制和质量改进等活动。在工程项目的全过程中，质量管理过程如图5-2所示。

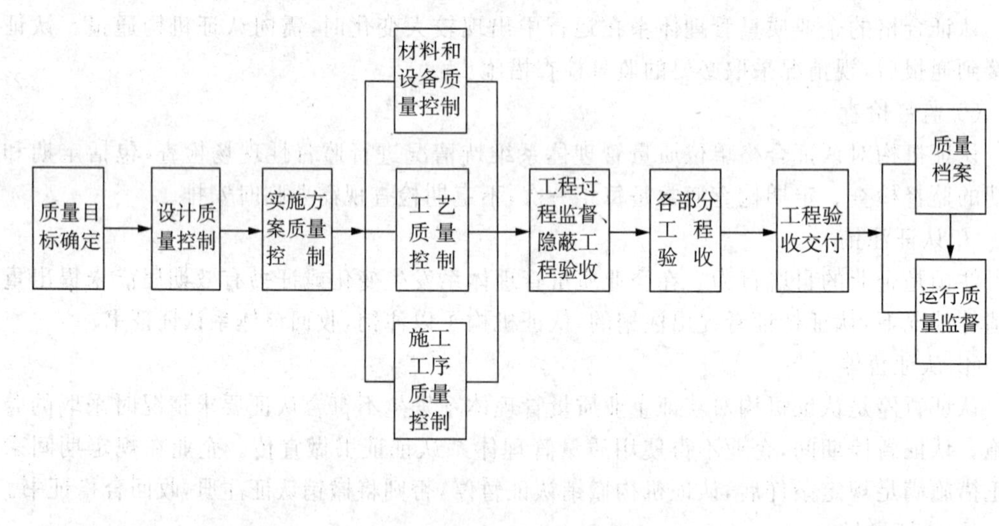

图5-2 建设工程项目质量过程

5.3 建设工程参与各方的质量责任和义务

《中华人民共和国建筑法》和《建设工程质量管理条例》规定，建设工程项目的建设单位、勘察单位、设计单位、施工单位、工程监理单位都要依法对建设工程质量负责。为了强化工程质量终身责任落实，住建部2014年颁布了《建筑工程五方责任主体项目负责人质量终身责任追究暂行办法》，进一步明确了建设单位项目负责人、勘察单位项目负责人、设计单位项目负责人、施工单位项目经理、监理单位总监理工程师作为建设工程五方责任主体的项目负责人对建设工程承担质量终身责任。

5.3.1　建设单位的质量责任和义务

建设单位作为建设工程的投资人，在整个建设活动中居于主导地位，要确保建设工程的质量，首先就要对建设单位的行为进行规范，对其质量责任和义务予以明确。

(1)依法发包工程：建设单位应当将工程发包给具有相应资质等级的单位，并不得将建设工程肢解发包。

(2)依法对材料设备进行招标：建设单位应当依法对工程建设项目的勘察、设计、施工、监理以及与工程建设有关的重要设备、材料等的采购进行招标。

(3)依法向有关单位提供原始资料：建设单位必须向有关的勘察、设计、施工、工程监理等单位提供与建设工程有关的原始资料。原始资料必须真实、准确、齐全。

(4)不得干预投标人的责任：建设工程发包单位不得迫使承包方以低于成本的价格竞标，不得任意压缩合理工期。建设单位不得明示或者暗示设计单位或者施工单位违反工程建设强制性标准，降低建设工程质量。

(5)依法报审施工图设计文件：建设单位应当将施工图设计文件报县级以上人民政府建设行政主管部门或者其他有关部门审查。施工图设计文件未经审查批准的，不得使用。

(6)依法实行工程监理：实行监理的建设工程，建设单位应当委托具有相应资质等级的工程监理单位进行监理，也可以委托具有工程监理相应资质等级并与被监理工程的施工承包单位没有隶属关系或者其他利害关系的该工程设计单位进行监理。

《建设工程质量管理条例》规定，下列建设工程必须实行监理。

① 国家重点建设工程；

② 大中型公用事业工程；

③ 成片开发建设的住宅小区工程；

④ 利用外国政府或者国家组织贷款、援助资金的工程；

⑤ 国家规定必须实行监理的其他工程。

(7)依法保证建筑材料等符合要求：按照合同约定，由建设单位采购建筑材料、建筑构配件和设备的，建设单位应当保证建筑材料、建筑构配件和设备符合设计文件和合同要求。

(8)依法办理工程质量监督手续：建设单位在领取施工许可证或者开工报告前，应当按照国家有关规定办理工程质量监督手续。

(9)依法进行装修工程：涉及建筑主体和承重结构变动的装修工程，建设单位应当在施工前委托原设计单位或者相应资质等级的设计单位提出设计方案；没有设计方案的，不得施工。房屋建筑使用者在装修过程中，不得擅自变动房屋建筑主体和承重结构。

(10)依法组织竣工验收：建设单位收到建设工程竣工报告后，应当组织设计、施工、工程监理等有关单位进行竣工验收。建设工程经验收合格的，方可交付使用。

(11)移交建设项目档案的责任：建设单位应当严格按照国家有关档案管理的规定，及时收集、整理建设项目各环节的文件资料，建立、健全建设项目档案，并在建设工程竣工验收后，及时向建设行政主管部门或者其他有关部门移交建设项目档案。

5.3.2 勘察、设计单位的质量责任和义务

（1）依法承揽工程的勘察、设计业务：从事建设工程勘察、设计的单位应当依法取得相应等级的资质证书，并在其资质等级许可的范围内承揽工程，不得转包或者违法分包所承揽的工程。

（2）勘察、设计单位必须执行强制性标准：勘察、设计单位必须按照工程建设强制性标准进行勘察、设计，并对其勘察、设计的质量负责；注册建筑师、注册结构工程师等注册执业人员应当在设计文件上签字，对设计文件负责。

（3）勘察单位的勘察结果必须真实、准确：勘察单位提供的地质、测量、水文等勘察成果必须真实、准确。

（4）设计依据和设计深度：设计单位应当根据勘察成果文件进行建设工程设计，设计文件应当符合国家规定的设计深度要求，注明工程合理使用年限。

（5）依规范选择建筑材料：设计单位在设计文件中选用的建筑材料、建筑构配件和设备，都应注明规格、型号、性能等技术指标，其质量要求必须符合国家规定的标准。除有特殊要求的建筑材料、专用设备、工艺生产线等外，设计单位不得指定生产厂、供应商。

（6）对设计文件进行技术交底：设计单位应当就审查合格的施工图设计文件向施工单位作出详细说明。

（7）依法参与建设工程质量事故分析：设计单位应当参与建设工程质量事故分析，并对因设计造成的质量事故，提出相应的技术处理方案。

5.3.3 施工单位的质量责任和义务

（1）依法承揽工程施工业务：施工单位应当依法取得相应等级的资质证书，在其资质等级许可的范围内承揽工程，并不得转包或违法分包工程。

（2）对建设工程的施工质量负责：施工单位应当建立质量责任制，确定工程项目的项目经理、技术负责人和施工管理负责人。建设工程实行总承包的，总承包单位应当对全部建设工程质量负责；建设工程勘察、设计、施工、设备采购的一项或多项实行总承包的，总承包单位应当对其承包的建设工程或采购的设备质量负责。

（3）总承包单位依法承担分包工程质量连带责任：总承包单位依法将建设工程分包给其他单位的，分包单位应按照分包合同的约定对其分包工程的质量向总承包单位负责，总承包单位与分包单位对分包工程的质量承担连带责任。

（4）按图纸和标准施工：施工单位必须按照工程设计图纸和施工技术标准施工，不得擅自修改工程设计，不得偷工减料。施工单位在施工过程中发现设计文件和图纸有差错的，应当及时提出意见和建议。

（5）依法对材料和构配件进行检验：施工单位必须按照工程设计要求、施工技术标准和合同约定，对建筑材料、建筑构配件、设备和商品混凝土进行检验，检验应当有书面记录和专人签字，未经检验或检验不合格的，不得使用。

（6）建立、健全工程质量检验制度：施工单位必须建立、健全工程质量检验制度，严格工序管理，做好隐蔽工程的质量检查和记录。隐蔽工程在隐蔽前，施工单位应当通知建设单位

和建设工程质量监督机构。

(7)依法进行见证取样:施工人员对涉及结构安全的试块、试件及有关材料,应当在建设单位或者工程监理单位监督下现场取样,并送具有相应资质等级的质量检测单位进行检测。

(8)对质量问题进行返修:施工单位对施工中出现质量问题的建设工程或者竣工验收不合格的建设工程,应当负责返修。

(9)建立、健全教育培训制度:施工单位应当建立、健全教育培训制度,加强对职工的教育培训;未经教育培训或者考核不过的人员,不得上岗作业。

5.3.4　工程监理单位的质量责任和义务

(1)依法承担工程监理业务:工程监理单位应当依法取得相应等级的资质证书,并在其资质等级许可的范围内承担工程监理业务,并不得转让工程监理业务。

(2)对有隶属关系或其他利害关系的回避:工程监理单位与被监理工程的施工单位以及建筑材料、建筑构配件和设备供应单位有隶属关系或者其他利害关系的,不得承担该项建设工程的监理业务。

(3)监理工作的依据和监理责任:工程监理单位应当依照法律、法规以及有关技术标准、设计文件和建设工程承包合同,代表建设单位对施工质量实施监理,并对施工质量承担监理责任。

(4)工程监理的职责和权限:工程监理单位应当选派具有相应资格的总监理工程师和监理工程师进驻施工现场。未经监理工程师签字,建筑材料、建筑构配件和设备不得在工程上使用或者安装,施工单位不得进行下一道工序的施工。未经总监理工程师签字,建设单位不拨付工程款,不进行竣工验收。

(5)工程监理的形式:监理工程师应当按照工程监理规范的要求,采取旁站、巡视和平行检验等形式,对建设工程实施监理。

5.4　建设工程项目质量控制

根据国家标准《质量管理体系 基础和术语》GB/T 19000/ISO 9000的定义,质量控制是质量管理的一部分,是致力于满足质量要求的一系列相关活动,这些活动主要包括设定目标、测量结果、评价、纠偏。

建设工程项目质量控制,就是在项目实施整个过程中,包括项目的勘察设计、招标采购、施工安装、竣工验收等各个阶段,项目参与各方致力于实现业主要求的项目质量总目标的一系列活动。工程项目质量控制包括项目的建设、勘察、设计、施工、监理各方的质量控制活动。

5.4.1　建设工程项目质量控制的基本原理

1. 全面质量管理(TQC)的思想

TQC(Total Quality Control)即全面质量管理,其基本原理是强调在企业或组织最高管理者的质量方针指引下,实行全面、全过程和全员参与的质量管理。在ISO 9000质量管理体系标准中也体现了全面质量管理的思想,建设工程项目的质量管理同样应贯彻“三全”管理的思想和方法。

(1)全面质量管理

建设工程项目的全面质量管理,是指项目参与各方所进行的工程项目质量管理的总称,其中包括工程产品质量和项目工作质量的全面管理,工作质量是工程产品质量的保证,工作质量直接影响工程产品质量的形成。

(2)全过程质量管理

全过程质量管理是指根据工程质量的形成规律,从源头抓起、全过程推进。ISO 9000质量管理体系强调质量管理的“过程方法”管理原则,要求应用“过程方法”进行项目全过程质量控制。

(3)全员参与质量管理

按照全面质量管理的思想,项目组织内部的组成机构都承担着相应的质量职能,项目组织的最高管理者确定了质量方针和目标后,就应组织和动员全体员工参与到实施质量方针的系统活动中去,发挥自己的角色作用。开展全员参与质量管理的重要手段就是运用目标管理办法,将项目的质量总目标分解落实到具体的执行机构或执行人身上,形成项目质量目标形成的自上而下的目标保证体系。

2. 质量控制的 PDCA 动态循环

工程项目质量控制的实施是一个积极的持续改进的过程,质量控制的 PDCA 动态循环是建立质量管理体系和进行质量控制的基本方法,其示意图如图 5-3 所示。每一子步PDCA 动态循环都围绕着预期的目标,进行计划(Plan)、实施(Do)、检查(Check)和处置(Action)活动;质量管理目标可通过 PDCA 动态循环过程不断持续改进,在一次次的滚动循环中逐步上升,不断增强质量管理能力,不断提高质量水平来实现。

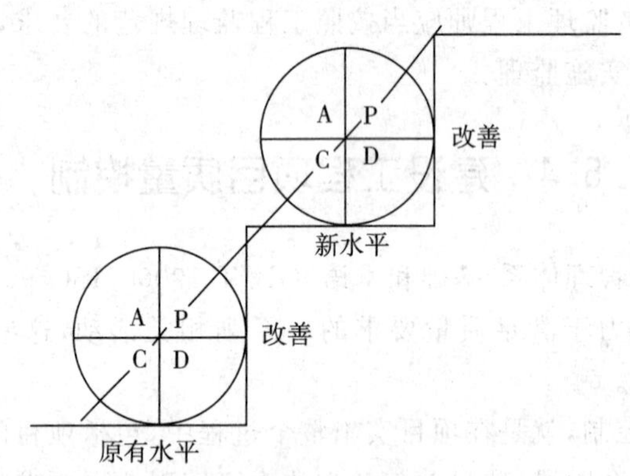

图 5-3 PDCA 动态循环示意图

(1)计划 P

质量计划是按照工程项目的质量目标和项目任务书(或合同)要求,确定相关的质量标准,并规定满足这些目标和标准的具体工作要求,以及质量监督和控制工作的安排,为项目质量管理体系的正常运转提供全部有计划、有系统的活动。实践表明,质量计划的严谨周密、经济合理和切实可行,是保证工作质量、产品质量和服务质量的前提条件。

(2)实施 D

实施职能在于将质量的目标值,通过生产要素的投入、作业技术活动和产出过程,转换为质量的实际值。各项质量活动实施前，要根据质量管理计划进行行动方案的部署和交底，交底的目的在于使具体的作业者和管理者明确计划的意图和要求。在质量活动的实施过程中，则要求严格执行计划的行动方案，规范行为，把质量管理计划的各项规定和安排落实到具体的资源配置和作业技术活动中来。

(3)检查 C

指对计划实施过程进行各种检查，包括作业者的自检、互检和专职管理者专项检查。要求检查实施过程是否严格地执行了计划的行动方案，实际条件是否发生了变化，不执行计划的原因；并要求检查计划执行的结果，对比质量计划的实际完成情况。

(4)处置 A

对于质量检查所发现的质量问题，应及时进行原因分析，采取必要的措施予以纠正，保持工程质量形成过程处于受控状态。处置分纠偏和预防改进两个方面，纠偏是采取有效措施，解决当前的质量偏差、问题或事故；预防改进是针对目前的质量状况，确定改进的目标和措施。

5.4.2　建设工程项目质量控制体系

建设工程项目的实施涉及业主方、施工方等多方质量责任主体，各方主体各自承担不同的质量责任和义务。为了有效地进行质量控制，须由项目实施的总负责单位，负责建设工程项目质量控制体系的建立和运行，实现质量目标的控制。

1. 项目质量控制体系的性质

建设工程项目质量控制体系既不是业主方也不是施工方的质量控制体系，而是整个建设工程项目目标控制的一个工作系统，其性质如下。

(1)项目质量控制体系是以项目为对象，由项目实施的总负责人负责建立的面向项目对象开展质量控制的工作体系。

(2)项目质量控制体系与项目进度、成本等控制体系一起构成了建设工程项目的控制系统。

(3)基于建设工程项目的一次性性质，项目质量控制体系随着项目的完成和项目管理组织的解体而消失。

2. 项目质量控制体系的建立

项目质量控制体系的建立过程，实际上就是项目质量总目标的确定和分解过程，也是项目各参与方之间质量管理关系和控制责任的确立过程。为了保证质量控制体系的科学性和有效性，必须明确体系建立的原则和程序。

(1)原则

分层次规划原则：项目管理的总组织者(建设单位或代建制项目管理公司)和承担项目实施任务的各参与单位，分别进行不同层次和范围的建设工程项目质量控制体系规划。

目标分解原则：根据项目的分解结构，将工程项目的建设标准和质量总体目标分解到各个责任主体，并用合同的形式加以约束。

质量责任制原则：项目质量控制体系的建立应根据有关法规的规定，界定各方的质量责任范围和控制要求。

系统有效性原则：项目质量控制体系应从实际出发，建立项目各参与方共同遵循的质量管理制度和控制措施，并形成有效的运行机制。

(2)建立的程序

项目质量控制体系的建立过程一般可按以下环节依次展开工作：

确立系统质量控制网络：首先明确系统各层面的工程质量控制负责人，以形成明确的项目质量控制责任者的关系网络架构。

制定质量控制制度：制定质量控制例会制度、协调制度、报告审批制度、质量验收制度和质量信息管理制度等，形成建设工程项目质量控制体系的管理文件或手册，作为承担建设工程项目任务各方主体共同遵循的管理依据。

分析质量控制界面：项目质量控制体系的质量责任界面包括静态界面和动态界面。静态界面指根据法律法规、合同条件、组织内部职能分工来确定。动态界面主要是指项目实施过程中各参与单位之间的衔接配合关系及其责任划分，必须通过分析研究，确定管理原则和协调方式。

编制质量控制计划：项目管理总组织者编制建设工程项目总质量计划，项目建设承担者编制承担任务范围内的质量计划。

3. 项目质量控制体系的运行

项目质量控制体系的建立，为项目的质量控制提供了组织制度方面的保证。项目质量控制体系的运行，实质上就是系统功能的发挥过程，也是质量活动职能和效果的控制过程。质量控制体系的有效运行，依赖于系统内部的运行环境和运行机制的完善。项目质量控制体系的运行机制，是由一系列质量管理制度安排所形成的内在动力。运行机制是质量控制体系的生命，机制缺陷是造成系统运行无序、失效和失控的重要原因。

(1)动力机制

动力机制是项目质量控制体系运行的核心机制，它来源于公正、公开、公平的竞争机制和利益机制的制度设计或安排。这是因为项目的实施过程是由多方责任主体参与的价值增值链，只有保持合理的供方及分供方等各方关系，才能形成合力，是项目质量控制成功的重要保证。

(2)约束机制

约束机制取决于各质量责任主体内部的自我约束能力和外部的监控能力，两者相辅相成，构成了质量控制过程的制衡关系。约束能力表现为组织及个人的经营理念、质量意识、职业道德及技术能力的发挥；监控效力取决于项目实施主体外部对质量工作的推动和检查监督。

(3)反馈机制

运行状态和结果信息反馈，是对质量控制系统的能力和运行效果进行评价，并为及时做出处置提供决策依据。因此，必须有相关的制度安排，保证质量信息反馈的及时和准确。

(4)持续改进机制

在项目实施的各个阶段，不同的层面、不同的范围和不同的质量责任主体之间，应用PDCA动态循环原理开展质量动态控制，同时注重抓好控制点的设置，加强重点控制和例外控制，并不断寻求改进机会、研究改进措施，才能保证建设工程项目质量控制系统的不断完善和持续改进。

5.4.3 建设工程项目施工质量控制

建设工程项目施工是实现项目设计意图形成工程实体的阶段，是最终形成项目质量和实现项目使用价值的阶段。项目施工质量控制是整个项目质量控制的关键和重点。

1. 施工质量的基本要求

建设工程施工质量要达到的基本要求是通过施工形成的项目工程实体质量经检查验收合格。项目施工质量验收合格应符合国家相关法律、法规的要求,符合勘察、设计单位对施工提出的要求,符合施工承包合同约定的要求。

验收合格是对项目质量的最简便要求,国家鼓励采用先进的科学技术和管理办法,提高建设工程质量。全国和地方建设主管部门或行业协会设立了"中国建设工程鲁班奖(国家优质工程)"(简称"鲁班奖")、中国建筑工程钢结构金奖(简称"钢结构金奖")、以"某某杯"命名的各种优质工程奖,都是为了鼓励项目参建单位创造更好的工程质量。

为了达到施工质量验收要求,项目的建设单位、勘察单位、设计单位、施工单位、工程监理单位应切实履行法定的质量责任和义务,在整个施工过程对影响项目质量的各项因素实行有效的控制,以保证项目实施过程的工作质量来保证项目工程实体的质量。

2. 施工质量控制的依据

(1)共同性依据

指适用于施工阶段且与质量管理有关的、通用的、具有普遍指导意义和必须遵守的基本条件。主要包括:国家和政府有关部门颁布的与质量管理有关的法律和法规性文件,如《建筑法》《中华人民共和国招标投标法》和《建设工程质量管理条例》等。

(2)专门技术性依据

指针对不同的行业、不同质量控制对象制定的专门技术法规文件。包括规范、规程、标准、规定等,如:工程建设项目质量检验评定标准,有关建筑材料、半成品和构配件的质量方面的专门技术法规性文件,有关材料验收、包装和标志等方面的技术标准和规定,施工工艺质量等方面的技术法规性文件,有关新工艺、新技术、新材料、新设备的质量规定和鉴定意见等。

(3)项目专用性依据

指本项目的工程建设合同、勘察设计文件、设计交底及图纸会审记录、设计修改和技术变更通知,以及相关会议记录和工程联系单等。

3. 施工准备阶段质量控制

(1)图纸学习和会审

图纸会审由建设单位或监理单位主持,设计单位、施工单位参加,并写出会审纪要。对设计文件和图纸的学习是在施工准备阶段质量控制的一项重要活动,一方面使施工人员熟悉、了解工程特点、设计意图,掌握关键部位的工程质量要求,更好地做到按图施工;另一方面通过图纸审查,及时发现存在的问题和矛盾,提出修改和洽商意见,避免因设计问题带来的工程返工。

(2)编制施工组织设计

施工组织设计是对施工的各项活动作出全面的构思和安排,指导施工准备和施工全过程的技术文件,施工组织设计中对质量起主要作用的施工方案。施工方案的内容主要包括:施工程序的安排、施工段的划分、主要项目的施工方法、施工机械的选择,以及保证质量的施工技术组织措施。

(3)组织技术交底

技术交底是指单位工程、分部分项工程正式施工前,对参与施工的有关管理人员、技术人员和工人进行不同重点和技术深度的技术交代和说明，技术交底应以设计图纸、施工组织设计、质量验收标准、施工验收规范为依据，编制交底文件。技术交底的目的是使参与项目施工的人员对施工对象的设计情况、结构特点、技术要求、施工工艺、质量标准等方面有一个较详细的了解，做到心中有数，以便科学地组织施工和合理的安排工序，避免发生技术错误。

(4)原材料、设备质量控制

原材料、半成品及工程设备是工程实体的构成部分，其质量是工程项目实体质量的基础。加强原材料、半成品及工程设备的质量控制，不仅是提高工程质量的必要条件，也是实现工程项目投资目标和进度目标的前提。对原材料、半成品及工程设备进行质量控制的主要内容为：控制材料设备的性能、标准、技术参数与设计文件的相符性；控制材料、设备各项技术性能指标、检验测试指标与标准规范要求的相符性；控制材料、设备进场验收程序的正确性及质量文件资料的完备性；控制优先采用节能低碳的新型建筑材料和设备，禁止使用国家明令禁用或淘汰的建筑材料和设备等。

4. 施工阶段质量控制

建设工程项目施工是由一系列相互关联、相互制约的作业过程(工序)构成，因此施工质量控制，必须对全部作业过程的作业质量进行控制。施工阶段质量控制首先是质量生产者即施工单位的自控，在施工生产要素合格的条件下，施工单位作业者能力及其发挥的状况是决定作业质量的关键。另外，是来自作业者外部的各种作业质量检查、验收和对质量行为的监督，也是不可缺少的设防和把关的管理措施。

(1)工序施工质量控制

工序是人、材料、机械设备、施工方法和环境因素对工程质量综合起作用的过程，所以对施工过程的质量控制，必须以工序作业质量控制为基础和核心。因此，工序的质量控制是施工阶段质量控制的重点，只有严格控制工序质量，才能确保施工项目的实体质量。

工序施工质量控制主要包括工序施工条件质量控制和工序施工效果质量控制。

工序施工条件控制：工序施工条件是指从事工序活动的各生产要素质量及生产环境条件。工序施工条件控制就是控制工序活动的各种投入要素质量和环境条件质量。控制的手段主要有：检查、测试、试验、跟踪监督等。控制的依据主要是：设计质量标准、材料质量标准、机械设备技术性能标准、施工工艺标准以及操作规程等。

工序施工效果控制：工序施工效果主要反映工序产品的质量特征和特性指标。对工序施工效果的控制就是控制工序产品的质量特征和特性指标能否达到设计质量标准以及施工质量验收标准的要求。工序施工效果控制属于事后质量控制，其控制的主要途径是：实测获取数据、统计分析所获取的数据、判断认定质量等级和纠正质量偏差。

(2)施工作业质量的自控

施工作业质量的自控过程是由施工作业组织的成员进行的。从经营的层面上说，强调的是作为建筑产品生产者和经营者的施工企业，应全面履行企业的质量责任，向顾客提供质量合格的工程产品；从生产的过程来说，强调施工作业者的岗位质量责任，向后道工序提供合格的作业成果(中间产品)。因此，施工方和供应方是施工阶段质量自控主体，施工方不能因为监控主体的存在和监控责任的实施而减轻或免除其质量责任。我国《建筑法》和《建设工程质量管理条例》规定：建筑施工企业对工程的施工质量负责；建筑施工企业必须按照工程设计要求、施工技术标准和合同的约定，对建筑材料、建筑构配件和设备进行检验，检验不合格的不得使用。

施工方作为工程施工质量的自控主体，既要遵循本企业质量管理体系的要求，也要根据其在所承建的工程项目质量控制系统中的地位和责任，通过具体项目质量计划的编制与实施，有效地实现施工质量的自控目标。

(3)施工作业质量的监控

为了保证项目质量，体现施工控制体系参与各方的相互制约作用，建设单位、监理单位、设计单位及政府的工程质量监督部门，在施工阶段依据法律法规和工程施工承包合同，对施工单位的质量行为和质量状况实施监督控制。

设计单位应当就审查合格的施工图纸设计文件向施工单位作出详细说明；应当参与建设工程质量事故分析，并对因设计造成的质量事故，提出相应的技术处理方案。

建设单位在领取施工许可证或者开工报告前，应当按照国家有关规定办理工程质量监督手续。

作为监控主体之一的项目监理机构，在施工作业实施过程中，根据其监理规划与实施细则，采取现场旁站、巡视、平行检验等形式，对施工作业质量进行监督检查，如发现工程施工不符合工程设计要求、施工技术标准和合同约定的，有权要求建筑施工企业改正。监理机构应进行检查而没有检查或没有按规定进行检查的，给建设单位造成损失时应承担赔偿责任。

必须强调，施工质量的自控主体和监控主体，在施工全过程相互依存、各尽其责，共同推动着施工质量控制过程的展开和最终实现工程项目的质量总目标。

(4)隐蔽工程验收

凡被后续施工所覆盖的施工内容，如地基基础工程、钢筋工程、预埋管线等均属隐蔽工程。加强隐蔽工程质量验收，是施工质量控制的重要环节。其程序要求施工方首先应完成自检并合格，然后填写专用的《隐蔽工程验收单》。验收单所列的验收内容应与已完工的隐蔽工程实物相一致，并事先通知监理机构及有关方面，按约定时间进行验收。验收合格的隐蔽工程由各方共同签署验收记录；验收不合格的隐蔽工程，应按验收整改意见进行整改后重新验收。严格隐蔽工程验收的程序和记录，对于预防工程质量隐患，提供可追溯质量记录具有重要作用。

(5)施工成品质量保护

建设工程项目已完施工的成品保护，目的是避免已完施工成品受到来自后续施工以及其他方面的污染或损坏。已完施工的成品保护问题和相应措施，在工程施工组织设计与计划阶段就应该从施工顺序上进行考虑，防止施工顺序不当或交叉作业造成相互干扰、污染和损坏；成品形成后可采取防护、覆盖、封闭、包裹等相应措施进行保护。

5.5　建设工程项目施工质量验收

建设工程项目的质量验收，主要是指工程施工质量的验收，建设工程项目质量的检查评定和验收，是施工质量控制的重要手段。根据《建筑工程施工质量验收统一标准》GB 50300，所谓"验收"，是指建设工程在施工单位自行质量检查评定的基础上，参与建设活动的有关单位共同检验批、分项工程、分部工程、单位工程的施工质量进行抽样复验，根据相关标准以书面形式对工程质量达到合格与否做出确认。施工质量验收主要包括施工过程的质量验收及工程项目竣工质量验收两个部分。

5.5.1 施工过程的质量验收

施工过程的质量验收包括以下验收环节，通过验收后留下完整的质量验收记录和资料，为工程项目竣工质量验收提供依据。

1. 检验批质量验收

所谓检验批是指“按相同的生产条件或按规定的方式汇总起来供抽样检验用的，由一定数量样本组成的检验体”，“检验批可根据施工及质量控制和专业验收需要按楼层、施工段、变形缝等进行划分”。检验批是工程验收的最小单位，是分项工程乃至整个工程质量验收的基础。

检验批应由专业监理工程师组织施工单位项目专业质量检查员、专业工长等进行验收。

检验批质量验收合格应符合下列规定：

(1)主控项目的质量经抽样检验合格。

(2)一般项目的质量经抽样检验合格。当采用计数抽样时，合格点率应符合有关专业验收规范的规定，且不得存在严重缺陷。

(3)具有完整的施工操作依据、质量检查记录。

主控项目是指工程中的对安全、卫生、环境保护和主要使用功能起决定作用的检验项目。例如混凝土结构工程中“钢筋安装时，受力钢筋的品种、级别、规格和数量必须符合设计要求”，“纵向受力钢筋连接方式应符合设计要求”等都是主控项目。主控项目的验收必须从严要求，不允许有不符合要求的检验结果，主控项目的检查具有否决权。除主控项目以外的检验项目称为一般项目。例如混凝土结构工程中，“钢筋应平直、无损伤，表面不得有裂纹、油污、颗粒状或片状老锈”“施工缝的位置应在混凝土的浇筑前按设计要求和施工技术方案确定”等都是一般项目。

2. 分项工程质量验收

分项工程可按主要工种、材料、施工工艺、设备类别进行划分，例如模板工程、钢筋工程、混凝土工程等，分项工程的质量验收在检验批验收的基础上进行。一般情况下，两者具有相同或相近的性质，只是批量的大小不同而已。分项工程可由一个或若干检验批组成。

分项工程应由专业监理工程师组织施工单位项目专业计数负责人进行验收。分项工程质量验收合格应符合下列规定：

(1)分项工程所含的检验批均应符合合格质量的规定；

(2)分项工程所含的检验批的质量验收记录应完整。

3. 分部工程质量验收

分部工程可按专业性质、工程部位确定，例如地基与基础工程、主体结构工程、建筑装饰装修工程、屋面工程等；当分部工程较大或较复杂时，可按材料种类、施工特点、施工程序、专业系统及类别将分部工程划分为若干子分部工程。分部工程的验收在其所含各分项工程验收的基础上进行。分部工程应由总监理工程师组织施工单位项目负责人和项目技术负责人等进行验收；勘察、设计单位项目负责人和施工单位技术、质量部门负责人应参加地基与基础分部工程的验收。设计单位项目负责人和施工单位技术、质量部门负责人应参加主体结构、节能分部工程的验收。

分部(子分部)工程质量验收合格应符合下列规定：

(1)所含分项工程的质量均应验收合格；

(2)质量控制资料应完整；

(3)有关安全、节能、环境保护和主要使用功能的抽样检验结果应符合相应规定；

(4)观感质量应符合要求。

必须注意的是，由于分部工程所含的各分项工程性质不同，因此它并不是在所含分项验收基础上的简单相加，即所含分项验收合格且质量控制资料完整，只是分部工程质量验收的基本条件，还必须在此基础上对涉及安全和使用功能的地基基础、主体结构、有关安全及重要使用功能的安装分部工程进行见证取样试验或抽样检测，而且还需要对其观感质量进行验收，并综合给出质量评价，对于评价为“差”的检查点应通过返修处理等补救。

4. 施工过程质量验收不合格的处理

施工过程的质量验收是以检验批的施工质量为基本验收单元。检验批质量不合格可能是由于使用的材料不合格，或施工作业质量不合格，或质量控制资料不完整等原因所致，其处理方法有：

(1)在检验批验收时，发现存在严重缺陷的应推倒重做，有一般的缺陷可通过返修或更换器具、设备消除缺陷后重新进行验收；

(2)个别检验批发现某些项目或指标(如混凝土试块强度等)不满足要求难以确定是否验收时，应请有资质的法定检测单位检测鉴定，当鉴定结果能够达到设计要求时，应予以验收；

(3)当检测鉴定达不到设计要求，但经原设计单位核算仍能满足结构安全和使用功能的检验批，可予以验收；

(4)严重质量缺陷或超过检验批范围内的缺陷，经法定检测单位检测鉴定以后，认为不能满足最低限度的安全储备和使用功能，则必须进行加固处理，虽然改变外形尺寸，但能满足安全使用要求，可按技术处理方案和协商文件进行验收，责任方应承担经济责任；

(5)通过返修或加固处理后仍不能满足安全使用要求的分部工程严禁验收。

5.5.2 竣工质量验收

项目竣工质量验收是施工质量控制的最后一个环节，是对施工过程质量控制成果的全面检验，是从终端把关方面进行质量控制。未经验收或验收不合格的工程，不得交付使用。

1. 竣工质量验收的标准

单位工程是工程项目竣工质量验收的基本对象。按照《建筑工程施工质量验收统一标准》(GB 50300)，建设项目单位(子单位)工程质量验收合格应符合下列规定：

(1)单位(子单位)工程所含分部工程质量验收均应合格；

(2)质量控制资料应完整；

(3)所含分部工程有关安全、节能、环境保护和主要使用功能的检验资料应完整；

(4)主要使用功能项目的抽查结果应符合相关专业验收规范的规定；

(5)观感质量验收应符合规定。

2. 竣工质量验收的程序

建设工程项目竣工验收，可分为验收准备、竣工预验收和正式验收三个环节进行。整个验收过程涉及建设单位、设计单位、监理单位及施工总分包各方的工作，必须按照工程项目质量控制系统的职能分工进行。

(1)竣工验收准备

施工单位按照合同规定的施工范围和质量标准完成施工任务后,应自行组织有关人员进行质量检查评定。自检合格后,向现场监理机构提交工程竣工预验收申请报告,要求组织工程竣工预验收。施工单位的竣工验收准备,包括工程实体的验收准备和相关工程档案资料的验收准备,使之达到竣工验收的要求,其中设备及管道安装工程等,应经过试车、试压和系统联动试运行,并有检查记录。

(2)竣工预验收

监理机构收到施工单位的工程竣工预验收申请报告后,应就验收的准备情况和验收条件进行检查,对工程质量进行竣工预验收。对工程实体质量及档案资料存在的缺陷,及时提出整改意见,并与施工单位协商整改方案,确定整改要求和完成时间。具备下列条件时,由施工单位向建设单位提交工程竣工验收报告,申请工程竣工验收。

① 完成建设工程设计和合同约定的各项内容;

② 有完整的技术档案和施工管理资料;

③ 有工程使用的主要建筑材料、构配件和设备的进场试验报告;

④ 有工程勘察、设计、施工、工程监理等单位分别签署的质量合格文件;

⑤ 有施工单位签署的工程保修书。

(3)正式竣工验收

建设单位收到工程竣工验收报告后,应由建设单位(项目)负责人组织施工(含分包单位)、设计、勘察、监理等单位(项目)负责人进行单位工程验收。

建设单位应组织勘察、设计、施工、监理等单位和其他方面的专家组成竣工验收小组,负责检查验收的具体工作,并制定验收方案。

建设单位应在工程竣工验收前7个工作日前将验收时间、地点、验收组名单书面通知该工程的工程质量监督机构。建设单位组织竣工验收会议。正式验收过程的主要工作有:

① 建设、勘察、设计、施工、监理单位分别汇报工程合同履约情况及工程施工各环节施工满足设计要求,质量符合法律、法规和强制性标准的情况。

② 检查审核设计、勘察、施工、监理单位的工程档案资料及质量验收资料。

③ 实地检查工程外观质量,对工程的使用功能进行抽查。

④ 对工程施工质量管理各环节工作、对工程实体质量及质保资料情况进行全面评价。形成经验收组人员共同确认签署的工程竣工验收意见。

⑤ 竣工验收合格,建设单位应及时提出工程竣工验收报告。验收报告应附有工程施工许可证、设计文件审查意见、质量检测功能性试验资料、工程质量保修书等法规所规定的其他文件。

⑥ 工程质量监督机构应对工程竣工验收工作进行监督。

3. 工程项目的竣工验收报告

验收报告可以按项目需要编写,通常工业工程项目的验收报告应包括以下几方面的内容:

(1)总说明

① 项目情况介绍。包括项目的批准依据、建设规模、新增生产能力、设计依据、设计单

位、批准部门、重大设计变更、施工单位、总形象进度、施工大事记、设计概算、竣工决算等。

② 生产准备情况。包括组织机构、人员培训、原材料供应、水电气的供给和生产技术准备等。

③ 试运行结果的考核，各项技术指标分析。

④ 总的工程质量评定。

⑤ 三废处理情况。

⑥ 影响生产的遗留问题及处理意见。

⑦ 合同各方面的执行情况。

⑧ 投资效果分析。

⑨ 项目的经验和教训等。

(2)竣工验收报告附表

① 竣工工程概况表。

② 竣工工程验收清册及交付使用的固定资产表。

③ 移交的工、器具和家具表。

④ 库存结余的设备材料表。

⑤ 重大事故一览表。

⑥ 重大设计变更表。

⑦ 单位工程质量表。

⑧ 设计质量评定表。

⑨ 关键设备质量评定表。

⑩ 三废治理情况表。

(3)工程验收鉴定书

包括工程名称、建设规模、工程地址、移交日期、验收委员会名单、工程建设总说明、验收委员会鉴定意见、验收签章等。

4. 竣工验收备案

我国实行建设工程竣工验收备案制度。新建、扩建和改建的各类房屋建筑工程和市政基础设施工程的竣工验收，均应按《建设工程质量管理条例》规定进行备案。

(1)建设单位应当自建设工程竣工验收合格之日起 15 日内，将建设工程竣工验收报告和规划、公安消防、环保等部门出具的认可文件或准许使用文件，报建设行政主管部门或者其他相关部门备案。

(2)备案部门在收到备案文件资料后的 15 日内，对文件资料进行审查，符合要求的工程，在验收备案表上加盖“竣工验收备案专用章”，并将一份退建设单位存档。如审查中发现建设单位在竣工验收过程中，有违反国家有关建设工程质量管理规定行为的，责令停止使用，重新组织竣工验收。

(3)建设单位有下列行为之一的，责令改正，处以工程合同价款百分之二以上百分之四以下的罚款。造成损失的依法承担赔偿责任：

① 未组织竣工验收，擅自交付使用的；

② 验收不合格，擅自交付使用的；

③ 对不合格的建设工程按照合格工程验收的。

5.6 施工质量不合格的处理

5.6.1 工程质量问题和质量事故的分类

1. 工程质量不合格

(1)质量不合格和质量缺陷

根据我国质量管理标准体系的规定,凡建设工程产品没有满足某个质量管理标准体系规定的要求,就称之为质量不合格;而未满足某个与预期或规定用途有关的要求,称为质量缺陷。

(2)质量问题和质量事故

凡是工程质量不合格,影响使用功能或工程结构安全,造成永久质量缺陷或存在重大质量隐患,甚至直接导致工程倒塌或人身伤亡,必须进行返修、加固或报废处理,按照由此造成直接经济损失的大小分为质量问题和质量事故。

2. 工程质量事故

工程质量事故指由于建设、勘察、设计、施工、监理等单位违反工程质量有关法律法规和工程建设标准,使工程产生结构安全、重要使用功能等方面的质量缺陷,造成人身伤亡或者重大经济损失的事故。

(1)按事故造成损失的程度分级

按照住房和城乡建设部《关于做好房屋建筑和市政基础设施工程质量事故报告和调查处理工作的通知》(建质〔2010〕111 号),根据工程质量事故造成的人员伤亡或者直接经济损失,工程质量事故分为 4 个等级:

① 特别重大事故,是指造成 30 人以上死亡,或者 100 人以上重伤,或者 1 亿元以上直接经济损失的事故;

② 重大事故,是指造成 10 人以上 30 人以下死亡,或者 50 人以上 100 人以下重伤,或者 5000 万元以上 1 亿元以下直接经济损失的事故;

③ 较大事故,是指造成 3 人以上 10 人以下死亡,或者 10 人以上 50 人以下重伤,或者 1000 万元以上 5000 万元以下直接经济损失的事故;

④ 一般事故,是指造成 3 人以下死亡,或者 10 人以下重伤,或者 100 万元以上 1000 万元以下直接经济损失的事故。

该等级划分所称的“以上”包括本数,所称的“以下”不包括本数。

(2)按事故责任分类

① 指导责任事故:指由于工程实施指导或领导失误而造成的质量事故。例如,由于工程负责人片面追求施工进度,放松或不按质量标准进行控制和检验,降低施工质量标准等。

② 操作责任事故:指在施工过程中,由于实施操作者不按规程和标准实施操作,而造成的质量事故。例如,浇筑混凝土振捣不密实造成混凝土质量事故等。

③ 自然灾害事故:指由于突发的严重自然灾害等不可抗力造成的质量事故。例如地震、台风、暴雨、雷电、洪水等对工程造成破坏甚至倒塌。这类事故虽然不是人为责任直接造成,但灾害事故造成的损失程度也往往与人们是否在事前采取了有效的预防措施有关,相关

责任人员也可能负有一定责任。

5.6.2　施工质量事故发生的原因

工程质量事故具有成因复杂、后果严重、种类繁多的特点，施工质量事故发生的原因大致有如下四类：

(1)技术原因：指引发质量事故是由于在工程项目勘察、设计、施工中在技术上的失误，技术原因是造成施工质量事故的常见原因。例如，地质勘查判断错误，致使地基基础设计使用地质参数有误；结构设计方案错误，构造设计部符合规范要求；采用了不适合的施工方法或施工工艺等。

(2)管理原因：指引发的质量事故是由于管理上的不完善或失误。例如，施工单位或监理单位的质量管理体系不完善，质量管理措施落实不力，施工管理混乱，检测仪器设备管理不善而失准，以及材料检验不严等原因引起质量事故。

(3)社会、经济原因：指引发的质量事故是由于社会上存在的不正之风及经济上的原因，滋生了建设中的违法违规行为，而导致出现质量事故。例如，违反基本建设程序，无立项、无报建、无开工许可、无招投标、无资质、无监理、无验收的“七无”工程，边勘察、边设计、边施工的“三边”工程，违规建设常导致重大质量事故的发生。

(4)人为事故和自然灾害原因：指造成质量事故是由于人为的设备事故、安全事故，导致连带发生质量事故，以及严重的自然灾害等不可抗力造成质量事故。

5.6.3　施工质量事故处理的依据

1. 质量事故的实况资料

包括质量事故发生的时间、地点；质量事故状况的描述；质量事故发展变化的情况；有关质量事故的观测记录、事故现场状态的照片或录像；事故调查组调查研究所获得的第一手资料。

2. 有关合同及合同文件

包括工程承包合同、设计委托合同、设备与器材购销合同、监理合同及分包合同等。

3. 有关的技术文件和档案

主要是有关的设计文件(如施工图纸和技术说明)、与施工有关的技术文件、档案和资料(如施工方案、施工计划、施工记录、施工日志、有关建筑材料的质量证明资料、现场制备材料的质量证明资料、质量事故发生后对事故状况的观测记录、试验记录或试验报告等)。

4. 相关的建设法规

工程质量及质量事故处理有关的法规，主要有《建筑法》《建设工程质量管理条例》《关于做好房屋建筑和市政基础设施工程质量事故报告和调查处理工作的通知》(建质〔2010〕111号)，以及勘察、设计、施工、监理等单位资质管理方面的法规，从业者资格管理方面的法规，建筑市场方面的法规，建筑施工方面的法规，关于标准化管理方面的法规等。

5.6.4　施工质量事故的处理程序

建设工程质量事故发生后，一般可按如图 5－4 所示程序进行处理。

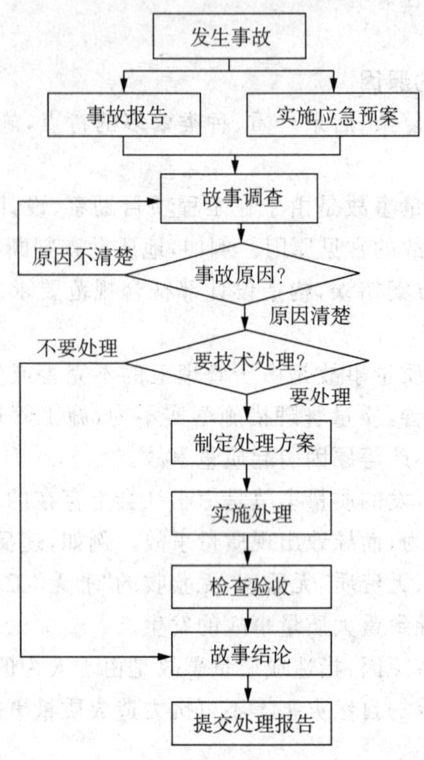

图 5-4 施工质量事故处理的一般程序

1. 事故报告

事故现场有关人员立即向工程建设单位负责人报告,工程建设单位负责人接到报告后,应于1小时内向事故发生地建设主管部门报告,同时应按照应急预案采取相应措施。

2. 事故调查

质量事故调查的主要目的是要明确事故的范围、缺陷程度、性质、影响和原因,为事故的分析提供依据,调查力求全面、准确、客观。

3. 事故的原因分析

在事故情况调查的基础上,正确判断事故原因,避免情况不明就主观推断事故的原因。特别是对涉及勘察、设计、施工、材料和管理等方面的质量事故,往往事故的原因错综复杂,因此,必须对调查所得到的数据、资料进行仔细的分析,去伪存真,找出造成事故的主要原因。

4. 制订事故处理的方案

事故处理的方案主要包括事故技术处理方案和质量责任认定方案两方面。在制定事故技术处理方案时,应做到安全可靠、技术可行、不留隐患、经济合理、具有可操作性、满足建筑功能和使用要求。事故的责任处罚应依据有关人民政府对事故调查报告的批复和有关法律法规的规定,对事故责任者实施行政或刑事处罚。

5. 事故处理的鉴定验收

质量事故的技术处理是否达到预期的目的,是否依然存在隐患,应当通过检查鉴定和验收做出确认。

事故处理后，必须尽快提交完整的事故处理报告，其内容包括：事故调查的原始资料、测试的数据；事故原因分析和论证结果；事故处理的依据；事故处理的技术方案及措施；实施质量处理中有关的数据、记录、资料；检查验收记录；对事故相关责任者的处罚情况和事故处理的结论等。

5.6.5　施工质量缺陷处理的基本方法

1. 返修处理

当工程的某些部分的质量虽未达到规定的规范、标准或设计的要求，存在一定的缺陷，但经过修补后可以达到要求的质量标准，又不影响使用功能或外观的要求时，可采取返修处理的方法。例如，某些混凝土结构表面出现蜂窝、麻面，或混凝土表面局部出现损伤，经调查分析，这些缺陷或损伤仅出现在结构的表面或局部，该部位经修补处理后，不影响其使用及外观，可进行修补处理。

2. 加固处理

主要是针对危及承载力的质量缺陷的处理。通过对缺陷的加固处理，使建筑结构恢复或提高承载力，重新满足结构安全性与可靠性的要求，使结构能继续使用或改作其他用途。例如，通过增大截面加固法加固局部混凝土大梁，使之满足结构安全性要求。

3. 返工处理

当工程质量缺陷经过修补处理后仍不能满足规定的质量标准要求，或不具备补救可能性，则必须采取返工处理。例如某工厂设备基础的混凝土浇筑时掺木质素磺酸钙减水剂，因施工管理不善，掺量多于规定的 7 倍，导致混凝土坍落度大于 180mm，石子下沉，混凝土结构不均匀，浇筑后 5 天仍然不凝固硬化，28 天的混凝土实际强度不到规定强度的 32%，不得不返工重浇。

4. 限制使用

当工程质量缺陷按修补方法处理后无法保证达到规定的使用要求和安全要求，而又无法返工处理的情况下，不得已时可做出诸如结构卸荷以及限制使用的决定。

5. 不作处理

某些工程质量问题虽然达不到规定的要求或标准，但其情况不严重，对工程或结构的使用及安全影响很小，经过分析、论证、法定检测单位鉴定和设计单位等认可后可不做专门处理。一般可不作专门处理的情况有以下几种。

(1)不影响结构安全、生产工艺和使用要求的。例如，有的工业建筑物出现放线定位的偏差，且严重超过规范标准规定，若要纠正会造成重大经济损失，但经过分析、论证其偏差不影响生产工艺和正常使用，在外观上也无明显影响，可不做处理。

(2)后道工序可以弥补的质量缺陷。例如，混凝土结构表面的轻微麻面。可通过后续的抹灰、刮涂、喷涂等弥补，也可不作处理。再比如，混凝土现浇楼面的平整度偏差达到 10mm，但由于后续垫层和面层的施工可以弥补，所以也可不作处理。

(3)法定检测单位鉴定合格的。例如，某检验批混凝土试块强度值不满足规范要求，强度不足，但经法定检测单位对混凝土实体强度进行实际检测后，其实际强度达到规范允许和设计要求值时，可不作处理。

(4)出现的质量缺陷,经检测鉴定达不到设计要求,但经原设计单位核算,仍能满足结构安全和使用功能的。例如,某一结构构件截面尺寸不足,或材料强度不足,影响结构承载力,但按实际情况进行复核验算后仍能满足设计要求的承载力时,可不进行专门处理。

6. 报废处理

出现质量事故的工程,通过分析或实践,采取上述处理方法后仍不能满足规定的质量要求或标准,则必须予以报废处理。

5.7 数理统计方法在工程项目质量管理中的应用

统计质量管理是把数理统计方法应用于产品生产过程的抽样检验,研究样本质量特性数据的分布规律,分析和推断生产过程质量的总体状况,改变了传统的事后把关的质量控制方式,为工业生产的事前质量控制和过程质量控制,提供了有效的科学手段。建筑业虽然是现场型的单件性建筑产品生产,数理统计方法直接在现场施工过程工序质量检验中的应用受到客观条件的某些限制,但在进场材料的抽样检验、试块试件的检测试验等方面,仍然有广泛的应用。

5.7.1 分层法

由于工程质量形成的影响因素多,因此,对工程质量状况的调查和质量问题的分析,必须分门别类地进行,以便准确有效地找出问题及其原因所在,这就是分层法的基本思想。例如一个焊工班组有 A、B、C 三位工人实施焊接作业,共抽检 60 个焊接点,发现有 18 点不合格,占 30%。究竟问题在哪里?根据分层调查的统计数据表 5-1 可知,主要是作业工人 C 的焊接质量影响了总体的质量水平。

表 5-1 分层调查的统计数据表

作业工人	抽检点数	不合格点数	个体不合格率	占不合格点总数百分率
A	20	2	10%	11%
B	20	4	20%	22%
C	20	12	60%	67%
合计	60	18	—	100%

根据管理需要和统计目的,调查分析的层次划分通常可按照以下分层方法取得原始数据。一是按施工时间分,如月、日、上午、下午、白天、晚间、季节;二是按地区部位分,如区域、城市、乡村、楼层、外墙、内墙;三是按产品材料分,如产地、厂商、规格、品种;四是按检测方法分,如方法、仪器、测定人、取样方式;五是按作业组织分,如工法、班组、工长、工人、分包商;六是按工程类型分,如住宅、办公楼、道路、桥梁、隧道;七是按合同结构分,如总承包、专业分包、劳务分包。

5.7.2　因果分析图法

因果分析图法，也称为质量特性要因分析法，其基本原理是对每一个质量特性或问题，采用如图 5-5 所示的方法，逐层深入排查可能原因，然后确定其中最主要原因，进行有的放矢的处置和管理。

图 5-5 表示混凝土强度不合格的原因分析，其中，把混凝土施工的生产要素，即人、机械、材料、施工方法和施工环境作为第一层面的因素进行分析；然后对第一层面的各个因素，再进行第二层面的可能原因的深入分析。依此类推，直至把所有可能的原因，分层次地一一罗列出来。

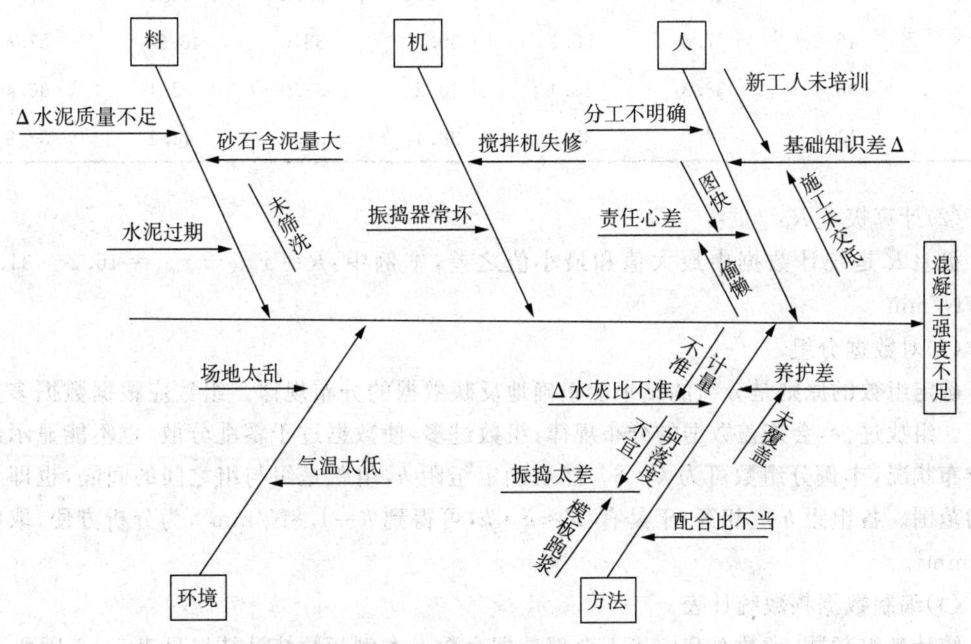

图 5-5　混凝土强度不合格因果分析图

5.7.3　直方图法

直方图法即频数分布直方图法，它是将收集到的质量数据进行分组整理，绘制成频数分布直方图，用以描述质量分布状态的一种分析方法，所以又称质量分布图法。

通过直方图的观察与分析，可了解产品质量的波动情况，掌握质量特性的分布规律，以便对质量状况进行分析判断。同时可通过质量数据特征值的计算，估算施工生产过程总体的不合格品率，评价过程能力等。

1. 直方图的绘制

(1)收集整理数据

某建筑施工工地浇筑 C30 混凝土，为对其抗压强度进行质量分析，共收集了 50 份抗压强度试验报告单，经整理见表 5-2 所列。

表 5-2 数据整理表 单位:N/mm²

序号	抗压强度数据					最大值	最小值
1	39.8	37.7	33.8	31.5	36.1	39.8	31.5*
2	37.2	38.0	33.1	39.0	36.0	39.0	33.1
3	35.8	35.2	31.8	37.1	34.0	37.1	31.8
4	39.9	34.3	33.2	40.4	41.2	41.2	33.2
5	39.2	35.4	34.4	38.1	40.3	40.3	34.4
6	42.3	37.5	35.5	39.3	37.3	42.3	35.5
7	35.9	42.4	41.8	36.3	36.2	42.4	35.9
8	46.2	37.6	38.3	39.7	38.0	46.2*	37.6
9	36.4	38.3	43.4	38.2	38.0	42.4	36.4
10	44.4	42.0	37.9	38.4	39.5	44.4	37.9

(2)计算极差 R

极差 R 是统计数据中最大值和最小值之差,本例中:$R=x_{\max}-x_{\min}=46.2-31.5=14.7\text{N/mm}^2$

(3)对数据分组

确定组数的原则是分组的结果能正确地反映数据的分布规律。组数应根据数据多少来确定。组数过少,会掩盖数据的分布规律;组数过多,使数据过于零乱分散,也不能显示出质量分布状况,本例分组数可为 $k=8$。然后确定组距 h,组距是组与组之间的间隔,也即一个组的范围。各组距 h 应相等,于是有:$R\approx h\cdot k$,可得到 $h=1.8\text{N/mm}^2$,为分析方便,取整为 2N/mm^2。

(4)编制数据频数统计表

统计各组频数,频数总和应等于全部数据个数。本例频数统计结果见表 5-3 所列。

表 5-3 频数统计表

组号	组限	频数	组号	组限	频数
1	30.5~32.5	2	5	38.5~40.5	9
2	32.5~34.5	6	6	40.5~42.5	5
3	34.5~36.5	10	7	42.5~44.5	2
4	36.5~38.5	15	8	44.5~46.5	1
		合计			50

从表 5-3 中可以看出,浇筑 C30 混凝土,50 个试块的抗压强度是各不相同的,这说明质量特性值是有波动的。但这些数据分布是有一定规律的,就是数据在一个有限范围内变化,且这种变化有一个集中趋势,即强度值在 36.5~38.5 范围内的试块最多,可把这个范围即第四组视为该样本质量数据的分布中心,随着强度值的逐渐增大和逐渐减小质量数据分布

逐渐减少。为了更直观、更形象地表现质量特征值的这种分布规律，应进一步绘制出直方图。

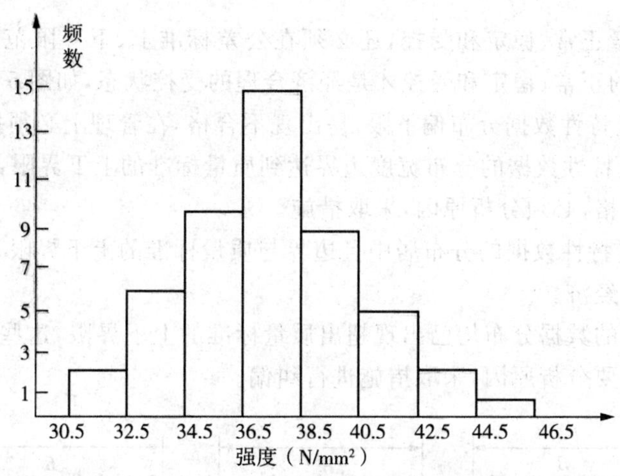

图 5－6　混凝土强度检测数据分布直方图

2. 直方图的分析

(1)通过分布形状观察分析

所谓形状观察分析是指将绘制好的直方图形状与正态分布图的形状进行比较分析，一看形状是否相似，二看分布区间的宽窄。直方图的分布形状及分布区间宽窄是由质量特性统计数据的平均值和标准偏差所决定的。

正常直方图呈正态分布，其形状特征是中间高、两边低、成对称，如图 5－7(a)所示。正常直方图反映生产过程质量处于正常、稳定状态。数理统计研究证明，当随机抽样方案合理且样本数量足够大时，生产能力处于正常、稳定状态，质量特性检测数据趋于正态分布。

异常直方图呈偏态分布，常见的异常直方图有折齿型、缓坡型、孤岛型、双峰型、峭壁型，如图 5－7(b)、(c)、(d)、(e)、(f)所示，出现异常的原因可能是生产过程存在影响质量的系统因素，或收集整理数据制作直方图的方法不当所致，要具体分析。

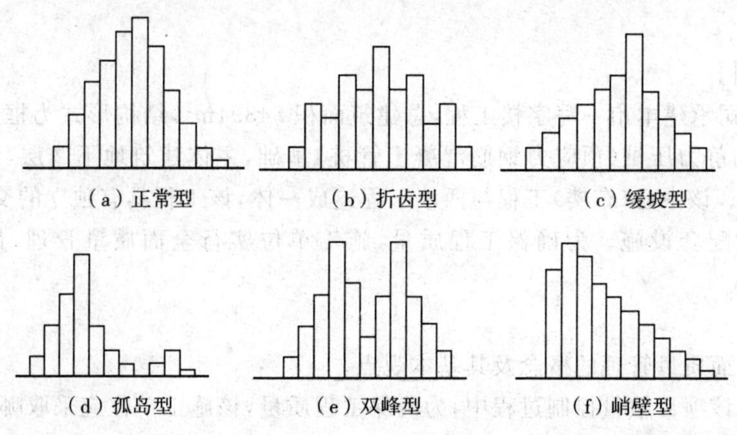

图 5－7　常见的直方图

(2)通过分布位置观察分析

所谓位置观察分析是指将直方图的分布位置与质量控制标准的上下限范围进行比较分析,如图 5-8 所示。

生产过程的质量正常、稳定和受控,还必须在公差标准上、下界限范围内达到质量合格的要求。只有这样的正常、稳定和受控才是经济合理的受控状态,如图 5-8(a)所示。

图 5-8(b)质量特性数据分布偏下限,易出现不合格,在管理上必须提高总体能力。

图 5-8(c)质量特性数据的分布宽度边界达到质量标准的上下界限,其质量能力处于临界状态,易出现不合格,必须分析原因,采取措施。

图 5-8(d)质量特性数据的分布居中且边界与质量标准的上下界限有较大的距离,说明其质量能力偏大,不经济。

图 5-8(e)、(f)的数据分布均已出现超出质量标准的上下界限,这些数据说明生产过程存在质量不合格,需要分析原因,采取措施进行纠偏。

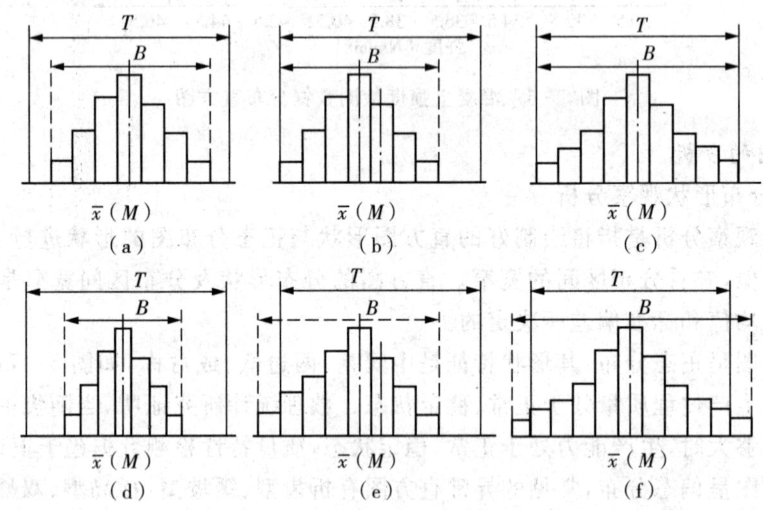

图 5-8　直方图与质量标准上下限

案例分析

【背景资料】

某建筑公司承建本市一写字楼工程,总建筑面积 54394m²,结构形式为框架一剪力墙结构,基础类型为静力压桩(预应力钢筋混凝土管桩)基础,主体建筑地下 2 层,地上 26 层,建筑檐高 89.4m。该中心(东楼)工程与西楼工程连成一体,该工程具有独立的交通体系、设备系统及完善的配套设施。为确保工程质量,施工单位实行全面质量管理,加强项目质量控制。

【问题】

1. 试述全面质量管理的概念及其基本观点。

2. 在进行该项目质量控制过程中,为确保工程质量,该施工单位应采取哪些主要对策?

【参考答案】

1. 全面质量管理,就是全企业各个职能部门的全体人员同心协力,综合应用管理技术、专业技术和科学方法，经济合理地开发、研制、生产和销售用户满意的产品的管理活动。基本观点：

(1)全面管理的观点；

(2)为用户服务的观点；

(3)预防为主的观点；

(4)一切用数据说话的观点；

(5)文明施工的观点。

2. 质量控制的主要对策：

(1)以人的工作质量确保工程质量；

(2)严格控制投入品的质量；

(3)全面控制施工过程，重点控制工序质量；

(4)严把分项工程质量验收关；

(5)贯彻“预防为主”的方针；

(6)严防系统性因素的变异。

实战演练

【背景资料】

某工程施工合同规定：设备由业主供应，其他建筑材料由承包方采购。其中，对主要装饰石料，业主经与设计单位商定，由业主指定了材质、颜色和样品，并向承包方推荐厂家，承包方与生产厂家签订了购货合同。厂家将石料按合同采购数量送达现场，进场时经检查，该批材料颜色有部分不符合要求，监理工程师通知承包方该批材料不得使用。承包方要求厂家将不符合要求的石料退换，厂家要求承包方支付退货运费，承包方不同意支付，厂家要求业主在应付给承包方工程款中扣除上述费用。

【问题】

1. 业主指定石料材质、颜色和样品是否合理？

2. 承包商要求退换不符合要求的石料是否合理？为什么？

3. 简述材料质量控制的要点。

思考题

1. 阐述建设工程项目质量的概念及特点。

2. 分析建设工程项目五方责任主体在工程质量方面的责任和义务。

3. 阐述建设工程全面质量管理和动态控制的基本原理。

4. 论述建设工程施工过程质量验收主要环节应符合哪些规定？

5. 分析建设工程竣工验收的主要程序及工程项目竣工验收报告的主要内容。

6. 施工质量事故一般应按照什么程序进行处理？

7. 介绍施工质量缺陷处理的主要方法。

第6章 建设工程项目职业健康安全与环境管理

6.1 职业健康安全与环境管理概述

6.1.1 职业健康安全与环境管理的概念

职业健康是研究并预防因生产劳动而导致的疾病,并防止原有疾病的恶化。安全一般来讲是指在生产过程中,可以将人员伤亡或财产损失控制在可接受的水平,如果人员或财产遭受损失的可能性超过了可接受水平,即是不安全。职业健康安全通常是指预知人类在生产劳动的各个领域存在的固有的或潜在的危险,并且为消除这些危险所采取的各种方法、手段和行动的总称。职业健康安全问题伴随着生产过程而存在,是人类从开始从事生产就要面对的问题。随着工业革命的开始,职业健康安全问题就更突出了。职业健康安全生产就是要在劳动生产过程中,通过努力改善劳动条件,克服不安全的因素,防止伤亡事故发生,使劳动生产在保证劳动者安全健康和国家财产及人民财产不受损失的前提下顺利进行。

职业健康安全生产管理是指管理者在生产活动和经营过程中对职业健康安全生产工作进行策划、组织、指挥、协调、控制和改进的一系列活动,目的是保证在生产经营活动中的人员的人身安全、财产安全,促进生产的发展,保持社会的稳定。随着人们的健康、安全与环境意识不断增强,对清洁生产、优化环境、人身及财产安全要求日益强烈,而作为现代社会基础的企业承担着维护员工职业健康安全的社会责任,对企业自身职工、社会及环境要树立良好的形象的要求,所以职业健康安全生产管理愈来愈凸显其重要。

伴随着近代工业的发展,人类在21世纪面临着森林面积锐减、土地严重沙化、自然灾害频发、淡水资源日益枯竭、"温室效应"造成气候严重失常、臭氧层遭破坏、紫外线辐射增加,以及酸雨频繁、土壤酸化、建筑和材料设备腐蚀、动植物生存受到危害、化学废物质量剧增以及海洋、河流遭化学物质和放射性废物污染等的挑战。《人类环境宣言》(联合国1972年6月5日于斯德哥尔摩通过)中就提出"保护和改善人类环境是关系到全世界各国人民的幸福和经济发展的重要问题,也是全世界各国人民的迫切希望和各国政府的责任",宣言提出了环境管理的原则。

环境是指组织运行活动的外部存在,包括空气、水、土地、自然资源、植物、动物、人以及它们之间的相互关系。环境管理的首要素是环境污染的治理和管控。环境污染主要是由于人类活动,把大量有毒有害的污染物质排入环境,使环境质量下降,以致危害人类和其他生物正常生存和发展的现象。环境污染的类型主要有:大气污染、水污染、土壤污染、噪声污染、放射性污染等。

职业健康安全管理体系(Occupation Health Safety Management System)英文简写为"OHSMS",是20世纪80年代后期在国际上兴起的现代安全生产管理模式,它与ISO9000和ISO14000等标准体系一并被称为"后工业化时代的管理方法"。职业健康安全管理体系产生的主要原因是企业自身发展的要求。职业健康安全管理体系作为总的管理体系的一个部分，便于组织对与其业务相关的职业健康安全风险进行管理。它包括为制定实施、实现、评审和保持职业健康安全方针所需的机构、规划、活动、职责、制度、程序过程和资源，它的基本思想是实现体系持续改进，通过周而复始的进行“计划、实施、监测、评审”活动，使体系功能不断加强，它要求组织在实施职业健康安全管理体系时始终保持持续改进意识，对体系不断修正和完善，最终实现预防和控制工伤事故、职业病及其他损失的目标。

职业健康安全与环境管理体系简称为 HSE 管理体系，或简单地用 HSE MS(Health Safety and Environment Management System)表示，指实施健康、安全与环境(以下简称 HSE)管理的组织机构、职责、做法、程序、过程和资源等而构成的整体。管理是指管理者根据目标要求对职责范围内的事务进行控制和处理，即管理者通过对管理对象的调查研究，形成决策和计划，确定要达到的目标，然后将可支配的资源以一定的方式组成一个有机的系统，对管理对象进行有效的控制。HSE 管理体系就是将企业的健康(H)、安全(S)、环境(E)管理纳入一个管理体系之中，体现企业的一体化管理思想。

现代社会生产中，随着企业规模扩大和生产集约化程度的提高，企业必须采用现代化的管理模式，使包括安全生产管理在内的所有生产经营活动科学化、规范化和法制化。健康(H)、安全(S)、环境(E)管理有着各自丰富的管理内容和对象，同时又表现出高度的相关性、管理过程和管理方法的类同和相似性，因而，综合起来就形成了系统、规范、程序化的 HSE 管理体系。

职业安全健康管理体系基本要素包括：职业健康安全方针、组织、计划与实施、评价、改进措施五方面。它是一个不断变化和发展的动态体系，其设计和建立也是一个不断发展和交互作用的过程。

HSE 管理体系依据戴明模式，即策划、实施、检查和改进四个阶段的循环，简称 PDCA 循环模式(图 6-1)。

策划：建立所需的目标和过程，以实现组织的职业健康安全方针所期望的结果。

实施：对过程予以实施。

检查：依据职业健康安全方针、目标、法律法规和其他要求，对过程进行监视和测量，并报告结果。

改进：采取措施以持续改进职业健康安全绩效。

许多组织通过由过程组成的体系以及过程之间的相互作用对其运行进行管理，这种方式称为“过程方法”。B/T 19001 倡导使用过程方法，由于 PDCA 可用于所有过程，因此，这两种方法可以看作是兼容的。

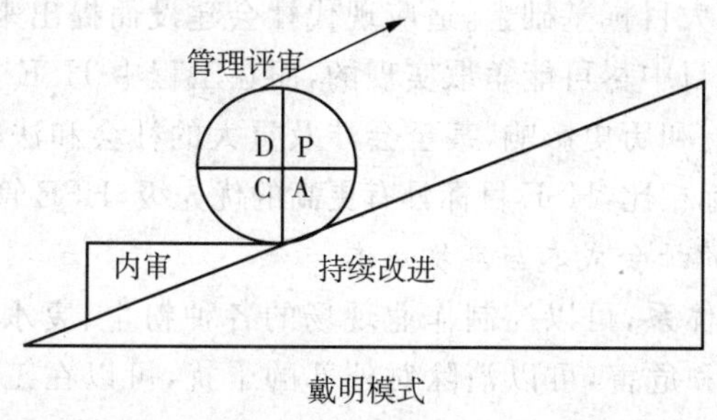

图 6-1　戴明模式

6.1.2 建设工程项目职业健康安全与环境管理的特点

建设工程项目在建设和施工过程中有许多单位、许多工种集中在一个场地上，而且人员、作业位置流动性比较大，存在较多不安全因素，属于事故多发的作业现场，因此加强对施工现场的各种要素的控制和管理，减少职业健康安全事故的发生非常重要。

建设工程项目环境管理的目的是保护生态环境，使社会的经济发展与人类的生存环境相协调。要控制作业现场的各种粉尘、废水、废气、固体废弃物以及噪声、振动对环境的污染和危害，考虑能源节约和避免资源的浪费。

与建筑产品的特性相对应的建设工程项目的HSE体系也有其独自的特点：

(1)建筑产品的固定性和生产的流动性及外部环境影响因素多，决定了职业健康安全与环境管理的复杂性。

(2)建筑产品的多样性和生产的单件性决定了职业健康安全与环境管理的多变性。

(3)建筑产品生产过程的连续性和分工性决定了职业健康安全与环境管理的协调性。

(4)建筑产品的委托性决定了职业健康安全与环境管理的不符合性。

(5)建筑产品生产的阶段性决定了职业健康安全与环境管理的持续性。

(6)建筑产品的时代性和社会性决定了职业健康安全与环境管理的经济性。

6.1.3 职业健康安全与环境管理和传统的目标管理的关系

质量、投资和进度目标是早期的工程项目管理的最主要内容，在现代建设工程领域已将健康、安全与环境管理要素通过先进、科学、系统的运行模式与传统的三大目标有机地融合在一起。

质量管理、环境管理和职业安全健康这三个体系虽然在关注的焦点、所解决的问题和所达成的目的上有明显的不同，但是这三体系建立所依据标准的管理原理、管理原则、管理方法是相同的，甚至依次为一脉相承的。这三个体系所依据的标准都是采用过程模式和PDCA循环模式编排，兼容性极强，使三体系整合在一起成为可能。质量、职业安全健康和环境管理这三项工作共存于企业这个大系统中的每个管理过程之中，它们在一定程度上互相依存、互相影响。因此三个体系整合在一起，实行一体化管理和认证，更有利于企业的管理效率的提高。

HSE体系较传统的三大目标管理，更具备如下特点。

1. HSE管理比传统的目标管理具有更大的强制性

HSE是健康(Health)、安全(Safety)和环境(Environment)三位一体的管理体系，它是在原有的项目建设的传统的三大目标基础上，适应现代社会建设而提出来的。传统的质量、成本、进度目标是要求在工程项目中尽可能争取实现的，而在工程中HSE一旦出现问题，就会对项目、企业有更大的社会影响和历史影响，甚至会涉及重大的社会和法律问题。因此，与工程的质量、进度和成本三大目标相比，HSE目标具有更高的优先级，HSE管理应有更大的强制性。

2. 有利于降低工程的社会成本与环境成本

通过实施HSE管理体系，可以控制作业现场的各种粉尘、废水、废气、固体废弃物以及噪声、振动对环境的污染和危害，可以消除对外部的干扰，可以在工程的全寿命期中降低社会成本和环境成本，获得更大的经济效益、社会效益和环境效益。实践经验证明，出现HSE事故善后所花费的费用，远远超过HSE管理中防止出现事故所花费的金额，故建立该体系可以节约成本，带来经济效益。

3. 能够实现以人为本的工程项目管理

加强 HSE 管理体现了以人为本的管理理念，要求工程实现人性化设计和管理，建设人性化的工程，这是工程本源的回归。HSE 管理体系能够改善劳动者的作业条件，可以有效预防和减少伤害事故、职业病和安全事故的发生，保障劳动者身心健康，提高劳动效率，调动员工工作的积极性，改善工程实施和管理队伍的整体素质，对社会的健康发展和文明进步能产生长期的促进作用。

4. 提升企业的品牌和形象，增强企业的竞争力

HSE 管理体现了建筑业的可持续发展的观念和人性化管理的特征。全球经济一体化对现代工程承包企业提出了更高的要求，工程承包市场中的竞争已不再只是资本和技术的竞争，更是企业综合素质的竞争。国外的工程承包企业将 HSE 管理作为第一目标、第一要务，以 HSE 的管理水平和绩效作为反映企业品牌、形象和综合素质的标志，可以为企业带来直接和间接的经济效益。

图 6-2 所示勾列出 HSE 管理与三大目标是相互促进的关系，立方体代表了整个工程项目管理的目标体系，等边三角形 ABC 表示质量、成本、进度三个目标的关系，塔顶则为 HSE，代表质量、成本和进度三个目标的统一是以 HSE 为中心的，并向着 HSE 的目标前进的。目标体系自当经过 $ABCA$ 一个循环后，代表成本(投资)、进度、质量三者的一个统一协调过程，经过这个过程后，又开始了一个新的协调过程 A'，B'，C'，A'，并且新的过程得到了一个迁升，迁升代表的是项目管理水平提升到了一个新的层次，而且是导向 HSE 目标的实现，于是又开始了新一轮的循环，如此周而复始，在贯彻 HSE 的过程中，HSE 目标的实现将在制度与组织基础上提升整个项目管理水平，促进特定资源条件下的质量、进度、成本目标获得较高层次的优化。因此，HSE 管理与三大目标是互相促进的。

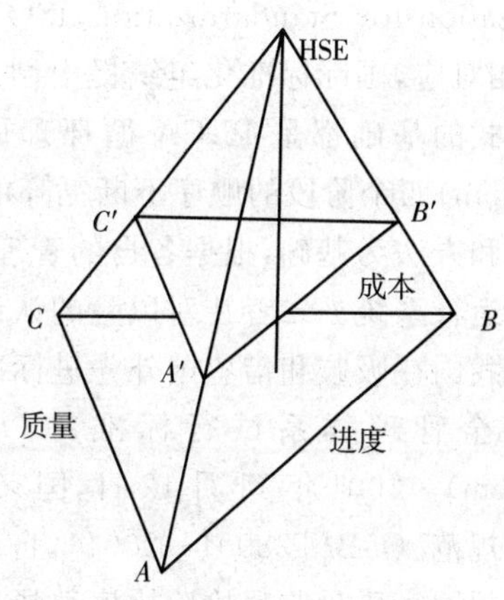

图 6-2　HSE 体系下工程项目管理的目标体系

6.2　职业健康安全与环境管理体系

6.2.1　职业健康安全与环境管理体系

20 世纪 80 年代后期，国际上发生了几次重大事故，如 1987 年的瑞士 SANDEZ 大火、1988 年英国北海油田的帕玻尔·阿尔法平台事故以及 1989 年的 EXXON 公司 VALDEZ 泄油等，这些重大事故引起了国际工业界的普遍关注，大家都深深认识到，石油石化作业是高风险的作业，必须采取有效、完善的 HSE 管理系统才能避免重大事故的发生。许多大石油公司非常关注 HSE 管理体系的建立。如壳牌公司，1985 年首次在石油勘探开发领域提出了强化安全管理(Enhance Safety Management)的构想和方法，1986 年在强化安全管理的

基础上，形成安全管理手册，HSE 管理体系初现端倪。1990 年制定了自己的安全管理体系(SMS)；1991 年，颁布了健康、安全与环境(HSE)方针指南；1992 年正式出版安全管理体系标准 EP92 - 01100；1994 年正式颁布健康、安全与环境管理体系导则。1996 年 1 月，ISO/TC67 的 SC6 分委会发布 ISO/CD14690《石油和天然气工业健康、安全与环境管理体系》，成为 HSE 管理体系在国际石油业普遍推行的里程碑(Milestone)，HSE 管理体系并由石油化工行业其他行业发展，并在全球范围内进入了一个蓬勃发展时期。

健康(Health)、安全(Safety)和环境(Environment)管理体系是将企业实施健康、安全与环境管理的组织机构、职责、方法、程序、过程和资源等要素通过现代科学系统的运行模式有机地融合在一起，相互关联、相互作用，形成一个三位一体的动态管理体系。

由英国标准协会(BSI)、挪威船级社(DNV)等 13 个组织于 1999 年联合推出的国际性标准，OHSAS18000(Occupational Health and Safety Assessment Series 18000)系列标准，在 ISO 尚未制定情况下起到了准国际标准的作用。由此产生的职业健康安全管理体系认证制度也是近几年风靡全球的管理体系标准的认证制度，与国际标准化组织(International Organization for Standardization，ISO)的 ISO9000(质量管理体系)和 ISO14000(环境管理体系)相对应，国际标准化组织提出制定职业健康安全管理体系国际标准 ISO18000。它们运行模式的基础都是 PDCA 循环理论，即按照计划(Plan)、执行(Do)、检查(Check)、处理(Action)四个阶段的顺序不断循环的一种动态过程控制的管理体系。二者均以系统分析的理论和方法为基础，根据各自的管理要素，从组织机构、程序控制、文件构成等方面建立了完整的运行系统。二者在对风险的认识和对环境的认识方面有所不同。

我国在吸收和借鉴国外先进标准基础上，于 1999 年 10 月由国家经贸委颁布了《职业健康安全管理体系试行标准》(OSHMS，occupational Safety and Health Management System)。2001 年 11 月 12 日，国家质量监督检验检疫总局正式颁布了《职业健康安全管理体系规范》(GB/T28001—2001)，自 2002 年 1 月 1 日起实施。2011 年 12 月 30 日中华人民共和国国家质量监督检验检疫总局和中国国家标准化管理委员会又联合发布了《职业健康安全管理体系要求(OHSAS 18001:2007，IDT)》(GB/T 28001—2011)代替 GB/T 28001—2001，并于 2012 年 02 月 1 日实施。而环境管理体系国家标准 GB/T 24001—2004(等同采用 ISO14001:2004)于 2005 年 5 月 10 日发布。

职业安全健康管理体系(OSHMS)审核规范秉承了 ISO14001 标准成功的思维及管理(PDCA)模式，且由于职业安全健康管理体系与环境管理体系的密切联系和共通之处，其标准条款及相应要求也具备许多共同的特点(从标准要素的示意图，即可看出两个体系的密切联系)。

目前，职业安全健康管理体系已被广泛关注，包括组织的员工和多元化的相关方(如：居民、社会团体、供方、顾客、投资方、签约者、保险公司等)。标准要求组织建立并保持职业安全与卫生管理体系，识别危险源并进行风险评价，制定相应的控制对策和程序，以达到法律法规要求并持续改进。在组织内部，体系的实时以组织全员(包括派出的职员，各协力部门的职员)活动为原则，并在一个统一的方针下开展活动，这一方针应为职业安全健康管理工作提供框架和指导作用，同时要向全体相关方公开。

建筑业是我国安全事故频发的高风险行业，其风险度位列非煤矿业之首；我国建筑业有 3500 万从业人员，每年由于建筑安全事故而丧生的从业人员数千人，直接经济损失逾百亿，间接损失是其好几倍。建筑企业通过建立职业安全健康管理体系，使建设行业企业员工增强安全事故和环境污染事故的预防意识，这样可以尽最大努力避免事故的发生；同时在事故发生时，通过有组织、有系统的控制和处理，使影响和损失降到最低限度。建立完善的 HSE 管理体系是建筑企业进行 HSE 管理的首要任务。图 6－3 给出的是建设工程项目 HSE 管理组织机构的管理流程图。

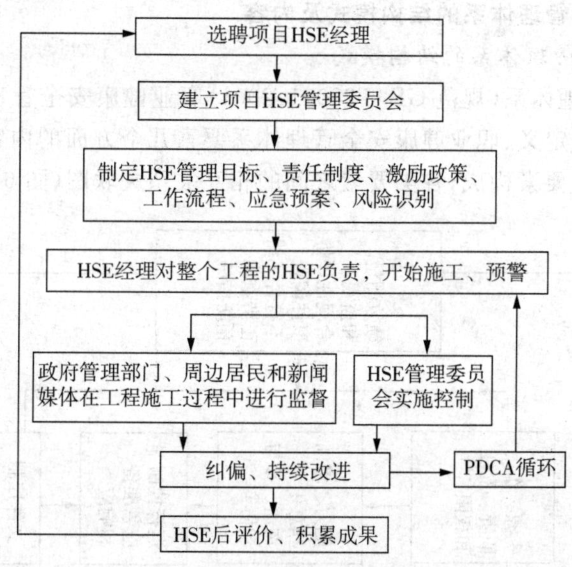

图 6－3　HSE 管理流程图

图 6－4 给出的是的建设工程项目施工管理的 HSE 管理组织机构框架图。由企业总公司分管安全生产的副总经理牵头，推选项目 HSE 经理，成立 HSE 管理委员会。HSE 管理委员会可以由业主方、勘察方、设计方、监理方、分包商、机械材料供应商代表组成。在项目建设过程中，定期发布 HSE 性状报告，征求意见，寻求理解，改进工作。

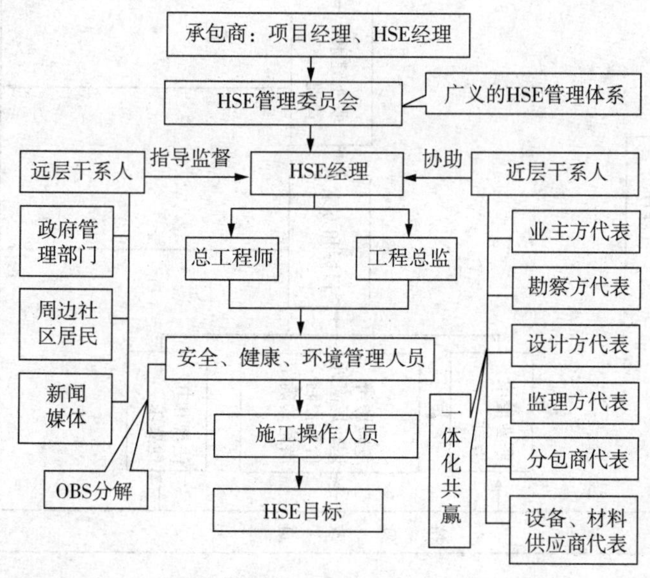

图 6－4　HSE 组织管理机构

HSE管理作为一种企业管理的有效工具，在建设工程项目管理中实施HSE管理，可以极大地提高建筑企业安全、环境和健康的管理水平，减少和避免各类工程事故的发生，树立企业的良好形象，加快促进我国工程建设企业的管理与国际接轨，增强在国际市场的竞争力。

6.2.2 职业健康安全管理体系的结构模式及内容

1. 职业健康安全管理体系的结构模式

职业健康安全管理体系（规范GB/T28001:2001）职业健康安全管理体系包括：范围、规范性引用文件、术语和定义、职业健康安全管理体系要素几个方面的内容。基本内容由5个一级要素和17个二级要素构成，各类要素之间的相互关系关联图（图6-5）。

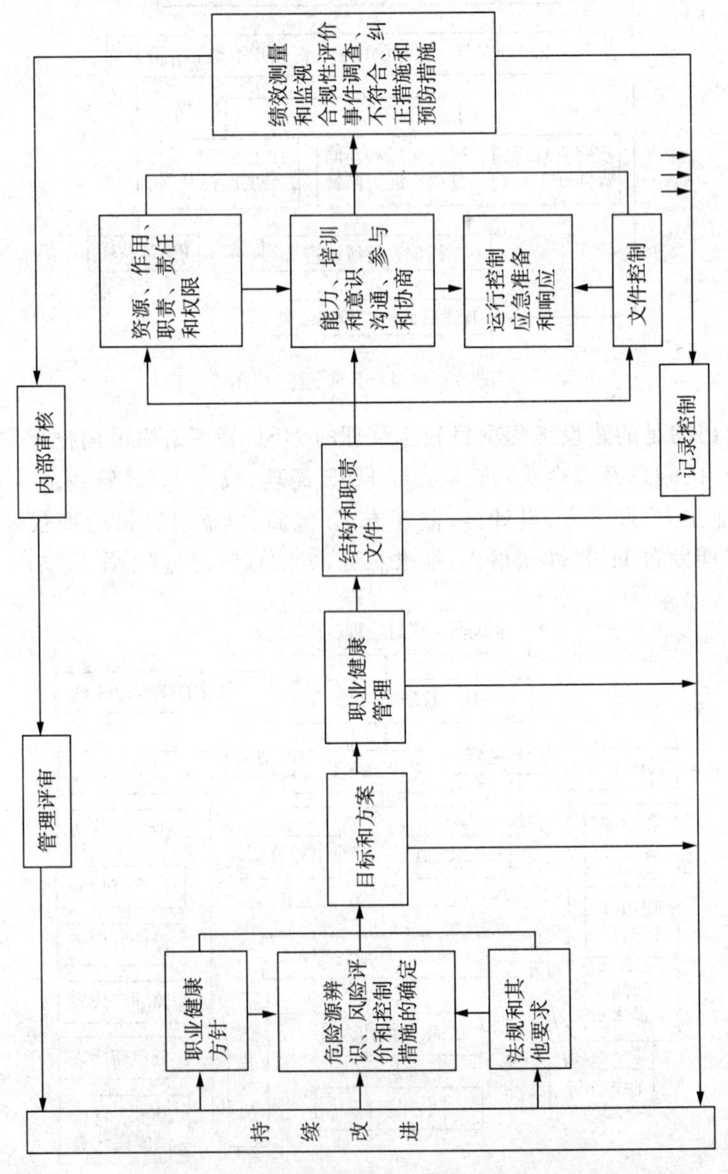

图6-5 职业健康安全管理体系各要素关联图

(1)职业健康安全管理体系的运行模式(图6-6)

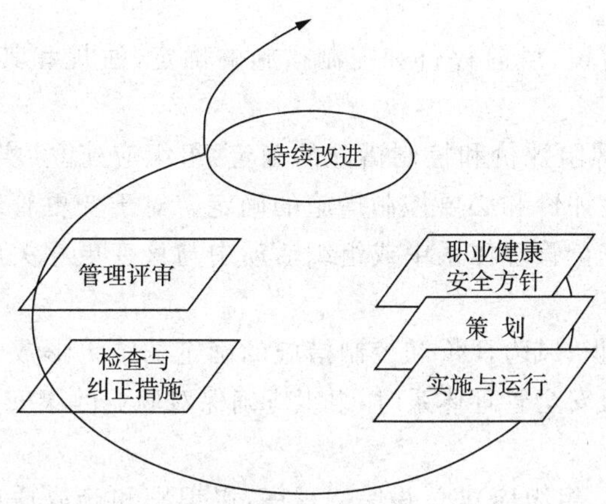

图6-6　职业健康安全管理体系的运行模式

(2)职业健康安全管理体系要素

《职业健康安全管理体系——规范的模式》体系基本要素包括:职业健康安全方针、组织、计划与实施、评价、改进措施五方面。组成体系的要素可以分为两类,一类是体现职业健康安全管理体系主体框架和基本功能的核心要素,另一类是支持体系主体框架和保证实现基本功能的辅助要素。其中,核心要素包括职业健康安全方针,对危险源的辨识、风险评价和控制措施,法规和其他要求,目标,结构和职责,职业健康安全管理方案,运行控制,绩校测量和监视,审核和管理评审十要素。辅助要素包括培训、意识和能力,协商和沟通,文件,文件和资料控制,应急准备和响应,事故、事件、不符合、纠正和预防措施,以及记录和记录管理等要素。

2. 职业健康安全管理体系的内容

(1)总要求

组织应根据本标准的要求建立、实施、保持和持续改进职业健康安全管理体系,确定如何满足这些要求,并形成文件。

组织应界定其职业健康安全管理体系的范围,并形成文件。

(2)职业健康安全方针

最高管理者应确定和批准本组织的职业健康安全方针,并确保职业健康安全方针在界定的职业健康安全管理体系范围内。职业健康安全方针应包括以下内容:

① 适合于组织职业健康安全风险的性质和规模;

② 防止人身伤害与健康损害和持续改进职业健康安全管理与职业健康安全绩效的承诺;

③ 至少遵守与其职业健康安全危险源有关的适用法律法规要求及组织应遵守的其他要求的承诺;

④ 为制定和评审职业健康安全目标提供框架;

⑤ 形成文件,付诸实施,并予以保持;

⑥ 传达到所有在组织控制下工作的人员,旨在使其认识到各自的职业健康安全义务;

⑦ 可为相关方所获取;

⑧ 定期评审，以确保其与组织保持相关和适宜。

(3)策划

策划包括：危险源辨识、风险评价和控制措施的确定，法规和其他要求，目标和方案等内容。

① 对危险源辨识、风险评价和控制措施的确定：组织应建立、实施并保持程序，以便持续进行危险源辨识、风险评价和必要控制措施的确定。对于变更管理，组织应在变更前，识别在组织内、职业健康安全管理体系中或组织活动中与该变更相关的职业健康安全危险源和职业健康安全风险。

组织应将危险源辨识、风险评价和控制措施的确定的结果形成文件并及时更新。在建立、实施和保持职业健康安全管理体系时，组织应确保对职业健康安全风险和确定的控制措施能够得到考虑。

② 法规和其他要求：组织应建立并保持程序，以识别和获取适用于本组织的法律法规和其他职业健康安全要求。在建立、实施和保持职业健康安全管理体系时，组织应确保对适用法律法规要求和组织应遵守的其他要求得到考虑。组织应使这方面的信息处于最新状态。组织应向在其控制下工作的人员和其他有关的相关方传达相关法律法规和其他要求的信息。

③ 目标和方案：组织应在其内部相关职能和层次建立、实施和保持形成文件的职业健康安全目标。可行时，目标应可测量。目标应符合职业健康安全方针，包括对防止人身伤害与健康损害，符合适用法律法规要求与组织应遵守的其他要求，以及持续改进的承诺。

在建立和评审目标时，组织应考虑法律法规要求和应遵守的其他要求及其职业健康安全风险。组织还应考虑其可选技术方案，财务、运行和经营要求，以及有关的相关方的观点。

组织应建立、实施和保持实现其目标的方案。方案至少应包括：

A. 为实现目标而对组织相关职能和层次的职责和权限的指定；

B. 实现目标的方法和时间表。

应定期和按计划的时间间隔对方案进行评审，必要时进行调整，以确保目标得以实现。

(4)实施和运行

实施和运行包括：资源、作用、职责、责任和权限，能力、培训和意识，沟通、参与和协商，文件，文件控制，运行控制，应急准备和响应等七部分。

① 资源、作用、职责、责任和权限：最高管理者应对职业健康安全和职业健康安全管理体系承担最终责任。

最高管理者应通过以下方式证实其承诺：

——确保为建立、实施、保持和改进职业健康安全管理体系提供必要的资源。

——明确作用、分配职责和责任、授予权力以提供有效的职业健康安全管理；作用、职责、责任和权限应形成文件和予以沟通。

组织应任命最高管理者中的成员，承担特定的职业健康安全职责，无论他(他们)是否还负有其他方面的职责，都应明确界定其作用和权限。最高管理者中的被任命者其身份应对所有在本组织控制下工作的人员公开。所有承担管理职责的人员，都应证实其对职业健康安全绩效持续改进的承诺。组织应确保工作场所的人员在其能控制的领域承担职业健康安全方面的责任，包括遵守组织适用的职业健康安全要求。

② 能力、培训和意识：组织应确保在其控制下完成对职业健康安全有影响的任务的人员都具有相应的能力，该能力应依据适当的教育、培训或经历来确定。组织应保存相关的记录。组织应确定与职业健康安全风险及职业健康安全管理体系相关的培训需求。应提供培训或采取其他措施来满足这些需求，评价培训或所采取的措施的有效性，并保存相关记录。

③ 沟通、参与和协商：针对其职业健康安全危险源和职业健康安全管理体系，组织应建立、实施和保持程序，用于在组织内不同层次和职能进行内部沟通、与进入工作场所的承包方和其他访问者进行沟通、接收、记录和回应来自外部相关方的相关沟通。以及工作人员适当参与危险源辨识、风险评价和控制措施的确定、适当参与事件调查、参与职业健康安全方针和目标的制定和评审、对影响他们职业健康安全的任何变更进行协商、对职业健康安全事务发表意见，应告知工作人员关于他们的参与安排，包括谁是他们的职业健康安全事务代表。与承包方就影响他们的职业健康安全的变更进行协商。适当时，组织应确保与相关的外部相关方就有关的职业健康安全事务进行协商。

④ 文件：职业健康安全管理体系文件应包括以下几个方面。

A. 职业健康安全方针和目标；

B. 对职业健康安全管理体系覆盖范围的描述；

C. 对职业健康安全管理体系的主要要素及其相互作用的描述，以及相关文件的查询途径；

D. 本标准所要求的文件，包括记录；

E. 组织为确保对涉及其职业健康安全风险管理过程进行有效策划、运行和控制所需的文件，包括记录。

⑤ 文件控制：应对本标准和职业健康安全管理体系所要求的文件进行控制。记录是一种特殊类型的文件，应依据体系标准的要求进行控制。

组织应建立、实施并保持程序，以规定：

A. 在文件发布前进行审批，确保其充分性和适宜性；

B. 必要时对文件进行评审和更新，并重新审批；

C. 确保对文件的更改和现行修订状态做出标识；

D. 确保在使用处能得到适用文件的有关版本；

E. 确保文件字迹清楚，易于识别；

F. 确保对策划和运行职业健康安全管理体系所需的外来文件做出标识，并对其发放予以控制；

G. 防止对过期文件的非预期使用。若须保留，则应做出适当的标识。

⑥ 运行控制：组织应确定那些与已辨识的、需实施必要控制措施的危险源相关的运行和活动，以管理职业健康安全风险。这应包括变更管理。

对于这些运行和活动，组织应实施并保持：

A. 适合组织及其活动的运行控制措施；组织应把这些运行控制措施纳入其总体的职业健康安全管理体系之中。

B. 与采购的货物、设备和服务相关的控制措施。

C. 与进入工作场所的承包方和访问者相关的控制措施。

D. 形成文件的程序，以避免因其缺乏而可能偏离职业健康安全方针和目标。

E. 规定的运行准则，以避免因其缺乏而可能偏离职业健康安全方针和目标。

⑦ 应急准备和响应：组织应建立、实施并保持程序，用于：

A. 识别潜在的紧急情况；

B. 对此紧急情况做出响应。

组织应对实际的紧急情况做出响应，防止和减少相关的职业健康安全不良后果。

组织在策划应急响应时，应考虑有关相关方的需求，如应急服务机构、相邻组织或居民。可行时，组织也应定期测试其响应紧急情况的程序，并让有关的相关方适当参与其中。组织应定期评审其应急准备和响应程序，必要时对其进行修订，特别是在定期测试和紧急情况发生。

(5)检查

检查包括绩效测量和监视，合规性评价，事件调查、不符合、纠正措施和预防措施，记录控制，内部审核等五方面内容。

① 绩效测量和监视：组织应建立、实施并保持程序，对职业健康安全绩效进行例行监视和测量。如果测量或监视绩效需要设备，适当时，组织应建立并保持程序，对此类设备进行校准和维护。应保存校准和维护活动及其结果的记录。

② 合规性评价：为了履行遵守法律法规要求的承诺，组织应建立、实施并保持程序，以定期评价对适用法律法规的遵守情况。组织应保存定期评价结果的记录。组织应评价对应遵守的其他要求的遵守情况并应保存定期评价结果的记录。

③ 事件调查、不符合、纠正措施和预防措施：组织应建立、实施并保持程序，记录、调查和分析事件，以便调查及时开展。对任何已识别的纠正措施的需求或预防措施的机会，应依据相关要求进行处理。事件调查的结果应形成文件并予以保存。组织应建立、实施并保持程序，以处理实际和潜在的不符合，并采取纠正措施和预防措施。如果在纠正措施或预防措施中识别出新的或变化的危险源，或者对新的或变化的控制措施的需求，则程序应要求对拟定的措施在其实施前先进行风险评价。为消除实际和潜在不符合的原因而采取的任何纠正或预防措施，应与问题的严重性相适应，并与面临的职业健康安全风险相匹配。

对因纠正措施和预防措施而引起的任何必要变化，组织应确保其体现在职业健康安全管理体系文件中。

④ 记录控制：组织应建立并保持必要的记录，用于证实符合职业健康安全管理体系要求和本标准要求，以及所实现的结果。组织应建立、实施并保持程序，用于记录的标识、贮存、保护、检索、保留和处置。记录应保持字迹清楚，标识明确，并可追溯。

⑤ 内部审核：组织应确保按照计划的时间间隔对职业健康安全管理体系进行内部审核。组织应基于组织活动的风险评价结果和以前的审核结果，策划、制定、实施和保持审核方案。应建立、实施和保持审核程序。审核员的选择和审核的实施均应确保审核过程的客观性和公正性。

(6)管理评审

最高管理者应按计划的时间间隔，对组织的职业健康安全管理体系进行评审，以确保其持续适宜性、充分性和有效性。评审应包括评价改进的可能性和对职业健康安全管理体系进行修改的需求，包括对职业健康安全方针和职业健康安全目标的修改需求。应保存管理评审记录。

6.2.3　职业环境管理体系的结构模式及内容

环境(environment)指的是组织运行活动的外部存在,包括空气、水、土地、自然资源、植物、动物、人以及它们之间的相互关系。组成环境管理体系的 17 个要素(表 6-1),体系的运行遵循 PDCA 模式(图 6-7)。

表 6-1　环境管理体系的要素

项目	一级要素	二级要素
要素名称	环境方针	1. 环境方针
	策划	2. 环境因素
		3. 法律法规与其他要求
		4. 目标、指标和方案
	实施与运行	5. 资源、作用、职责和权限
		6. 能力、培训和意识
		7. 信息交流
		8. 文件
		9. 文件控制
		10. 运行控制
		11. 应急准备和响应
	检查	12. 监测和测量
		13. 合规性评价
		14. 不符合,纠正和预防措施
		15. 记录控制
		16. 内部审核
	管理评审	17. 管理评审

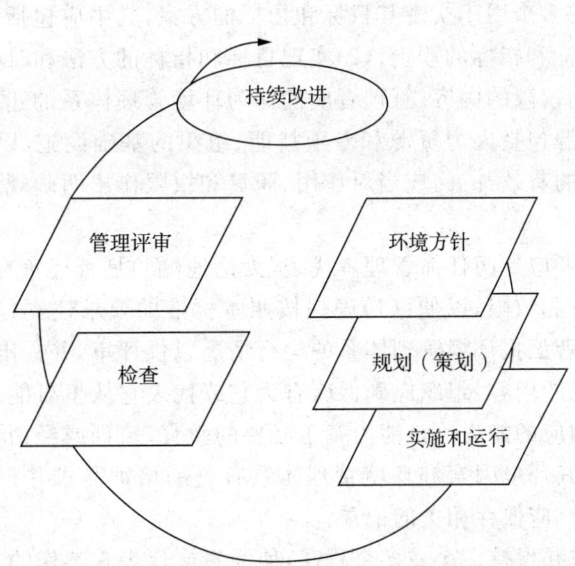

图 6-7　环境管理体系的运行模式

环境方针是由最高管理者就组织的环境绩效所正式表述的总体意图和方向。最高管理者应确定本组织的环境方针，并在界定的环境管理体系的覆盖范围内，确保其：

(1)适合于组织活动、产品和服务的性质、规模和环境影响；

(2)包括对持续改进和污染预防的承诺；

(3)包括对遵守与其环境因素有关的适用法律、法规要求和其他要求的承诺；

(4)提供建立和评审环境目标和指标的框架；

(5)形成文件，付诸实施，并予以保持；

(6)传达到所有为组织工作或代表组织工作的人员；

(7)可为公众所获取。

环境因素的内容：组织应建立并保持一个或多个程序，用来：(1)识别其环境管理体系覆盖范围内的活动、产品和服务中能够控制或能够施加影响的环境因素，此时还应考虑到已纳入计划的或新的开发、新的或修改的活动、产品和服务等因素；(2)确定对环境具有或可能具有重大影响的因素(即重要环境因素)。组织应将这些信息形成文件并及时更新；确保在建立、实施和保持环境管理体系时，对重要环境因素加以考虑。

法律法规和其他要求内容：组织应建立、实施并保持一个或多个程序，用来：(1)识别适用于其活动、产品和服务中环境因素的法律法规要求和其他应遵守的要求，并建立获取这些要求的渠道；(2)确定这些要求如何应用于组织的环境因素。组织应确保在建立、实施和保持环境管理体系时，对这些适用的法律、法规要求和其他环境要求加以考虑。

目标、指标和方案的内容：组织应对其内部各个有关职能和层次，建立、实施并保持形成文件的环境目标和指标。如可行，目标和指标应可测量。目标和指标应符合环境方针，包括对污染预防、持续改进和遵守适用的法律、法规要求和其他要求的承诺。

组织在建立和评审环境目标时，应考虑法律法规要求和其他要求，以及它自身的重要环境因素。此外，还应考虑可选技术方案，财务、运行和经营要求，以及相关方的观点。并应制定、实施并保持一个或多个用于实现其目标和指标的方案，其中应包括：(1)规定组织内各有关职能和层次实现目标和指标的职责；(2)实现目标和指标的方法和时间表。

资源、作用职责和权限的内容：管理者应确保为环境管理体系的建立、实施、保持和改进提供必要的资源。资源包括人力资源和专项技能、组织的基础设施，以及技术和财力资源。为便于环境管理工作的有效开展，应当对作用、职责和权限作出明确规定，形成文件，并予以传达。

组织的最高管理者应专门任命管理者代表，无论他(们)是否还负有其他方面的责任，应明确规定其作用、职责和权限，以便：(1)确保按照本标准的要求建立、实施和保持环境管理体系；(2)向最高管理者汇报环境管理体系的运行情况以供评审，并提出改进建议。

能力、培训和意识的内容：组织应确保所有为它或代表它从事可能具有重大环境影响的工作的人员，都具备相应的能力。该能力基于必要的教育、培训或经历。组织应保存相关的记录。组织应确定和其环境因素和环境管理体系有关的培训需求并提供培训，或采取其他措施来满足这些需求。应保存相关的记录。

组织应建立、实施并保持一个或多个程序，使为它或代表它工作的人员都意识到：(1)符合环境方针与程序和符合环境管理体系要求的重要性；(2)他们工作中的重要环境因素和实际或潜在的重大环境影响，以及个人工作的改进所能带来的环境效益；(3)他们在实现与环境管理体系要求符合性方面的作用与职责;(4)偏离规定的运行程序的潜在后果。

信息交流的内容:组织应建立、实施并保持一个或多个程序,用于有关环境因素和环境管理体系的:(1)组织内部各层次和职能间的信息交流;(2)与外部相关方联络的接收、形成文件和回应。

组织应决定是否对它的重要环境因素与外界进行信息交流,并将其决定形成文件。如决定进行外部交流,则应规定交流的方式并予以实施。

环境管理体系文件应包括:(1)环境方针、目标和指标;(2)对环境管理体系的覆盖范围的描述;(3)对环境管理体系主要要素及其相互作用的描述,以及相关文件的查询途径;(4)本标准要求的文件,包括记录;(5)组织为确保对涉及重大环境因素的过程进行有效策划、运行和控制所需的文件,包括记录。

文件控制的内容:对环境管理体系和标准所要求的文件进行控制。记录是一种特殊的文件,应按照记录控制的要求进行控制。组织应建立、实施并保持一个或多个程序,以规定:

(1)在文件发布前进行审批,确保其充分性和适宜性;

(2)必要时对文件进行评审和更新,并重新批准;

(3)确保对文件的修改和现行修订状态做出标识;

(4)确保在使用处能得到适用文件的有关版本;

(5)确保文件字迹清楚,易于识别;

(6)确保对策划和运行环境管理体系所需的外来文件做出标识,并对其发放予以控制;

(7)防止对过期文件的非预期使用。如必须将其保留,要做出适当的标识。

运行控制的内容:组织应根据其方针、目标和指标,识别和策划与确定的重要环境因素相关的运行,以确保其通过下列方式在规定的条件下进行:(1)建立、实施并保持一个或多个形成文件的程序,以控制因缺乏程序文件而导致偏离环境方针、目标和指标的情况;(2)在程序中规定运行准则;(3)对于组织所使用的产品和服务中所确定的重要环境因素,应建立、实施并保持程序,并将适用的程序和要求通报供方和合同方。

应急准备和响应的内容:组织应建立、实施并保持一个或多个程序,用于识别可能对环境造成影响的潜在的紧急情况或事故,并规定响应措施。组织应对实际发生的紧急情况和事故做出响应,并预防和减少随之产生的有害环境影响。应定期评审其应急准备和响应程序,必要时对其进行修订,特别是在事故或紧急情况发生后。可行时,组织还应定期试验上述程序。

检查包括监视和测量,合规性评价、不符合、纠正与预防措施、记录控制、内部审核五个要素的内容。

监视和测量的内容:组织应建立、实施并保持一个或多个程序,对可能具有重大环境影响的运行的关键特性进行例行监视和测量。程序中应规定将监测环境绩效、适用的运行控制、目标和指标符合情况的信息形成文件。组织应确保所使用的监测和测量设备经过校准或验证,并予以妥善维护,且应保存相关的记录。

合规性评价的内容:为了履行对遵守法律法规要求的承诺,组织应建立、实施并保持一个或多个程序,以定期评价对适用环境法律、法规的遵守情况,应保存对上述定期评价结果的记录。组织应评价对其他要求的遵守情况。这可以把它和上述所要求的评价一起进行,也可以另外制定程序,分别进行评价。组织应保存对上述定期评价结果的记录。

不符合,纠正与预防措施的内容:组织应建立、实施并保持一个或多个程序,用来处理实际或潜在的不符合,采取纠正措施和预防措施。程序中应规定以下方面的要求:

(1)识别和纠正不符合,并采取措施减少所造成的环境影响;

(2)对不符合进行调查,确定其产生原因,并采取措施避免再次发生;

(3)评价采取预防措施的需求,实施所制定的适当措施,以避免不符合情况的发生;

(4)记录采取纠正措施和预防措施的结果;

(5)评审纠正措施和预防措施的有效性。

所采取的措施应与问题和环境影响的严重性相符,应确保对环境管理体系文件进行必要的更改。

记录控制的内容:组织应根据需要,建立并保持必要的记录,用来证实对环境管理体系和本标准的要求符合,以及所实现的结果。应建立、实施并保持一个或多个程序,用于记录的标识、存放、保护、检索、留存和处置。环境记录应字迹清楚,标识明确,并提供可追溯性。

内部审核的内容:组织应确保按照计划的时间间隔对环境管理体系进行内部审核。目的是:(1)判定环境管理体系是否符合组织对环境管理的预定安排和本标准的要求,是否得到了恰当的实施和保持;(2)向管理者报告审核结果。

组织应策划、制定、实施和保持一个或多个审核方案。此时,应考虑到相关运行的环境重要性和以往的审核结果。应建立、实施和保持一个或多个审核程序,用来规定策划和实施审核以及报告审核结果、保存相关记录的职责和要求,审核准则、范围、频次和方法。

对审核员的选择和对审核的实施均应确保审核过程的客观性和公正性。

管理评审的内容:最高管理者应按规定的时间间隔,对组织的环境管理体系进行评审,以确保它的持续适宜性、充分性和有效性。评审应包括评价改进的机会和对环境管理体系进行修改的需求,包括环境方针、环境目标和指标的修改需求。应保存管理评审记录。

管理评审的输入至少应包括:

(1)内部审核和合规性评价的结果;

(2)来自外部相关方的交流信息,包括抱怨;

(3)组织的环境绩效;

(4)目标和指标的实现程度;

(5)纠正和预防措施的状况;

(6)以前管理评审的后续措施;

(7)客观环境的变化,包括与组织环境因素有关的法律法规和其他要求的发展变化;

(8)改进建议。

管理评审的输出应包括为实现持续改进的承诺做出的,与环境方针、目标以及其他环境管理体系要素的修改有关的决策和行动。

6.2.4 职业健康安全管理体系与环境管理体系的建立和运行

1. 建立职业健康安全与环境管理体系的步骤

(1)领导决策:最高管理者亲自决策,以便获得各方面的支持和在体系建立过程中所需的资源保证。

(2)成立工作组:最高管理者或授权管理者代表成立工作小组负责建立体系。工作小组的成员要覆盖组织的主要职能部门，组长最好由管理者代表担任，以保证小组对人力、资金、信息的获取。

(3)人员培训：培训的目的是使有关人员了解建立体系的重要性，了解标准的主要思想和内容。

(4)初始状态评审：初始评审状态是对组织过去和现在的职业健康安全与环境的信息、状态进行收集、调查分析、识别和获取现有的适应的法律法规和其他要求，进行威胁源辨识和风险评价、环境因素识别和重要环境评价。评审的结果将作为确定职业健康安全与环境方针、制定管理方案、编制体系文件的基础。

(5)制定方针、目标、指标和管理方案：方针是组织对其职业健康安全与环境行为的原则和意图的声明，也是组织自觉承担其责任和义务的承诺。方针不仅为组织确定了总的指导方向和行动准则，而且是评价一切后续活动的依据，并为更加具体的目标和指标提供一个框架。职业健康安全及环境目标、指标的制定是组织为了实现其在职业健康安全及环境方针中所体现的管理理念及其对整体绩效的期许与原则，与企业的总目标相一致。

管理方案是实现目标、指标的行动方案。为保证职业健康安全和环境管理体系目标的实现，需结合年度管理目标和企业客观情况，策划制定职业健康安全和环境管理方案，方案中应明确旨在实现目标指标的相关部门的职责、方法、时间表以及资源的要求。

(6)管理体系文件策划与设计：体系策划与设计是依据制定的方针、方针目标、管理方案确定组织机构职责和筹划各种运行程序。

(7)体系文件的编写：体系文件包括管理手册、程序文件、作业文件三个层次。

(8)体系文件的审查、审批和发布：文件编写完成要经过审核、修改、汇总，然后进行审批，审批后予以发布。

2. 职业健康安全管理体系与环境管理体系的运行

(1)体系运行的概念

体系运行是指组织按照已建立的管理体系的要求严格实施，实施的重点围绕培训、意识和能力、信息交流、文件管理、执行控制程序、检测、不符合、纠正和预防措施、记录等活动推进体系的运行工作。

① 培训意识和能力：由主管培训的部门根据体系、体系文件的要求，制订详细的培训计划，明确培训的组织部门、时间、内容、方法和考核要求。

② 信息交流：信息交流是确保各要素构成一个完整的、动态的、持续改进的体系和基础，应关注信息交流的内容和方式。

③ 文件管理：对现有有效文件进行整理编号，方便查询索引；对适应的规范、规程等行业标准应及时购买补充，对适用的表格要及时发放；对在内容上有抵触的文件和过期的文件要及时作废并妥善处理。

④ 执行控制程序文件的规定：体系的运行离不开程序文件的指导，程序文件及其相关的作业文件在组织内部都具有法定效力，必须严格执行，才能保证体系正确运行。

⑤ 监测：为保证体系正确有效地运行，必须严格监测体系的运行情况。监测中应明确监测的对象和监测的方法。

⑥ 不符合、纠正和预防措施：体系在运行过程中，不符合的出现是不可避免的，包括事故也难免要发生，关键是相应的纠正与预防措施是否及时有效。

⑦ 记录:在体系运行过程中及时按文件要求进行记录,如实反映体系运行情况。

(2)职业健康安全管理体系与环境管理体系的评审

① 合规性评价:为了履行对合规性承诺,合规性评价分项目组级评价和公司级评价两个层次进行。

项目组级评价,由项目经理组织有关人员对施工中遵守的法律法规和其他要求的执行情况进行一次合规性评价。当某个阶段施工时间超过半年时,合规性评价不少于一次。项目工程结束时应针对整个项目工程进行系统的合规性评价。

公司级评价每年进行一次,制订计划后由管理者代表组织企业相关部门和项目组,应对公司遵守的法律法规和其他要求的执行情况进行合规性评价。

各级合规性评价后,对不能充分满足要求的相关活动或行为,通过管理方案或纠正措施等方式进行逐步改进。上述评价和改进的结果,应形成必要的记录和证据,作为管理评审的输入。

② 内部审核:所做的内部审核是组织对其自身的管理体系进行的审核,是对体系是否正常进行以及是否达到了规定的目标所作的独立的检查和评价,是管理体系自我保证和自我监督的一种机制。内部审核要明确提出审核的方式方法和步骤,形成审核日程计划,并发至相关部门。

③ 管理评审:管理评审是组织的最高管理者对管理体系的系统评价,判断组织的管理体系面对内部情况的变化和外部环境是否充分适应有效,由此决定是否对管理体系做出调整,包括方针、目标、机构和程序等。

管理评审时,最高管理者应结合上述合规性评价的结果、企业的客观管理实际、相关法律法规和其他要求,系统评价体系运行过程中对适应法律法规和其他要求的遵守执行情况,并由相关部门或最高管理者提出改进要求。

3. 职业健康安全管理体系与环境管理体系认证

职业健康安全管理体系与环境管理体系认证主要步骤:

(1)职业健康安全管理体系认证的申请及受理;

(2)审核的策划及审核准备;

(3)审核的实施;

(4)纠正措施的跟踪与验证;

(5)证后监督与复评。

图 6-8 所示为职业健康安全管理体系与环境管理体系的流程。

6.3 建设工程项目职业健康安全管理

6.3.1 建设工程项目安全生产的概念

安全(safety)泛指不会发生伤害或危害、不出事故的一种状态。关于安全的表述有:安全是事物或心里的某种状态或是一种保障的条件;安全是可以通过危险或风险的程度来表述。从安全生产管理的角度给出的安全的定义是:安全是人们在生产劳动中处于的消除了可能导致人员伤亡、职业危害、设备及财产损失或危机环境的潜在因素的状态。

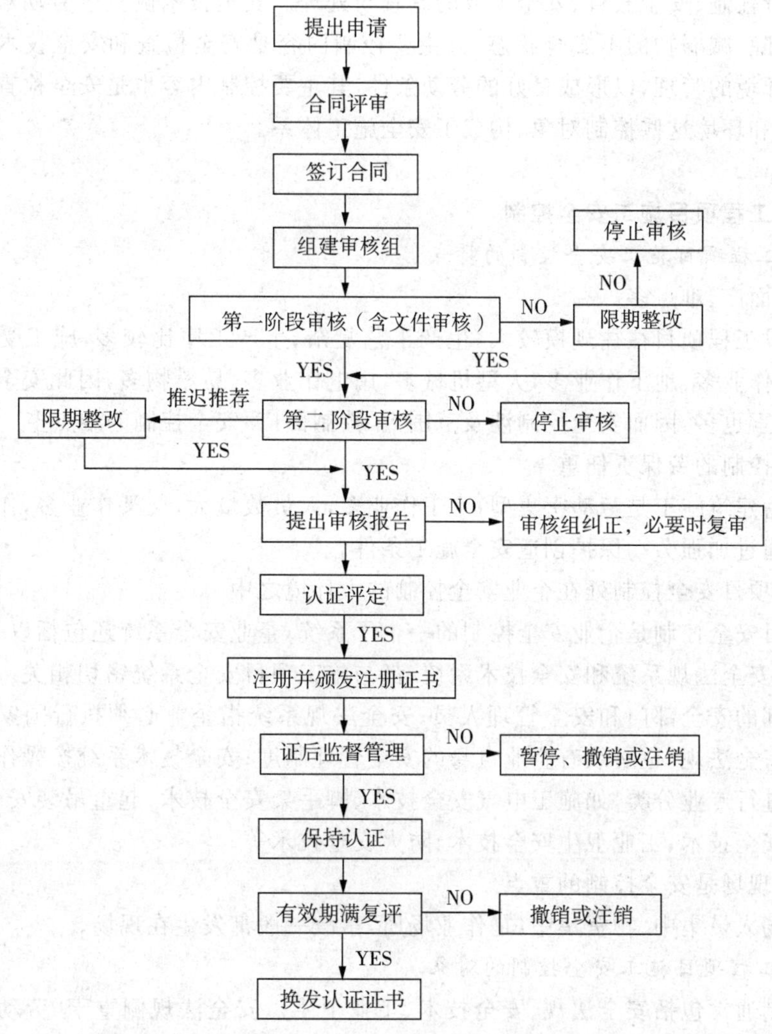

图 6 - 8　职业健康安全管理体系认证流程

安全生产是指使生产过程在符合物质条件和工作次序下进行的，防止发生人身伤害和财产损失等生产事故，消除或控制危险、有害因素，保障人身安全与健康、设备和设施免受损坏、环境免遭破坏的状态。安全生产管理是人类在各种生产活动中，按照安全科学所揭示的客观规律，对生产活动的安全问题进行计划、组织、指挥、控制和协调等一系列活动的总称。安全生产是人类社会活动的最基本需求，不仅关系到人的生命财产安全、家庭的幸福安康，也关系到产业的健康发展乃至社会的和谐稳定。

安全控制是指采取措施使项目在施工中没有危险，不出事故，不造成人身伤亡和财产损失。安全法规、安全技术和工业卫生是安全控制的三大主要措施。安全法规也称劳动保护法规，是用立法的手段制定保护职工安全生产的政策、规程、条例、制度。安全技术指在施工过程中为防止和消除伤亡事故或减轻繁重劳动所采取的措施。工业卫生是在施工过程中为防止高温、严寒、粉尘、噪声、震动、毒气、废液、污染等对劳动者身体健康的危害采取的防护和医疗措施。安全法规侧重于对劳动者的管理，约束劳动者的不安全行为，其主要控制内容是安全生产责任制、安全教育、安全事故的调查与处理。安全技术侧重于劳动对象和劳动手段的管理，消除、减弱物的不安全状态，其主要控制内容是安全检查和安全技术管理。工业卫生侧重于环境的管理，以形成良好的劳动条件，其主要控制内容也是安全检查和安全技术管理。人、物和环境这些控制对象、构成了安全施工体系。

6.3.2 建设工程项目施工安全控制

1. 建设工程项目施工安全控制的特点

(1)控制面广、难点多

由于建设工程项目往往规模较大，生产工艺复杂、生产工序比较多，施工受自然环境的影响大，高处作业多，地下作业多，大型机械多，用电作业多，易燃物多，因此安全事故引发点多，不确定因素也多，因而安全控制涉及范围大、控制面广，安全控制的难点多。

(2)安全控制的劳保责任重

这是因为建筑施工是劳动密集型，手工作业多，人员数量大，交叉作业多，作业的危险性大。因此要通过加强劳动保护创造安全施工条件。

(3)施工项目安全控制处在企业安全控制的大环境之中

施工项目安全控制是企业安全控制的一个子系统，企业安全系统还包括以下分系统；安全组织系统，安全法规系统和安全技术系统，都与施工项目安全系统密切相关。安全组织系统是企业内部的安全部门和安全管理人员；安全法规系统指企业必须执行国家、行业、地方政府制定的安全法规，也必须有企业自身的安全管理制度；安全技术系统按操作对象、工种、机械的特点进行专业分类，如施工电气安全技术、脚手架安全技术、起重吊装安全技术、锅炉和压力容器安全技术、工业卫生安全技术、防火安全技术等。

(4)施工现场是安全控制的重点

施工现场人员集中、物资集中，是作业场所，事故一般都发生在现场。

2. 建设工程项目施工安全控制的对象

安全控制通常包括安全法规、安全技术、工业卫生。安全法规侧重于“劳动者”的管理、约束、控制劳动者的不安全行为；安全技术侧重于“劳动对象和劳动手段”的管理，清除或减少物的不安全因素；工业卫生侧重于“环境”的管理，以形成良好的劳动条件。施工项目安全控制主要以施工活动中的人、物、环境构成的施工生产体系为对象，建立一个安全的生产体系，确保施工活动的顺利进行。施工项目安全控制的对象见表 6－2 所列。

表 6－2 施工项目安全控制的对象

控制对象	措施	目的
劳动者	依法制定有关安全的政策、法规、条例，给予劳动者的人身安全、健康以法律保障的措施	约束控制劳动者的不安全行为，消除或减少主观上的安全隐患
劳动手段 劳动对象	改善施工工艺、改进设备性能，以消除和控制生产过程中可能出现的危险因素，避免损失扩大的安全技术保证措施	规范物的状态，以消除和减轻其对劳动者的威胁和造成财产损失
劳动条件 劳动环境	防止和控制施工中高温、严寒、粉尘、噪声、展动、毒气、毒物等对劳动者安全与健康影响的医疗、保健、防护措施及对环境的保护措施	改善和创造良好的劳动条件，防止职业伤害，保护劳动者身体健康和生命安全

3. 建设工程项目施工安全控制的基本原则及目标体系

(1)建设工程项目施工安全控制的基本原则

我国的安全生产工作方针是“安全第一、预防为主、综合治理”。基于这个方针，建设工程项目施工安全控制应坚持下述基本原则。

① 管生产必须管安全：安全蕴于生产之中，并对生产发挥促进与保证作用。安全和生产管理的目标及目的有高度的一致和完全的统一。安全控制是生产管理的重要组成部分。一切与生产有关的机构、人员，都必须参与安全控制并承担安全责任。

② 必须明确安全控制的目的性：安全控制的目的是对生产中的人、物、环境因素状态的控制，有效地控制人的不安全行为和物的不安全状态，消除或避免事故，达到保护劳动者的安全与健康的目的。

③ 必须贯彻预防为主的方针：安全第一是从保护生产力的角度和高度，表明在生产范围内，安全与生产的关系，肯定安全在生产活动中的位置和重要性。在生产活动中进行安全控制，要针对生产的特点，对生产因素采取管理措施，有效地控制不安全因素，把可能发生的事故消灭在萌芽状态，以保证生产活动中人的安全与健康。贯彻预防为主，要端正对生产中不安全因素的认识，端正消除不安全因素的态度，选准消除不安全因素的时机。在安排与布置生产内容的时候，针对施工生产中可能出现的危险因素，采取措施予以消除。在生产活动过程中，经常检查、及时发现不安全因素，采取措施，明确责任，尽快地、坚决地予以消除。

④ 坚持动态管理：安全管理不只是少数人和安全机构的事，而是一切与生产有关的人共同的事。生产组织者在安全管理中的作用固然重要，但全员参与管理也十分重要。安全管理涉及生产活动的方方面面，涉及从开工到竣工交付的全部生产过程、全部的生产时间和一切变化着的生产因素。因此，生产活动中必须坚持全员、全过程、全方位、全天候的动态安全管理。

⑤ 不断提高安全控制水平：生产活动是在不断发展与变化的，可导致安全事故的因素也处在变化之中，因此要随生产的变化调整安全控制工作，还要不断提高安全控制水平，取得更好的效果。

(2)建设工程项目施工安全控制的目标管理

安全生产目标管理就是根据建筑施工企业的总体规划要求，制定出在一定时期内安全生产方面所要达到的预期目标并组织实现此目标。其基本内容是：确定目标、分解目标、执行目标、检查总结。

建设工程项目施工安全控制目标是在施工过程中，安全工作所要达到的预期效果。工程项目实施施工总承包的，由总承包单位负责制定。建设工程项目施工安全控制目标适合项目施工的规模、特点制定，具有先进性和可行性；应符合国家安全生产法律、行政法规和建筑行业安全规章、规程及对业主和社会要求的承诺。建设工程项目施工安全控制目标应实现重大伤亡事故为零的目标，以及其他安全目标指标：控制伤亡事故的指标（死亡率、重伤率、千人负伤率、经济损失额等）、控制交通安全事故的指标（杜绝重大交通事故、百车次肇事率等）、尘毒治理要求达到的指标（粉尘合格率等）、控制火灾发生的指标等。

建设工程项目施工安全控制目标体系包括：①建设工程项目施工总安全目标确定后，还要按层次进行安全目标分解到岗、落实到人，形成安全目标体系。即施工项目安全总目标；

项目经理部下属各单位、各部门的安全指标；施工作业班组安全目标；个人安全目标等。②在安全目标体系中，总目标值是最基本的安全指标，而下一层的目标值应略高些，以保证上一层安全目标的实现。如项目安全控制总目标是实现重大伤亡事故为零，中层的安全目标就应是除此之外还要求重伤事故为零，施工队一级的安全目标还应进一步要求轻伤事故为零，班组一级要求险肇事故为零。③建设工程项目施工安全控制目标体系应形成全体员工所理解的文件，并保持实施。

建设工程项目施工安全控制应遵循下列程序：确定施工安全目标，编制项目安全保证计划，项目安全计划实施，项目安全保证计划验证，持续改进，兑现合同承诺。

4. 建设工程项目施工不安全因素分析

(1)危险源及其识别

① 危险源的相关概念

危险是指系统中存在着导致发生事故的可能性，而这个事故超过了人们普遍接受的程度。危险源是指可能导致人员伤害或疾病、财产损失、作业环境破坏或综合这些情况的其他损失的因素或状态。危险源可以是一次事故、一种环境、一种状态的载体，也可以是可能发生不期望后果的人或物。

危险源是安全控制的主要对象，为了防止重大事故的发生，需要对危险源进行分级管理，凡导致重大事故发生的危险源列为重大危险源。

② 危险源的辨识

危险源一般有两类：第一类危险源是可能发生意外释放的能量的载体或危险物质；第二类危险源是造成约束、限制能量措施失效或破坏的各种不安全因素。包括人的不安全行为、物的不安全状态和不良环境因素。第一类危险源是事故的主体，第二类危险源是事故的必要条件。

危险源辨识的方法有专家调查法和安全检查表法。

(2)施工项目不安全因素分析

① 人的不安全行为。施工安全控制中人的行为是安全的关键，人的不安全行为可能导致安全事故，所以要对人的不安全行为加以分析。

人的不安全行为是人的生理和心理特点的反映，主要表现在身体缺陷、错误行为和违纪违章三个方面。

身体缺陷指疾病、职业病、精神失常、智商过低、紧张、烦躁、疲劳、易冲动、易兴奋、运动迟钝、对自然条件和其他环境过敏、不适应复杂和快速工作、应变能力差等。

错误行为指嗜酒、吸毒、吸烟、赌博、玩耍、嬉闹、追逐、误视、误听、误嗅、误触、误动作、误判断、意外碰撞和受阻、误入险区等。

违纪违章指粗心大意、漫不经心、注意力不集中、不履行安全措施、安全检查不认真、不按工艺规程或标准操作、不按规定使用防护用品、玩忽职守、有意违章等。

统计资料表明：有88％的安全事故是由人的不安全行为所造成的，而人的生理和心理特点直接影响人的不安全行为。因此在安全控制中，一定要抓住人的不安全行为这一关键因素，采取相应对策。在采取对策时，又必须针对人的生理和心理特点对安全的影响，培养劳动者的自我保护能力，以结合自身生理和心理特点预防不安全行为发生，增强安全意识，搞好安全控制。

② 物的不安全状态。如果人的心理和生理状态能适应物质和环境条件，而物质和环境条件又能满足劳动者生理和心理的需要，便不会产生不安全行为，反之就可能导致安全伤害事故。

物的不安全状态表现为三方面，即设备和装置的缺陷、作业场所的缺陷、物质和环境的危险源。设备和装置的缺陷指机械设备和装置的技术性能降低、强度不够、结构不良、磨损、老化、失灵、腐蚀、物理和化学性能达不到要求等。作业场所的缺陷指施工场地狭窄、立体交叉作业组织不当、多工种交叉作业不协调、道路狭窄、机械拥挤、多单位同时施工等。物质和环境的危险源有化学方面的、机械方面的、电气方面的、环境方面的等。

物质和环境均有危险源存在，是产生安全事故的另一类主要因素。在安全控制中，必须根据施工的具体条件，采取有效的措施断绝危险源。当然，在分析物质、环境因素对安全的影响时，也不能忽视劳动者本身生理和心理的特点。故在创造和改善物质、环境的安全条件时，也应从劳动者生理和心理状态出发，使两方面能相互适应。解决采光照明、树立色彩标志、调节环境温度、加强现场管理等，都是将人的不安全行为导因和物的不安全状态的排除结合起来考虑，并将心理和生理特点结合考虑以控制安全事故、确保安全的重要措施。

5. 危险源风险评价及控制

(1)危险源风险评价

方法一　用危险度(风险)方法来评价危险度表述为危险概率与危险严重程度的函数：

$$R=f(F,S) \tag{6-1}$$

式中，R——风险大小；

F——危险概率，即危险是由潜在状态化为现实状态的可能性大小；

S——是危险严重程度，指危险可能造成的后果即损失或危害。

方法二　作业条件危险性评价方法($D=LEC$)

建筑企业常采用的定量评价方法为作业条件危险性评价法。它是美国的 K. J. 格雷厄姆(keneth J. Graham)和 G. F. 金尼(Gilbert F. Kinney)研究了人们在具有潜在危险环境中作业的危险性，提出了以所评价的环境与某些作为参考环境的对比为基础，认为影响危险性的主要因素有 3 个：

①发生事故或危险事件的可能性；②暴露于这种危险环境的情况；③事故一旦发生可能产生的后果。用公式来表示，则为：$D=LEC$，式中，D 为作业条件的危险性；L 为事故或危险事件发生的可能性；E 为暴露于危险环境的频率；C 为发生事故或危险事件的可能结果。

表 6-3　事故发生可能性(L)

分数值	事故发生的可能性
10	完全可以预料
6	相当可能
3	可能，但不经常
0.5	很不可能，可以设想
0.2	极不可能
0.1	实际不可能

表 6-4 人员暴露频度(*E*)

分数值	频繁程度
10	连续暴露
6	每天工作时间内暴露
3	每周一次,或偶然暴露
2	每月一次暴露
1	每年几次暴露
0.5	非常罕见地暴露

表 6-5 发生事故可能造成的后果(*C*)

分数值	后 果
100	大灾难,多人许多死亡
40	灾难,多人死亡
15	非常严重,1～2 人死亡
7	严重,重伤
3	较严重,受伤较重
1	值得关注,轻伤

表 6-6 风险值 D 进行风险等级划分

分数值	风险级别	危险程度
＞320	1 级	极其危险,不能继续作业
160～320	2 级	高度危险,要立即整改
70～160	3 级	显著危险,需要整改
20～70	4 级	一般危险,需要注意
＜20	5 级	稍有危险,可以接受

(2)风险控制方法

① 用 OHS(Occupational Health & Safety)目标和 OHS 管理方案进行控制。对 1 级、2 级风险,一定要制定 OHS 目标和 OHS 管理方案。对 3 级风险,视情况制定 OHS 目标和 OHS 管理方案。

② 运行控制:对 1 级、2 级、3 级、4 级风险,要制定运行控制程序,按程序进行管理。

③ 应急控制:对于潜在的紧急风险情况,应制定应急准备和响应控制程序,按程序进行管理。

A 对不可容许的风险——采取控制措施降低,达到可容许的程序。

B 对可容许的风险——不断监视,以防其风险变至不可容许的范围。

C 依据组织的经验和能力列出风险控制清单:A. 优先顺序排列建议清单;B. 保持或改进控制措施清单。

6.3.3 安全教育及安全检查

1. 建筑安全教育

安全教育是要从观念上确立安全生产的意识。从管理的角度上，安全生产意识比较淡薄，没有很好地把“管生产必须管安全”纳入自己的工作思路中；对安全生产方面的法律法规学习理解掌握不多；安全生产方面的知识和技术比较缺乏；发现问题和解决问题的能力不高。这些方面是造成安全管理问题的根本原因。对于施工作业层面的各类操作工人，要建立安全意识和自我保护意识，增加安全生产方面的知识和技能，避免施工操作的盲动性和随意性是安全教育的目的。安全教育要确立“以人为本，关爱生命，关注安全”的安全生产理念。

建设工程项目施工安全教育要确立三级安全教育制度：企业安全教育、项目部安全教育和岗位(工段、班组)安全教育。三级安全教育制度是企业安全教育的基本教育制度。企业必须对新工人进行安全生产的入厂教育、项目教育、班组教育；对调换新工种、复工、采取新技术、新工艺、新设备、新材料的工人，必须进行新岗位、新操作方法的安全卫生教育，受教育者，经考试合格后，方可上岗操作。

一级教育由公司负责执行，安全教育的内容包括：国家和地方的有关安全生产方针、政策、法律、法规等，本公司《企业安全生产手册》，安全生产与劳动保护生产过程中的目的，安全生产形势和近年来发生的重大事故及应吸取的教训，发生事故后应采取什么措施等。

二级教育由项目部负责进行。主要内容是施工现场的安全管理制度；各工种的安全技术操作规程；特殊工种(如电工、焊工、起重机司机等)必须经过专门训练，考试合格发操作证，方可上岗独立操作；进入施工现场的个人安全防护措施等方面的内容。

三级教育由班组负责进行，是作业前检查。检查内容包括：班前安全生产会，岗位安全生产责任制是否落实，本工种安全技术操作规程掌握如何，作业环境和作业位置是否清楚、是否符合安全要求，施工机具、设施是否准备好，个人防护用品是否穿戴好，主要安全设施是否可靠，有无其他特殊问题，有无违章作业现象等内容。

2. 安全检查

根据《建设工程安全生产管理条例》施工单位应当设立安全生产管理机构，配备专职安全生产管理人员。专职安全生产管理人员负责对安全生产进行现场监督检查。发现安全事故隐患，应当及时向项目负责人和安全生产管理机构报告；对违章指挥、违章操作的，应当立即制止。专职安全生产管理人员的配备办法由国务院建设行政主管部门会同国务院其他有关部门制定。

安全检查是发现不安全行为和不安全状态的重要途径，是消除事故隐患、落实整改措施、防止事故伤害、改善劳动条件的重要方法。安全检查的形式有普遍检查、专业检查和季节性检查。安全检查的内容主要是查思想、查管理、查制度、查现场、查隐患、查事故处理。

安全检查的组织：

(1)建立安全检查制度，按制度要求的规模、时间、原则、处理、报偿全面落实；

(2)成立由第一责任人为首，业务部门、人员参加的安全检查组织；

(3)安全检查必须做到有计划，有目的，有准备，有整改，有总结，有处理。

安全检查方法。常用的有一般检查方法和安全检查表法。

一般方法：常采用看、听、嗅、问、查、测、验、析等方法。看：看现场环境和作业条件，看实物和实际操作，看记录和资料等。听：听汇报、听介绍、听反映、听意见或批评、听机械设备的运转响声或承重物发出的微弱声等。嗅：对挥发物、腐蚀物、有毒气体进行辨别。问：评影响安全问题，详细询问，寻根究底。查：查明问题、查对数据、查清原因、追查责任。测：测量、测试、监测。验：进行必要的试验或化验。析：分析安全事故的隐患、原因。

安全检查表法：是一种原始的、初步的定性分析方法，它通过事先拟定的安全检查明细表或清单，对安全生产进行初步的诊断和控制。企业和项目安全部门制作常用安全问卷检查表，依据安全检查表对现场进行安全检查，即检查人员亲临现场，查看、量测、现场操作、化验、分析，逐项检查，并作检查记录保存。

3. 安全检查评分方法

建设部于1999年4月颁发了《建筑施工安全检查标准》(JGJ 59—99)，并于1999年5月1日起实施。该标准共分3章27条，其中一个检查评分汇总表，13个分项检查评分表，检查内容共有168个项目535条。最后以汇总表的总得分及保证项目达标与否，作为对一个施工现场安全生产情况的评价依据，分为优良、合格、不合格三个等级。

6.3.4 建设工程职业健康安全事故的分类和处理

建设工程职业健康安全事故可以分为分两大类型，即职业伤害事故与职业病。

1. 建设工程职业健康安全事故的分类

事故，对不同的行业有不同的描述。所谓事故就是在进行有目的的行动过程中所发生的违背人们意愿的事情或现象。事故通常包含三层含义：第一，人身受到伤害，财产没有损失；第二，人身没有伤害，而财产受到损失；第三，人身受到伤害，财产也受到损失。图6-9所示建设工程职业健康安全事故的分类，分别从不同方面描述了事故的不同特点。根据我国有关安全生产法规和标准，目前应用比较广泛的事故分类主要有以下几种：

- 事故通常包含的含义：3层含义
- 按安全事故伤害程度分类
  - 轻伤
  - 重伤
  - 死亡
- 按安全事故类别分类：分为20类
- 按安全事故受伤性质分类
- 按生产安全事故造成的人员伤亡或直接经济损失分类
  - 特别重大事故
  - 重大事故
  - 较大事故
  - 一般事故

图6-9 建设工程职业健康安全事故分类

(1)按安全事故伤害程度分类

① 轻伤：指损失1个工作日至105个工作日以下的失能伤害；

② 重伤：指损失工作日等于和超过105个工作日的失能伤害，重伤的损失工作日最多不超过6000工日；

③ 指损失工作日超过6000工日，这是根据我国职工的平均退休年龄和平均计算出来的。

(2)按安全事故类别分类

根据《企业职工伤亡事故分类标准》(GB 6441—86)中,将事故类别划分为 20 类,即物体打击、车辆伤害、机械伤害、起重伤害、触电、淹溺、灼烫、火灾、高处坠落、坍塌、冒顶片帮、透水、放炮、瓦斯爆炸、火药爆炸、锅炉爆炸、容器爆炸、其他爆炸、中毒和窒息、其他伤害。

(3)按安全事故受伤性质分类

受伤性质是指人体受伤的类型。实质上这是从医学的角度给予创伤的具体名称,常见的有如下一些名称:电伤、挫伤、割伤、擦伤、刺伤、撕脱伤、扭伤、倒塌压埋伤以及冲击伤等。

(4)按生产安全事故造成的人员伤亡或直接经济损失分类

① 特别重大事故:是指造成 30 人以上死亡,或者 100 人以上重伤(包括急性工业中毒,下同),或者 1 亿元以上直接经济损失的事故;

② 重大事故:是指造成 10 人以上 30 人以下死亡,或者 50 人以上 100 人以下重伤,或者 5000 万元以上 1 亿元以下直接经济损失的事故;

③ 较大事故:是指造成 3 人以上 10 人以下死亡,或者 10 人以上 50 人以下重伤,或者 1000 万元以上 5000 万元以下直接经济损失的事故;

④ 一般事故:是指造成 3 人以下死亡,或者 10 人以下重伤,或者 1000 万元以下 100 万元以上直接经济损失的事故。

2. 建设工程职业健康安全事故的处理

建设工程职业健康安全事故的处理原则:建设工程项目一旦发生安全事故,必须实施"四不放过"的原则:(1)事故原因未查明不放过;(2)事故责任者和员工未受到教育不放过;(3)事故责任者未处理不放过;(4)整改措施未落实不放过。

建设工程职业健康安全事故报告应当及时、准确、完整,任何单位和个人对事故不得迟报、漏报、谎报或者瞒报。

施工安全事故处理的程序:施工单位发生生产安全事故,应当按照国家有关事故报告和调查处理的规定,及时、如实地向负责安全生产监督管理的部门、建设行政主管部门或者其他有关部门报告;特种设备发生事故的,还应同时向特种安全监督部门报告。实行总承包的建设工程,由总承包单位负责上报事故。接到报告的部门应当按照国家有关规定,如实上报。有关部门和单位根据事故的性质、严重程度和影响大小按照规定组成调查组实施调查,调查的结果应该形成书面报告并按规定上报、公布。

建设工程项目施工单位的事故现场处理:当事故发生后,事故发生单位应当严格保护事故现场,做好标识,排除险情,采取有效措施抢救伤员和财产,防止事故蔓延扩大。做好事故登记、事故分析记录。施工现场要有安全事故分析记录,对发生轻伤、重伤、死亡、重大设备事故及未遂事故必须按"四不放过"的原则组织分析,查出主要原因,分清责任,提出防范措施,应吸取的教训要记录清楚。要坚持安全事故月报制度,若当月无事故也要报空表。

建设工程职业健康安全事故的法律责任处理包括:事故报告和调查处理的违法行为以及相应的法律责任。

3. 建设工程职业健康职业病的管理

职业病,是指企业、事业单位和个体经济组织等用人单位的劳动者在职业活动中,因接触粉尘、放射性物质和其他有毒、有害因素而引起的疾病。职业病危害,是指对从事职业活动的劳动者可能导致职业病的各种危害。职业病的管理已经成为企业社会责任的有机组成部分。

《职业病目录》列出的法定职业病为：尘肺，职业性放射疾病，职业中毒，物理因素所致职业病，生物因素所致职业病，职业性皮肤病，职业性眼病，职业性耳鼻喉口腔疾病，职业性肿痛，其他职业病等 10 大类共 115 种。

《中华人民共和国职业病防治法》规定，国家建立职业病危害项目申报制度。用人单位工作场所存在职业病目录所列职业病的危害因素的，应当及时、如实向所在地安全生产监督管理部门申报危害项目，接受监督。职业病危害因素分类目录由国务院卫生行政部门会同国务院安全生产监督管理部门制定、调整并公布。职业病危害项目申报的具体办法由国务院安全生产监督管理部门制定。职业病防治工作坚持"预防为主，防治结合"的方针，实行分类管理，综合治理。

新建、扩建、改建建设项目和技术改造、技术引进项目（以下统称建设项目）可能产生职业病危害的，建设单位在可行性论证阶段应当向安全生产监督管理部门提交职业病危害预评价报告。安全生产监督管理部门应当自收到职业病危害预评价报告之日起三十日内，做出审核决定并书面通知建设单位。未提交预评价报告或者预评价报告未经安全生产监督管理部门审核同意的，有关部门不得批准该建设项目。

职业病危害预评价报告应当对建设项目可能产生的职业病危害因素及其对工作场所和劳动者健康的影响做出评价，确定危害类别和职业病防护措施。

建设工程行业典型职业病预防须做好以下几个方面的预防措施：①接触各种建筑粉尘，引起的尘肺病的预防；②电焊工尘肺、有害光导致的眼病以及辐射伤害的预防；③直接操作振动机械引起的手臂振动病的预防；④油漆工、粉刷工接触有机材料散发不良气体引起的中毒预防；⑤接触建筑噪声引起的职业性耳聋的预防；⑥长期超时、超强度地工作，精神长期过度紧张造成相应职业病的预防；⑦冬期施工冻伤和高温中暑的预防控制等。

建设工程企业职业病防治应落实职责，主要负责人对本公司职业健康管理全面负责。加强员工学习和培训，员工依法参加工伤社会保险；企业制定工作流程及要求。企业提供符合防治职业病要求的职业病防护设施和个人使用的职业病防护用品，并经常性地维护、检修，定期检测其性能和效果，确保处于正常状态。定期对工作场所进行职业病危害因素检测。检测结果存入单位职业卫生档案。应当在醒目位置设置公告栏，公布有关职业病防治的规章制度、操作规程、职业病危害事故应急救援措施和职业病危害因素检测结果。

思考题

1. 解释建设工程职业健康安全与环境管理的概念，职业安全健康管理体系基本要素包括哪些内容？

2. 简述 HSE 管理体系的运行模式及管理流程。

3. 简述职业安全健康管理体系（OSHMS）的结构要素。

4. 环境管理的方针是什么？简述职业环境管理体系的结构模式。

5. 职业健康安全管理体系与环境管理体系认证主要有哪些步骤？

6. 我国的安全生产工作方针是什么？建设工程项目施工安全控制应遵循什么程序？

7. 建设工程职业健康安全事故处理的原则是什么？

第 7 章　建设工程合同管理

7.1　建设工程招标与投标

7.1.1　建设工程项目招标与投标概述

招标、投标是在市场经济条件下的一种重要商品交易方式，是进行工程建设、大宗货物买卖、财产出租、劳务承担、中介服务等经济活动的一种交易方式，是引入竞争机制订立合同(契约)的一种法律形式。

建设工程项目招标是指建设单位在发包工程项目或购买机器设备或合作经营某项业务时，就标的物发布通告，吸引建设项目的承包单位参加竞争，并通过一系列程序选择合适的承包商或供货商以及其他合作单位的一种经济活动。它是招标人对工程项目建设、货物采购和劳务承担等交易，事先公布选择采购的条件和要求，招引他人承接，若干或众多投标人做出愿意参加业务承接竞争的意思表达，招标人按照规定的程序和办法择优选定中标人的活动。这种活动是一种法律行为。建设工程项目投标一般是指经过特定审查而获得投标资格的建设项目承包单位，按照招标文件的要求，在规定的时间内向招标单位填报投标书，并争取中标的法律行为。

法学界一般认为，建设工程招标是要约邀请，而投标是要约，中标通知书是承诺。按照我国《合同法》的规定，招标公告是要约邀请。也就是说，招标实际上是邀请投标人对其提出要约(即报价)，属于要约邀请。投标则是一种要约，它符合要约的所有条件，如具有缔结合同的主观目的；一旦中标，投标人将受投标书的约束；投标书的内容具有足以使合同成立的主要条件等。招标人向中标的投标人发出的中标通知书，则是招标人同意接受中标的投标人的投标条件，即同意接受该投标人的要约的意思表示，应属于承诺。

招投标在项目管理中是选择合作伙伴的一种形式，通过竞争的形式选择最优的合作伙伴。招标人可以通过采购招标从投标人处获取可以满足项目要求的相关资料，包括项目的报价和相关建议等。

7.1.2　建设工程项目招标范围和方式

1. 建设工程项目招标范围

根据《中华人民共和国招标投标法》第三条的规定，在中华人民共和国境内进行下列工程建设项目包括项目的勘察、设计、施工、监理以及工程建设有关的重要设备、材料等的采购，必须进行招标：

(1)大型基础建设、公用事业等关系社会公共利益、公共安全的项目；

(2)全部或者部分使用国有资金投资或者国家融资的项目；

(3)使用国际组织或者外国政府贷款、援助资金的项目。

前款所列项目的具体范围和规模标准，由国务院发展计划部门会同国务院有关部门制定，报国务院批准。

法律或者国务院对必须进行招标的其他项目的范围有规定的，依照其规定。

2. 建设工程项目招标方式

《中华人民共和国招投标法》法定的招标方式分为公开招标和邀请招标。

国际上通行的工程项目招标的方式除了公开招标、邀请招标，还有议标的形式，我国招投标法未将议标作为法定的招标方式，即法律所规定的强制招标项目不允许采用议标方式，主要因为我国国情与建筑市场的现状条件，不宜采用议标方式。

公开招标，是指招标人以招标公告的方式邀请不特定的法人或者其他组织投标。

邀请招标，是指招标人以投标邀请书的方式邀请特定的法人或者其他组织投标。

公开招标又称为无限竞争招标，是由招标单位通过报刊、广播、电视等方式发布招标广告，有投标意向的承包商均可参加投标资格审查，审查合格的承包商可购买或领取招标文件，参加投标的招标方式。

公开招标方式的优点是：投标的承包商多、竞争性强、透明度高、招标人择优选定中标者范围广、余地大。因此公开招标可以最大限度地择优选定中标者，有利于降低工程造价，提高工程质量和缩短工期。其缺点是：由于投标的承包商多，招标工作量大，组织工作繁杂，需要投入较多的人力、物力，招标过程所需时间较长，因而此类招标方式主要适用于投资额度大、工艺或结构复杂的较大型工程建设项目。

所以说，公开招标是最具竞争性的招标方式，公开招标是程序最完整、最规范、最典型的招标方式，公开招标也是所需费用最高、花费时间最长的招标方式。

邀请招标也称有限竞争性招标，这种方式不发布广告，业主根据自己的经验和所掌握的各种信息资料，向有承担该项工程施工能力的三个以上（含三个）承包商发出投标邀请书，收到邀请书的单位有权利选择是否参加投标。与公开招标相比，它的公开程度和竞争的广泛性不如后者，由于参加的投标单位相对较少，竞争性范围较小，使招标单位对投标单位的选择余地较少，如果招标单位在选择被邀请的承包商前所掌握信息资料不足，则会失去发现最适合承担该项目的承包商的机会。但它目标集中，招标的组织工作较容易，工作量比较小；可以弥补公开招标中耗时长、花费大等缺陷，同时也能相对发挥招标竞争的优点，所以也是我国法定招标方式。

邀请招标与公开招标一样都必须按规定的招标程序进行，要制定统一的招标文件，投标人都必须按招标文件的规定进行投标。

根据规定有下列情形之一的，经批准可以进行邀请招标：

（1）受自然地域环境限制的；

（2）工期要求急迫的施工项目，没有时间进行公开招标；

（3）项目技术复杂或有特殊要求，只有少量几家潜在投标人可供选择的；

（4）涉及国家安全、国家秘密或者抢险救灾，适宜招标但不宜公开招标的；

（5）工程量较少、合同额不高的项目，对实力较强的施工企业缺少吸引力；

（6）法律、法规规定不宜公开招标的。

7.1.3 建设工程项目招标程序

建设工程招标投标程序是指建设工程活动按照一定的时间、空间顺序运作的顺序、步骤和方式。始于发布招标邀请书，终于发出中标通知书，其间大致经历了招标、投标、开标、评标、定标几个主要阶段。当前工程建设已经形成了规范化的招投标程序和标准化文件。

建设工程招标投标程序开始前的准备工作和结束后的工作，不属于建设工程招标投标的程序之列，但应纳入整个工作流程中。如：报建登记，是招标前的一项主要工作；签订合同是招标投标的目的和结果，也是招标工作的一项主要工作但不是程序。

从招标人的角度看，建设工程招标的一般程序主要经历以下几个环节：

(1)设立招标组织或者委托招标代理人；

(2)申报招标申请书、招标文件、评标定标办法和标底(实行资格预审的还要申报资格预审文件)；

(3)发布招标公告或者发出投标邀请书；

(4)对投标资格进行审查；

(5)发售招标文件和相关资料，收取投标保证金；

(6)组织投标人踏勘现场，对招标文件进行答疑；

(7)成立评标组织，召开开标会议(实行资格后审的还要进行资格审查)；

(8)审查投标文件，澄清投标文件中不清楚的问题，组织评标；

(9)择优定标，发出中标通知书；

(10)将合同草案报送审查，签订合同。

7.1.4 建设工程招标的种类

建设工程项目招标投标是工程建设活动中一系列招投标活动的总称，它包括：可行性研究招投标、工程监理咨询招投标、勘察设计招投标、工程施工招投标、物资设备采购招投标等。建设工程项目招标投标分类可以按照不同的标准进行不同的分类。

1. 按照工程建设程序分类

按照工程建设程序，可以将建设工程招标投标分为建设项目前期项目可行性研究及咨询招标投标、工程勘察设计招标投标、材料设备采购招标投标、工程施工招标投标等。

(1)建设项目前期项目可行性研究及咨询招标投标。建设工程项目可行性研究招标是指对建设项目的可行性研究任务进行的招标投标。投标方一般为工程咨询企业。中标的承包方要根据招标文件的要求，向发包方提供拟建工程的可行性研究报告，并对其结论的准确性负责。承包方提供的可行性研究报告，应获得发包方的认可。认可的方式通常为专家组评估鉴定。

建设工程监理作为工程咨询单位，招标的“标的”是提供“工程监理服务”，而非某一种物化劳动，即监理单位在项目建设过程中不承担物质生产任务，只是对建设生产过程提供监督、管理、协调、咨询等服务。招标人选择中标人的基本原则是“基于能力的选择”。

项目投资者有的缺乏建设管理经验，通过招标选择项目咨询者及建设管理者，即工程投资方在缺乏工程实施管理经验时，通过招标方式选择具有专业的管理经验工程咨询单位，为其制定科学、合理的投资开发建设方案，并组织控制方案的实施。这种集项目咨询与管理于一体的招标类型的投标人一般也为工程咨询单位。

(2)勘察设计招标。勘察设计招标指根据批准的可行性研究报告，择优选择勘察设计单位的招标。勘察和设计是两种不同性质的工作，可由勘察单位和设计单位分别完成。勘察单位最终提出施工现场的地理位置、地形、地貌、地质、水文等在内的勘察报告。设计单位最终提供设计图纸和成本预算结果。设计招标还可以进一步分为建筑方案设计招标、施工图设计招标。当施工图设计不是由专业的设计单位承担,而是由施工单位承担,一般不进行单独招标。

(3)材料设备采购招标,是指在工程项目初步设计完成后,对建设项目所需的建筑材料和设备(如电梯、供配电系统、空调系统等)采购任务进行的招标。投标方通常为材料供应商、成套设备供应商。

(4)工程施工招标,在工程项目的初步设计或施工图设计完成后,用招标的方式选择施工单位的招标。施工单位最终向业主交付按招标设计文件规定的建筑产品。

国内外招投标现行做法中经常采用将工程建设程序中各个阶段合为一体进行全过程招标,通常又称其为总包。

2. 按工程项目承包的范围分类

按工程承包的范围可将工程招标划分为项目总承包招标、项目阶段性招标、设计施工招标、工程分承包招标及专项工程承包招标。

(1)项目全过程总承包招标,即选择项目全过程总承包人招标,这种又可分为两种类型,其一是指工程项目实施阶段的全过程招标;其二是指工程项目建设全过程的招标。前者是在设计任务书完成后,从项目勘察、设计到施工交付使用进行一次性招标;后者则是从项目的可行性研究到交付使用进行一次性招标,业主只需提供项目投资和使用要求及竣工、交付使用期限,其可行性研究、勘察设计、材料和设备采购、土建施工设备安装调试、生产准备和试运行、交付使用,均由一个总承包商负责承包,即所谓“交钥匙工程”。承揽“交钥匙工程”的承包商被称为总承包商,绝大多数情况下,总承包商要将工程部分阶段的实施任务分包出去。

无论是项目实施的全过程还是某一阶段或程序,按照工程建设项目的构成,可以将建设工程招标投标分为全部工程招标投标、单项工程招标投标、单位工程招标投标、分部工程招标投标、分项工程招标投标。全部工程招标投标,是指对一个建设项目(如一所学校)的全部工程进行的招标。单项工程招标,是指对一个工程建设项目中所包含的单项工程(如一所学校的教学楼、图书馆、食堂等)进行的招标。单位工程招标是指对一个单项工程所包含的若干单位工程(实验楼的土建工程)进行招标。分部工程招标是指对一项单位工程包含的分部工程(如土石方工程、深基坑工程、楼地面工程、装饰工程)进行招标。

应当强调指出的是,为了防止对将工程肢解后进行发包,我国一般不允许对分部工程招标,允许特殊专业工程招标,如深基础施工、大型土石方工程施工等。但是,国内工程招标中的所谓项目总承包招标往往是指对一个项目施工过程全部单项工程或单位工程进行的总招标,与国际惯例所指的总承包尚有相当大的差距,为与国际接轨,提高我国建筑企业在国际建筑市场的竞争能力,深化施工管理体制的改革,造就一批具有真正总包能力的智力密集型的龙头企业,是我国建筑业发展的重要战略目标。

(2)工程分承包招标,是指中标的工程总承包人作为其中标范围内的工程任务的招标人,将其中标范围内的工程任务,通过招标投标的方式,分包给具有相应资质的分承包人,中标的分承包人只对招标的总承包人负责。

(3)专项工程承包招标,指在工程承包招标中,对其中某项比较复杂,或专业性强、施工和制作要求特殊的单项工程进行单独招标。

3. 按行业或专业类别分类

按与工程建设相关的业务性质及专业类别划分，可将工程招标分为土木工程招标、勘察设计招标、材料设备采购招标、安装工程招标、建筑装饰装修招标生产工艺技术转让招标、咨询服务（工程咨询）及建设监理招标等。

（1）土木工程招标，是指对建设工程中土木工程施工任务进行的招标。

（2）勘察设计招标投标，是指对建设项目的勘察设计任务进行的招标投标。

（3）货物采购招标投标，是指对建设项目所需的建筑材料和设备采购任务进行的招标。

（4）安装工程招标投标，是指对建设项目的设备安装任务进行的招标。

（5）建筑装饰装修招标投标，是指对建设项目的建筑装饰装修的施工任务进行的招标。

（6）生产工艺技术转让招标投标，是指对建设工程生产工艺技术转让进行的招标。

（7）工程咨询和建设监理招标投标，是指对工程咨询和建设监理任务进行的招标。

4. 按工程承发包模式分类

随着建筑市场运作模式与国际接轨进程的深入，我国承发包模式也逐渐呈多样化，主要包括工程咨询承包、交钥匙工程承包模式、设计施工承包模式、设计管理承包模式、BOT工程模式、CM模式。

按承发包模式分类可将工程招标划分为工程咨询招标、交钥匙工程招标、设计施工招标、设计管理招标、BOT工程招标。

（1）工程咨询招标：是指以工程咨询服务为对象的招标行为。工程咨询服务的内容主要包括工程立项决策阶段的规划研究、项目选定与决策；建设准备阶段的工程设计、工程招标；施工阶段的监理、竣工验收等工作。

（2）交钥匙工程招标："交钥匙"模式即承包商向业主提供包括融资、设计、施工、设备采购、安装和调试直至竣工移交的全套服务。交钥匙工程招标是指发包商将上述全部工作作为一个标的招标，承包商通常将部分阶段的工程分包，亦即全过程招标。

（3）工程设计施工招标：设计施工招标是指将设计及施工作为一个整体标的以招标的方式进行发包，投标人必须为同时具有设计能力和施工能力的承包商。我国由于长期采取设计与施工分开的管理体制，目前具备设计、施工双重能力的施工企业为数较少。

（4）设计-建造模式是一种项目组管理方式：业主和设计-建造承包商密切合作，完成项目的规划、设计、成本控制、进度安排等工作，甚至负责项目融资：使用一个承包商对整个项目负责，避免了设计和施工的矛盾，可显著减少项目的成本和工期。同时，在选定承包商时，把设计方案的优劣作为主要的评标因素，可保证业主得到高质量的工程项目。

（5）工程设计-管理招标：设计-管理模式是指由同一实体向业主提供设计和施工管理服务的工程管理模式。这种模式时，业主只签订一份既包括设计也包括工程管理服务的合同，在这种情况下，设计机构与管理机构是同一实体。这一实体常常是设计机构施工管理企业的联合体。设计-管理招标即为以设计管理为标的进行的工程招标。

（6）BOT工程招标。

BOT（Build - Operate - Transfer）即建造-运营-移交模式。这是指东道国政府开放本国基础设施建设和运营市场，吸收国外资金，授给项目公司以特许权，由该公司负责融资和组织建设，建成后负责运营及偿还贷款。在特许期满时将工程移交给东道国政府。BOT工程招标即是对这些工程环节的招标。

5. 按照工程是否具有涉外因素分类

按照工程是否具有涉外因素，可以将建设工程招标分为国内工程招标投标和国际工程招标投标。

(1)国内工程招标投标，是指对本国没有涉外因素的建设工程进行的招标投标。

(2)国际工程招标投标，是指对有不同国家或国际组织参与的建设工程进行的招标。国际工程招标投标，包括本国的国际工程（习惯上称涉外工程）招标投标和国外的国际工程招标投标两个部分。国内工程招标和国际工程招标的基本原则是一致的，但在具体做法有差异。随着社会经济的发展和与国际接轨的深化，国内工程招标和国际工程招标在做法上的区别已越来越小。

7.2 建设工程合同

7.2.1 合同概述

合同(Contract)，又称为契约、协议，是平等主体的自然人、法人以及其他组织之间设立、变更、终止民事权利义务关系的协议。依法成立的合同，受法律保护。广义合同指所有法律部门中确定权利、义务关系的协议，除了包括民事合同外，还包括行政合同、劳动合同等。狭义合同指一切民事合同。

《合同法》有两层含义：广义上的合同法是指根据法律的实质内容调整平等主体的自然人、法人以及其他组织之间在设立、变更、终止合同时所发生的社会关系的法律规范的总称；另外一种是基于法律的表现形式，即由立法机关制定的，以“合同法”命名的法律，我国1999年3月15日通过，自1999年10月1日起施行《中华人民共和国合同法》。

1. 合同订立的基本原则

平等原则：享有民事权利和承担民事义务的资格平等。

自愿原则：(1)合同当事人有订立或者不订立合同的自由；(2)当事人有权选择合同相对人；(3)合同当事人有权决定合同内容；(4)合同当事人有权决定合同形式的自由。

公平原则：合同当事人遵循公平原则确定各方的权利和义务。

诚实信用原则：这是市场经济活动中形成的道德规则。

遵守法律法规原则。

2. 合同的分类

合同的分类依据分类的标准的不同，有不同的分类方法。根据性质的不同，合同有以下分类方法：

(1)按照合同的表现形式，合同可以分为书面合同、口头合同及默示合同。

(2)按照给付内容和性质的不同，合同可以分为转移财产合同、完成工作合同和提供服务合同。

(3)按照当事人是否相互负有义务，合同可以分为双务合同和单务合同。

(4)按照当事人之间的权利义务关系是否存在着对价关系，合同可以分为有偿合同和无偿合同。

(5)按照合同的成立是否以递交标的物为必要条件，合同可分为诺成合同和要物合同。

(6)按照相互之间的从属关系，合同可以分为主合同和从合同。

(7)按照法律对合同形式是否有特别要求，合同可分为要式合同和不要式合同。

(8)按照法律是否为某种合同确定了一个特定的名称，合同可分为有名合同和无名合同。

3. 合同的内容

合同的具体内容由当事人遵循合同自由原则约定，合同当事人经过平等协商对合同基本内容达成一致意见。

合同的内容一般包括下述内容：

(1)当事人的名称(或姓名)和场所。

(2)标的：标的是合同当事人双方权利和义务共同指向的对象，标的的表现形式为物、劳务、行为、智力成果、工程项目；标的是合同的首要条款。

(3)数量。

(4)质量。

(5)价款或者报酬。

(6)履行的期限、地点和方式。

(7)违约责任。

(8)解决争议的方法。

7.2.2　建设工程中的合同类型

建设工程项目的实施从项目策划到勘察、设计、施工，每个阶段围绕着项目的目标，都会订立相应的合同；现代工程伴随着规模的扩大，项目的复杂程度也增大。一个规模化的建设项目往往会有很多合同，这些合同形成了一个体系，每个合同之间也存在着复杂的关系(图7-1)。

1. 发包方(业主)的主要合同关系

勘察设计合同、咨询(监理)合同、供应合同、施工承包合同、贷款合同等。

2. 承包商的主要合同关系

分包合同、劳务合同、供应合同、加工合同、租赁合同、运输合同、保险合同等。

3. 按承发包方式进行分类的合同

(1)勘察设计或施工总承包合同。

(2)单位工程承包合同。

(3)工程项目总承包合同。

(4)BOT合同(特许权协议)。

4. 按照工程计价方式分类的合同

(1)总价合同：固定总价合同、可调总价合同。

(2)单价合同：估算工程量单价合同、纯单价合同。

(3)成本加酬金合同：成本加酬金固定百分比酬金合同、成本加固定酬金合同、成本加浮动酬金合同、目标成本加奖罚合同。

5. 建设工程项目的其他相关合同

(1)建设工程委托监理合同。

(2)建设工程物资采购合同。

(3)建设工程保险合同。

(4)建设工程担保合同。

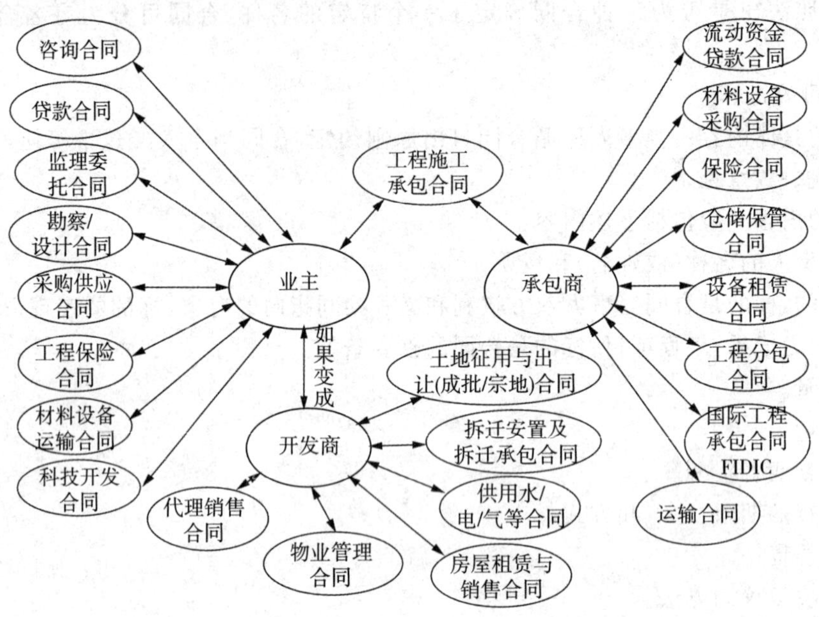

图 7-1 工程建设中的合同关系

7.2.3 建设工程合同示范文本

合同示范文本是指由一定机构事先拟定的对当事人订立相关合同起示范作用的合同文本。推行合同示范文本制度有助于维护当事人的利益,规范建筑市场的运行。国际咨询工程师联合会(FIDIC)作为最具权威的咨询工程师组织,代表世界上多数独立的咨询工程师。它所出版的 FIDIC 示范合同条件得到了广泛认可,被世界银行、亚洲开发银行、非洲开发银行、泛美开发银行等国际金融机构采用,它不仅用于多边开发银行及其借款人使用 FIDIC 合同条件,也被用于参与多边开发银行贷款项目的其他各方,如工程咨询机构、承包商等使用,它推动了全球范围内高质量、高水平的工程的发展。

FIDIC 出版的各类合同条件先后有:《土木工程施工合同条件》(1987 年第 4 版,1992 年修订版)(红皮书)、《电气与机械工程合同条件》(1988 年第 2 版)(黄皮书)、《土木工程施工分包合同条件》(1994 年第 1 版)(与红皮书配套使用)、《设计——建造与交钥匙工程合同条件》(1995 年版)(桔皮书)、《施工合同条件》(1999 年第一版)、《设计采购施工(EPC)/交钥匙工程合同条件》(1999 年第一版)、多边开发银行统一版《施工合同条件》(2005 年版)等。

我国结合自身的具体情况,也编制了建设工程系列合同示范文本,用于我国的工程建设。这些合同示范文本一方面有助于当事人了解、掌握有关法律、法规,使具体实施项目的建设合同符合法律法规的要求,避免缺款少项,防止出现显失公平的条款;另一方面,也有利于行政管理机关对合同及其实施进行监督,有助于仲裁机构或者人民法院及时裁判纠纷,维护当事人的利益。使用标准化的范本签订合同,对完善建设工程合同管理制度起到了极大的推动作用。

我国建设工程项目合同示范文本包括有：住房和城乡建设部及国家工商行政管理总局联合制定的建设工程施工合同(示范文本)(GF—2013-0201)，建设工程监理合同(示范文本)(GF—2012-0202)，以及《建设工程设计合同示范文本(房屋建筑工程)》(GF—2015-0209)、《建设工程设计合同示范文本(专业建设工程)》(GF—2015-0210)等。

《建设工程设计合同示范文本(GF—2015-0209)(房屋建筑工程)》自 2015 年 7 月 1 日起执行。它由合同协议书、通用合同条款和专用合同条款三部分组成。《示范文本》合同协议书集中约定了合同当事人基本的合同权利义务。通用合同条款是合同当事人根据《中华人民共和国建筑法》《中华人民共和国合同法》等法律法规的规定，就工程设计的实施及相关事项，对合同当事人的权利义务做出的原则性约定。通用合同条款既考虑了现行法律法规对工程建设的有关要求，也考虑了工程设计管理的特殊需要。

1. 建设工程施工承包合同示范文本主要内容

建设工程施工承包合同的主要内容有：

(1)建设工程总承包合同的主要条款：①词语涵义及合同文件的组成；②总承包的内容；③双方当事人的权利义务；④合同履行期限；⑤合同价款；⑥工程质量与验收；⑦合同的变更；⑧风险责任和保险；⑨工程保修；⑩对设计分包人的规定；⑪索赔与争议的处理；⑫违约责任。

(2)建设工程总承包的履行：①建设工程总承包合同订立后，双方都应按合同的规定严格履行；②总承包单位可以按合同规定对工程项目进行分包，但不得不利于转包；③建设工程总承包单位可以将承包工程中的部分工程发包给具有相应资格条件的分包单位，但是除总承包合同中约定的工程分包外，必须经发包人认可。

(3)施工总承包合同协议书的内容：①工程概况；②工程承包范围；③合同工期；④质量标准；⑤合同价款；⑥组成合同的条件；⑦承包人向发包人的承诺；⑧发包人向承包人的承诺；⑨合同的生效。

(4)组成合同的文件依据优先顺序分别为：①本合同协议书；②中标通知书；③投标书及附件；④专用条款；⑤通用条款；⑥标准规范及有关技术文件；⑦图纸；⑧工程量清单；⑨工程报价单或预算书。

(5)工程分包分为专业工程分包和劳务作业分包。专业工程分包资质设 2～3 个等级，60 个资质类别。劳务分包资质设 1～2 个等级，13 个资质类别。

(6)建筑工程总承包单位按照总承包合同的约定对建设单位负责：分包单位按照分包合同的约定对总承包单位负责，总承包单位和分包单位就分包工程对建设单位承担连带责任。施工单位不得转包或违法分包工程。

(7)劳务分包人须服从工程承包人转发的发包人及工程师的指令，劳务分包人必须为从事危险作业的职工办理意外伤害保险，并为施工场地内自有人员生命财产和施工机械设备办理保险，支付保险费用。

(8)劳务分包的劳务报酬，除本合同约定或法律政策变化，导致劳务价格变化，均为一次包死，不再调整。

(9)劳务报酬的支付：全部工程完成后，经工程承包人认可后 14 天内，劳务分包人向工程承包人递交完整的结算资料，按约定的合同计价方式进行劳务报酬最终支付，结算资料在递交的 14 天内工程承包人进行核实确认，在承包确认后 4 天内，向劳力分包人支付劳务报酬。

2. 建设工程建设工程设计合同(房屋建筑工程)示范文本主要内容

《示范文本》由合同协议书、通用合同条款和专用合同条款三部分组成。《示范文本》合同协议书集中约定了合同当事人基本的合同权利义务;通用合同条款是合同当事人根据《中华人民共和国建筑法》《中华人民共和国合同法》等法律法规的规定,就工程设计的实施及相关事项,对合同当事人的权利义务作出的原则性约定。通用合同条款既考虑了现行法律法规对工程建设的有关要求,也考虑了工程设计管理的特殊需要。专用合同条款是对通用合同条款原则性约定的细化、完善、补充、修改或另行约定的条款。合同当事人可以根据不同建设工程的特点及具体情况,通过双方的谈判、协商对相应的专用合同条款进行修改补充。通用合同条款包括:一般约定,发包人,设计人,工程设计资料,工程设计要求,工程设计进度与周期,工程设计文件交付,工程设计文件审查,施工现场配合服务,合同价款与支付,工程设计变更与索赔,专业责任与保险,知识产权,违约责任,不可抗力,合同解除,争议解决 16 个部分。专用合同条款包括:一般约定,发包人,设计人,工程设计要求,工程设计进度与周期,工程设计文件交付,工程设计文件审查,施工现场配合服务,合同价款与支付,工程设计变更与索赔,专业责任与保险,知识产权,违约责任,不可抗力,合同解除,争议解决,其他,附件等内容。

3. 建设工程监理合同示范文本主要内容

《建设工程监理合同(示范文本)》(GF—2012-0202)包括协议书、通用条件和专用条件三部分内容。第一部分协议书包括有,委托人(全称)和监理人(全称),工程概况,词语限定,组成本合同的文件(协议书、中标通知书(适用于招标工程)或委托书(适用于非招标工程)、投标文件(适用于招标工程)或监理与相关服务建议书(适用于非招标工程),专用条件、通用条件、附录(相关服务的范围和内容、委托人派遣的人员和提供的房屋、资料、设备),总监理工程师,签约酬金,期限,双方承诺,合同订立等内容。

通用条件包括:定义与解释,监理人的义务,委托人的义务,违约责任,支付,合同生效、变更、暂停、解除与终止,争议解决,其他等内容。

7.2.4 建设工程担保

1. 担保的概念和形式

担保是指当事人根据法律、法规规定或者双方约定,为促使债务人履行债务,实现债权人的权利的法律制度。

担保方式:保证、抵押、质押、留置和定金。

保证:是指保证人和债权人约定,当债务人不履行债务时,保证人按照约定履行债务或者承担责任的行为。

抵押:是指债务人或者第三人向债权人以不转移占有的方式提供一定的财产作为抵押物,用以担保债务履行的担保方式。

质押:是指债务人或者第三人将其动产或权利移交债权人占有,用以担保债权履行的担保。

留置:是指债权人按照合同约定占有对方(债务人)的财产,当债务人不能按照合同约定期限履行债务时,债权人有权依照法律规定留置该财产得到优先受偿的权利。

定金：是指当事人双方为了保证债务的履行，约定当事人一方先支付给对方一定数额的货币作为担保。

2. 建设工程担保的形式

常见的建设工程合同担保有以下形式：投标担保、合同履约保证、预付款担保。

投标担保或投标保证金是指投标人保证具有投标接受后对其投标书中规定的责任不得撤销或者反悔，否则招标人将对投标保证金予以没收。投标保证金的数额一般为投标价的2%左右，但最高不得超过80万元人民币，投标保证金有效期应当超出投标有效期30天。投标保证金的形式：①交付现金；②支票；③银行汇票；④不可撤销信用证；⑤银行保函；⑥由保险公司或者担保公司出具投标保证书。投标保证金的作用：主要用于筛选投标人。

合同履约担保是指发包人在招标文件中规定的要求承包人提交的保证履约合同的义务的担保。履约担保的形式：银行保函，履约担保书，保留金。银行履约保函是由商业银行开具的担保证明，通常为合同金额的10%左右，银行保函分为有条件的银行保函和无条件的银行保函。工程采购项目保证金提供担保形式的，其金额一般为合同价的30%～50%；保留金一般为每次工程进度款的10%，但总额一般限制在合同总价款的5%（通常最高不超过10%），一般在工程移交时发包人将保留金的一半支付给承包人，保修期满1年后（一般最高不超过2年）14天内将剩下的一半支付给承包人。

预付款担保一般为合同金额的10%，但需由承包人的开户银行向发包人出具预付担保。

7.3　建设工程合同实施过程与管理

7.3.1　建设工程合同的分析

1. 合同分析的含义

合同分析是从合同执行的角度进行分析和补充，解释合同要求、具体条款和内容，将合同目标和合同规定落实到合同实施的具体问题和具体时间上，使合同能符合日常工程管理的需要，成为一份可执行的文件，用以指导具体工作，使工程按合同要求实施，为合同执行和控制确定依据。

合同分析不同于招标投标过程中对招标文件的分析，其目的和侧重点都不同。

合同分析往往由企业的合同管理部门或项目中的合同管理人员负责。

2. 合同分析的目的和作用

(1)合同分析的必要性

工程建设的复杂性决定合同管理的艰巨性；一份建设工程项目合同包含诸多内容，涉及内容比较复杂，有诸多合同因素对项目的实施产生影响，这些因素包括：

① 合同条文采用法律及其用语，往往会遇到采用法律不适当、用语不够直观明了、不容易理解，通过补充和解释，可以使之简单、明确、清晰；

② 同一个工程中的不同合同形成一个复杂的体系，十几份、几十份甚至上百份合同之间有十分复杂的关系；

③ 合同事件和工程活动的具体要求（如工期、质量、费用等），合同各方的责任关系，事件和活动之间的逻辑关系等极为复杂；

④ 许多工程小组,项目管理职能人员所涉及的活动和问题不是合同文件的全部,而仅为合同的部分内容,全面理解合同对合同的实施将会产生重大影响;

⑤ 在合同中依然存在问题和风险,包括合同审查时已经发现的风险和还可能隐藏着的尚未发现的风险;

⑥ 合同中的任务需要分解和落实;

⑦ 在合同实施过程中,合同双方会有许多争执,在分析时就可以预测预防。

所以承包人在签订合同前后、履行和实施合同前就需要进行合同分析。

(2)合同分析的作用

合同分析的目的和作用体现在以下几个方面。

① 分析合同中的漏洞,解释有争议的内容

在合同起草和谈判过程中,双方都会力争完善,但仍然难免会有所疏漏,通过合同分析,找出漏洞,可以作为履行合同的依据。

在合同执行过程中,合同双方有时也会发生争议,往往是由于对合同条款的理解不一致所造成的,通过分析,就合同条文达成一致理解,从而解决争议。在遇到索赔事件后,合同分析也可以为索赔提供理由和根据。

② 分析合同风险,制定风险对策

不同的工程合同,其风险的来源和风险量的大小都不同,要根据合同进行分析,并采取相应的对策。

③ 合同任务分解、落实

在实际工程中,合同任务需要分解落实到具体的工程小组或部门、人员,要将合同中的任务进行分解,将合同中与各部分任务相对应的具体要求明确,然后落实到具体的工程小组或部门、人员身上,以便于实施与检查。

3. 建设工程施工合同分析的内容

施工人员在接到所有合同资料后对合同进行一次总体的、全面的和详细的分析,以达到熟悉合同文件、利用有利条款、避开不利条款、重视风险条款,用其指导施工的目的。合同分析在不同的时期其目的不同,内容也不同,通常合同分析包括有以下几个方面的内容。

(1)合同依据的法律基础

即合同签订和实施的法律背景。通过分析,承包人了解适用于合同的法律的基本情况(范围、特点等),用以指导整个合同实施和索赔工作。对合同中明示的法律应重点分析。

(2)承包人的主要任务

① 承包人的总任务,即合同标的。承包人在设计、采购、制作、试验、运输、土建施工、安装、验收、试生产、缺陷责任期维修等方面的主要责任,施工现场的管理,给业主的管理人员提供生活和工作条件等责任。

② 工作范围。它通常由合同中的工程量清单、图纸、工程说明、技术规范所定义。工程范围的界限应很清楚,否则会影响工程变更和索赔,特别对固定总价合同。

在合同实施中,如果工程师指令的工程变更属于合同规定的工程范围,则承包人必须无条件执行;如果工程变更超过承包人应承担的风险范围,则可向业主提出工程变更的补偿要求。

③ 关于工程变更的相关规定。在合同实施过程中,变更程序非常重要,通常要作工程变更工作流程图,并交付相关的职能人员。

工程变更的补偿范围，通常以合同金额一定的百分比表示。通常这个百分比越大，承包人的风险越大。

④ 明确工程变更的索赔有效期，由合同具体规定，一般为28天，也有14天的。一般这个时间越短，对承包人管理水平的要求越高，对承包人越不利。

(3)发包人的责任

这里主要分析发包方的合作责任，通常有如下几方面：

① 发包方雇用工程师并委托其在授权范围内履行业主的部分合同责任；

② 发包方和工程师有责任对平行的各承包人和供应商之间的责任界限做出划分，对这方面的争执做出裁决，对他们的工作进行协调，并承担管理和协调失误造成的损失；

③ 及时做出承包人履行合同所必需的决策，如下达指令、履行各种批准手续、做出认可、答复请示，完成各种检查和验收手续等；

④ 提供施工条件，如及时提供设计资料、图纸、施工场地、道路等；

⑤ 按合同规定及时支付工程款，及时接收已完工程等。

(4)合同价格分析

① 合同所采用的计价方法及合同价格所包括的范围；

② 工程量计量程序，工程款结算(包括进度付款、竣工结算、最终结算)方法和程序；

③ 合同价格的调整，即费用索赔的条件、价格调整方法，计价依据，索赔有效期规定；

④ 拖欠工程款的合同责任。

(5)施工工期

在实际工程中，工期拖延极为常见和频繁，而且对合同实施和索赔的影响很大，所以要特别重视。

(6)违约责任

如果合同一方未遵守合同规定，造成对方损失，应受到相应的合同处罚。通常合同分析注重考虑：

① 承包人不能按合同规定工期完成工程的违约金或承担业主损失的条款；

② 由于管理上的疏忽造成对方人员和财产损失的赔偿条款；

③ 由于预谋或故意行为造成对方损失的处罚和赔偿条款等；

④ 由于承包人不履行或不能正确地履行合同责任，或出现严重违约时的处理规定；

⑤ 由于业主不履行或不能正确地履行合同责任，或出现严重违约时的处理规定，特别是对业主不及时支付工程款的处理规定。

(7)验收、移交和保修

验收包括许多内容，如材料和机械设备的现场验收，隐蔽工程验收，单项工程验收，全部工程竣工验收等。在合同分析中，应对重要的验收要求、时间、程序以及验收所带来的法律后果作说明。竣工验收合格即办理移交。移交作为一个重要的合同事件，同时又是一个重要的法律概念。

(8)索赔程序和争执

索赔的程序，争议的解决方式和程序；仲裁条款，包括仲裁所依据的法律、仲裁地点、方式和程序、仲裁结果的约束力等。

4. 建设工程项目合同评审

合同评审应在合同签订之前进行，主要是对招标文件和合同条件进行的审查、认定和评价。

合同评审的内容包括:招标内容和合同的合法性审查;招标文件和合同条款的合法性和完备性审查;合同双方责任、权益和项目范围认定;与产品或过程有关要求的评审;合同风险评估。

7.3.2 建设工程合同的交底

合同和合同分析的资料是工程实施管理的依据。合同分析后,应向各层次管理者作“合同交底”,把合同责任具体地落实到各责任人和合同实施的具体工作上,这就是合同交底。合同交底应包括合同的主要内容、合同实施的主要风险、合同签订过程中的特殊问题、合同实施计划和合同实施责任分配等内容。

建设工程项目合同交底要做好下述工作。

(1)项目管理人员和各工程小组负责人进行“合同交底”,组织大家学习合同和合同总体分析结果,对合同的主要内容做出解释和说明。

(2)将各种合同事件的责任分解落实到各工程小组或分包商;

(3)在合同实施前与其他相关的各方面,如业主、监理工程师、承包人沟通,召开协调会议,落实各种安排;

(4)在合同实施过程中还必须进行正常性的检查、监督,对合同作解释;

(5)合同责任的完成必须通过其他经济手段来保证,对分包商,主要通过分包合同确定双方的责权利关系,保证分包商能及时地按质按量地完成合同责任。

7.3.3 建设工程合同实施控制与管理

建设工程项目组织应建立合同管理制度,应设立专门机构或人员负责合同管理工作。合同管理应包括合同的订立、实施、控制和综合评价等工作。建设工程项目的合同控制和管理应包括合同的订立、履行、变更、终止和争议的解决。

承包人的合同管理的程序为:①合同评审;②合同订立;③合同实施计划;④合同实施控制;⑤合同综合评价;⑥有关知识产权的合法使用。

1. 合同控制的作用

(1)通过合同实施情况分析,找出偏离,以便及时采取措施,调整合同实施过程,达到合同总目标,所以合同跟踪是决策的前导工作。

(2)在整个工程过程中,能使项目管理人员一直清楚地了解合同实施情况,对合同实施现状、趋向和结果有了一个清醒的认识。

2. 合同控制的依据

(1)合同和合同分析的结果,如各种计划、方案、合同变更文件等,它们是比较的基础,是合同实施的目标和依据;

(2)各种实际的工程文件,如原始记录,各种工程报表、报告、验收结果、量方结果等;

(3)工程管理人员每天对现场情况的直观了解。

3. 合同实施控制的内容

合同实施控制包括合同交底、合同跟踪与诊断、合同变更管理和索赔管理等工作。在合同实施前,合同谈判人员应进行合同交底。组织管理层应监督项目经理部的合同执行行为,并协调各分包人的合同实施工作。合同变更管理应包括变更协商、变更处理程序、制定并落实变更措施、修改与变更相关的资料以及结果检查等工作。

4. 项目合同实施计划

合同实施计划应包括合同实施总体安排，分包策划以及合同实施保证体系的建立等内容。合同实施保证体系应与其他管理体系协调一致，须建立合同文件沟通方式，编码系统和文档系统。承包人应对其同时承接的合同作总体协调安排。承包人所签订的各分包合同及自行完成工作责任的分配，应能涵盖主合同的总体责任，在价格、进度、组织等方面符合主合同的要求。合同实施计划应规定必要的合同实施工作程序。

进行合同跟踪和诊断应符合下列要求：

(1)全面收集并分析合同实施的信息，将合同实施情况与合同实施计划进行对比分析，找出其中的偏差。

(2)定期诊断合同履行情况，诊断内容应包括合同执行差异的原因分析、合同差异责任分析以及实施趋向预测。应及时通报合同实施情况及存在问题，提出合有关意见和建议，并采取相应措施对合同问题进行处理。

5. 合同变更管理

合同变更管理包括变更协商、变更处理程序、制定并落实变更措施、修改与变更相关的资料以及结果检查等工作。

6. 合同索赔管理

承包人与发包人、分包人、供应单位之间的索赔管理工作包括：预测、寻找和发现索赔机会；收集索赔的证据和理由，调查和分析干扰事件的影响，计算索赔值；提出索赔意向和报告。承包人与发包人、分包人、供应单位之间的反索赔管理工作包括：对收到的索赔报告进行审查分析，收集反驳理由和证据，复核索赔值，起草并提出反索赔报告。通过合同管理，防止反索赔事件的发生。

7. 项目合同终止和评价

合同履行结束即合同终止。组织应及时进行合同评价，总结合同签订和执行过程中的经验教训，提出总结报告。合同总结报告包括：①合同签订情况评价；②合同执行情况评价；③合同管理工作评价；④对本项目有重大影响的合同条款的评价；⑤其他经验和教训。

8. 建设工程合同的档案管理

企业的合同资料包括有：合同资料，合同分析资料，工程实施中产生的各种资料，以及工程实施中各种记录、施工日记等，官方的各种文件、批件，反映工程实施情况的各种报表、报告、图片等。合同资料文档管理的内容包括：合同资料的收集，资料整理，资料的归档保存，资料的使用。合同的档案管理首先建立和完善健全的合同档案管理制度，确保合同档案最终及时、完整、准确归档。合同进行分类管理，建立企业合同管理人员信息网体系，使得合同及时完整地归档。

7.4　建设工程索赔管理

7.4.1　建设工程索赔的概念

1. 建设工程索赔的概念

索赔是在合同实施过程中，当事人依据自己享有的权利向某一方提出的有关资格、财产、金钱及其他方面的赔偿要求。

建设工程索赔是指在建设工程项目合同履行过程中，当事人一方因对方违约或非自身原因而遭到损失时，根据法律、合同规定及惯例向对方提出的赔偿要求。

在这里有两点要注意：一是建设工程项目提出索赔的主体既可是承包方，也可是发包方。发包方对承包方的索赔主要集中在承包方的工程质量和工期未达到合同要求上，而承包方向发包方索赔的范围则广得多，这是因为在合同实施过程中，发包方一直处于主动地位，合同风险主要落在承包方身上。因此在实际生活中，发包方向承包方提出的索赔较少，工程合同索赔主要是由承包方提出的。二是建设工程合同索赔的原因与一般商务合同索赔不完全相同：①商务合同中，只有在对方违约时才有索赔的问题，而工程建设过程中影响因数多，合同风险大，所以，除了对方违约这种情况外，因工程实施的条件、环境等因素的变化而造成当事人损失时，也可向对方提出索赔的要求。②建设工程合同索赔一般都为工期索赔及经济索赔。在国际工程承包中，工程合同索赔是十分正常的现象，一般情况下，工程索赔额往往占到工程总造价的7%左右。

FIDIC合同条款下的承包商索赔：工程索赔是指承包商在工程合同实施过程中，对非自身过错造成的诸如工程延误、费用增加等已经或者潜在的导致成本增加情况下，凭有关证据，按一定的程序，项目工程师或业主提出给予补偿；反过来业主也可以向承包商要求赔偿的过程，即反索赔。索赔是一种风险转移和再分配，归纳起来有以下几点本质特征：

(1)索赔主张是要求给予补偿(赔偿)的权利；

(2)索赔依据的是合同文件及适用的法律规定；

(3)索赔主张一方没有过错；

(4)索赔发生在实现与合同标准比较已经有了实质性变化时；

(5)索赔依据要与事实符合。

在我国《合同法》《建筑法》中都对合同工程索赔做出了相应的规定，各种合同示范文本中也有相应的索赔条款。

2. 建设工程索赔的特征

建设工程项目的索赔具有以下主要特征：

(1)索赔的双向性。施工索赔不仅承包商可以向业主索赔，业主也可以向承包商索赔，从法律的角度来讲，承包商和业主在工程建设项目中的索赔地位是平等的。

(2)索赔以实际损失为前提。即与签订的合同标准相比较，已经发生了非自己原因造成了实际的经济损失或权利上的损害。这提出施工索赔的前提条件。

(3)索赔是补偿性的。施工索赔是一种无过错方向有过错方提出给予补偿(工期或费用的权利要求和主张。

(4)索赔必须有切实有效的依据。即索赔必须以法律法规、合同文件及工程建设惯例为依据。

3. 建设工程索赔的起因

在建设工程合同实施过程中，可以提出索赔的原因是很多的，主要的有以下几点。

(1)发包人违约：当发包人和工程师未按合同约定履行相应的责任，或工程管理的失误，未按合同约定提供施工条件及未按时提供施工款，未按规定时间提交施工图纸、指令及批复意见等违约行为等。

(2)合同错误以及合同风险分担不均造成的。由于合同约定不清，或合同文件出现错误、矛盾、遗漏的情况时，承包方应按发包方或工程师的解释执行，但可对因此而增加的费用及工期提出索赔。此外，建设工程合同的风险，理应由双方共同承担，但受"买方市场"规律的制约，合同的风险主要落在承包方一方。作为补偿，法律允许承包方通过索赔来减少风险，有经验的承包商在签订建设工程合同中事先就会设定自己索赔的权利，一旦条件成熟，就可依据合同约定提起索赔。

(3)工程施工条件的变化：建设工程施工是现场露天作业，现场条件的变化对工程施工影响很大。对于工程地质条件，如地下水、地质断层、熔岩孔洞、地下文物遗址等，业主提供的勘察资料往往是不完全准确的，预料之外的情况经常发生，不利的自然条件及一些人为的障碍导致设计变更、工期延长和工程成本大幅度的增加时，即可提起索赔。

(4)合同变更：建设工程施工过程中，发包方或工程师为确保工程质量及进度，或由于其他原因，往往会发出更换建筑材料、增加新的工作、加快施工进度或暂停施工等相关指令，造成工程不能按原定设计及计划进行，并使工期延长，费用增加，此时承包方即可提出索赔要求。

(5)工期拖延：工程施工中，由于天气、水文或地基等原因的影响，使施工无法正常进行，从而导致工期拖延、费用增加时，即可提起索赔。

(6)不可抗力的因素：其他如恶劣的气候条件、地震、洪水、战争等不可抗力的发生等。

(7)国家法令的变更：国家有关法律政策的变更是当事人无法预见和左右，但又必须执行的。有关法律和政策的变更如法定休息日增加、进口限制、税率提高等造成承包方损失时，承包方都可提出索赔并理应得到赔偿。

4. 建设工程索赔的类别

建设工程索赔贯穿于整个建设工程项目的建设过程中，可能发生的范围比较广泛，依据分类标准、方法不同而不同，主要有以下几种分类方法。

(1)按索赔当事人不同分类，可以分为：

① 承包人与发包人间的索赔。这类索赔大都是有关工程量计算、变更、工期、质量、价格等方面的争议，也有中断或终止合同等其他违约行为的索赔。

② 承包人与分包人间的索赔。其内容与前一种大致相似，但大多数是分包商向总包商索要付款和赔偿及承包商向分包商罚款或扣留支付款等。

③ 承包人与保险人间的索赔。

④ 承包人与供货人间的索赔。

(2)按索赔的依据分类，可以分为：

① 合同内的索赔，是指索赔所涉及的内容和权利可以在施工合同中找到依据，并可根据合同规定明确划分责任。一般情况下，合同内施工索赔的处理和解决相对容易。

② 合同外的索赔，是指索赔所涉及的内容和权利难以在合同条款中找到依据，但可以根据从合同引申含义和合同适用法律或政府颁发的有关法规中找到索赔的依据。

(3)按索赔要求分类，可以分为：

① 工期索赔，是指在工程实施过程中，要求发包人延长工期的索赔。

② 费用索赔，是指补偿费用损失的索赔。

7.4.2 建设工程索赔的内容

1. 建设工程索赔的依据

在索赔发生时，当事人一方应该有充分的依据，才能通过索赔的方式获得赔偿。在实践中，无论是索赔还是反索赔，基本上都是围绕着索赔事实是否存在、索赔原因是否成立这一前提进行的。

索赔的依据包括：

(1)合同和合同文件；

(2)施工过程中的相关文件和有关资料；

(3)前期索赔文件；

(4)法律与法规。

2. 建设工程索赔报告

建设工程索赔报告一般包括总论部分、索赔依据、索赔计算、索赔证据等几部分。

总论部分包括以下具体内容：①序言；②索赔事项概述；③具体索赔要求：工期延长天数或索赔款额；④报告书编写及审核人员。

索赔依据合同引证部分是索赔报告关键部分之一，是索赔成立的基础。要说明自己具有的索赔权利，包括列出相应的合同条款以及过程的相关文件依据等，它是索赔能否成立的关键。一般包括以下内容：①概述索赔事项的处理过程；②发出索赔通知书的时间；③引证索赔要求的合同条款；④指明所附的证据资料。

索赔清单部分索赔额计算部分是索赔报告书的主要部分，也是经济索赔报告的第三部分。索赔清单应详细列出索赔的项目，具体的计算方法和计算过程，说明自己应得的经济补偿数额或延长时间。

索赔款计算的主要组成一般包括是：由于索赔事项引起的额外开支的人工费、材料费、设备费、工地管理费、总部管理费、投资利息、税收、利润等。每一项费用开支，应附以相应的证据或单据。并通过详细的论证和计算，使业主和工程师对索赔款的合理性有充分的有了解，这对索赔要求的迅速解决十分重要。

索赔工期延长论证部分是索赔报告的第三部分。在索赔报告中论证工期的方法，主要有：①横道图表法(Bar chart method)；②关键路线法(CPM——Critical path method)；③进度评估法(PERT——Programme evaluation and review technique)等。承包商在索赔报告中，应该对工期延长(EOT)、实际工期(Actual time for completion)、理论工期(Theoretical time for completion)等进行详细的论述，说明自己要求工期延长(天数)的根据。

证据部分通常以索赔报告书附件(Appendix)的形式出现，它包括了该索赔事项所涉及的一切有关证据以及对这些证据的说明。索赔证据资料的范围甚广，可能包括施工过程中所涉及的有关政治、经济、技术、财务、气象等许多方面的资料。对于重大的索赔事项，承包商还应提供直观记录资料，如录像、摄影等。

7.4.3 建设工程索赔的管理

1. 索赔的程序

我国《建设工程施工合同(示范文本)》规定的施工索赔程序如下(图 7-2)。

(1)索赔事件发生后28天内,向工程师发出索赔意向通知;

(2)发出索赔意向通知后的28天内,向工程师提出补偿经济损失和(或)延长工期的索赔报告及有关资料;

(3)工程师在收到承包人送交的索赔报告和有关资料后,于28天内给予答复,或要求承包人进一步补充索赔理由和证据;

(4)工程师在收到承包人送交的索赔报告和有关资料后28天内未给予答复或未对承包人作进一步要求,视为该项索赔已经认可;

(5)当该索赔事件持续进行时,承包人应当阶段性向工程师发出索赔意向,在索赔事件终了后28天内,向工程师提供索赔的有关资料和最终索赔报告。

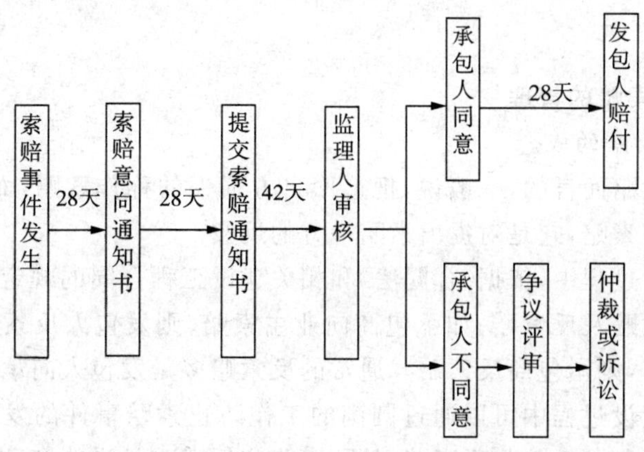

图7-2 我国标准施工规定的工程索赔程序

FIDIC条款第20部分《索赔、争端和仲裁部分》指出,如果承包商根据本合同条件的任何条款或参照合同的其他规定,认为他有权获得任何竣工时间的延长和(或)任何附加款项,应通知工程师,说明引起索赔的事件或情况。该通知应尽快发出,并应不迟于承包商开始注意到或应该开始注意到这种事件或情况之后的28天。如果承包商未能在28天内发出索赔通知,竣工时间将不被延长,承包商将无权得到附加款项,并且雇主将被解除有关索赔的一切责任。图7-3给出的是FIDIC的工程索赔程序。

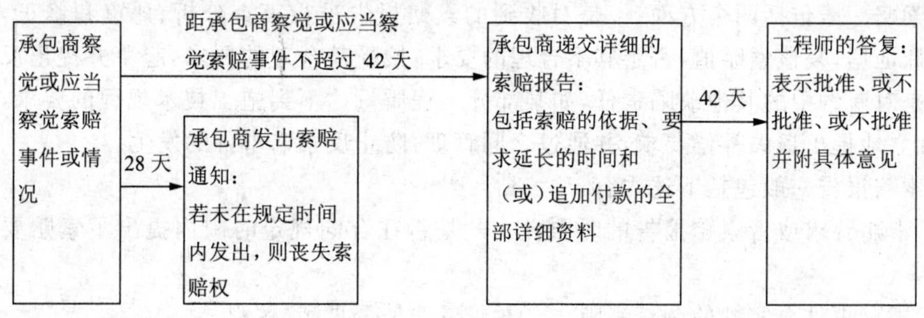

图7-3 FIDIC规定的工程索赔程序

2. *索赔的管理*

索赔管理是建设工程项目管理中的一项很重要的工作。索赔管理的任务包括两个方面,即索赔与反索赔。同时,既有承包商可以向业主提出的索赔,又有业主向承包商提出的索赔。

承包人对发包人、分包人、供应单位之间的索赔管理工作应包括下列内容：预测、寻找和发现索赔机会，收集索赔的证据和理由，调查和分析干扰事件的影响，索赔清单的计算分析，提出索赔意向和报告。

业主索赔管理工作包括有索赔战略的制定、合同管理、索赔证据搜集、索赔谈判、索赔事件解决方案的确定与监督实施等组成。

随着工程招投标制度的不断完善及业主、监理、施工单位管理章程进一步健全，索赔工作也逐步步入正常轨道，充分理解施工图纸、技术规范及业主、监理、施工单位签订约合同协议和各项往来性文件，就可以在索赔工作中做到有理、有据，将会有更多的索赔项目被受理或批复。

7.4.4 建设工程反索赔的管理

1. 建设工程反索赔的概念

反索赔是相对索赔而言的，一般说，把追回自方损失的称作索赔，而把防止和减少向自己提出索赔的称为反索赔，它是对提出索赔一方的反驳。

在建设工程项目过程中，依据《合同法》和相关建设工程合同的规定，发包人和承包商之间都可能有双向的索赔及反索赔；如承包商向业主索赔，则发包人反索赔，同时发包人又可能向承包商提出索赔，则承包商反索赔。通常的反索赔多是发包人向承包商反索赔。

工程师在项目建设过程中可以通过圆满的工作防止索赔事件的发生，但同时又必须妥善地解决合同双方的各种索赔与反索赔问题；索赔和反索赔是进攻和防守的关系，在合同实施过程中，合同双方都在进行合同管理，都在寻找索赔机会，一经干扰事件发生，都在企图推卸自己的合同责任，都在企图进行索赔。不能进行有效的反索赔，同样蒙受损失，所以反索赔和索赔都具有同等重要的地位。

建设工程反索赔的主要工作是防止合同对方当事人提出索赔，界定其索赔的合理性、合法性，同时积极防御，尽可能减少合同索赔事件的发生。反索赔也是合同管理的重要内容，加强合同管理，使对方找不到索赔的理由和根据，避免自己陷入被索赔的局面。

2. 反索赔的内容

反索赔一般包括两个方面：一是对收到的索赔报告进行审查分析、评审和修正，收集反驳理由和证据，复核索赔值，否定其不合理的要求，接受其合理的要求，起草并提出反索赔报告。二是对履约中的其他缺陷责任，如某部分工程质量达不到施工技术规程的要求，或拖期建成，独立地提出损失补偿要求，并通过合同管理，防止反索赔事件的发生。

反索赔报告一般包括下述内容：

(1)索赔要求或者索赔报告的时限性——是否在合同规定时限内提出了索赔要求和索赔报告。

(2)索赔事件真实性的调查判断——索赔事件是否真实、客观。

(3)对索赔涉及的干扰事件的责任分析——是否存在索赔人自己疏忽大意、管理不善或自身其他原因造成。

(4)对索赔涉及的干扰事件影响分析——索赔事件和影响之间是否存在因果关系、干扰事件的影响范围的大小、索赔方是否采取了有效的减损控制措施。

(5)索赔理由分析——索赔要求是否和合同条款或有关法律法规的规定一致。

(6)索赔证据分析——证据是否存在不足、不当或者片面的情形。

(7)索赔额的审核——这是索赔反驳中的最后一步,也是关键的一个环节。分析的重点在于各项数据是否准确,计算方法是否合理,各种取费是否合理、适度,有无重复计算等问题。

3. 建设工程反索赔的特点

(1)反索赔与索赔的同时性:反索赔中主动提出索赔本质上仍属于索赔,但与对索赔报告进行反驳又不同,此种情形下的索赔最重要的目的之一还是反驳对方的索赔主张。

(2)反索赔技巧性比较强,处理不当会引起诉讼。

(3)做好反索赔工作不仅可以全部或部分否定对方的索赔要求,使自己免于损失,而且可以从中重新发现索赔机会,找到向对方索赔的理由,有利于自己摆脱被动局面。

(4)建设工程项目反索赔,发包人处于有利地位,对于承包人的违约可以在工程款的支付中根据工程师的证明意见,直接进行扣除。对于保修期内的反索赔——工程保修期内,因承包商工程质量原因,出现承包商无偿保修情形,承包商在规定时间内未予维修,则发包人可就另行雇佣他人的维修的费用以及承包商未在合理时间内维修所造成的损失向承包商提出反索赔。

案例分析1

鲁步革工程的引水系统工程承包合同是由鲁布革工程局(业主)和日本大成建设株式会社签订的。合同实施后不久,承包商即向业主提出"业主违约索赔",索赔理由是:业主未按合同规定提供合格的三级标准的现场公路,承包商车辆只能在块石垫层路面上行使,引起轮胎严重的非正常消耗,要求业主给予400多条超耗轮胎的补偿。

这本来是一项不难处理的索赔,当时又有外国专家的帮助可业主顾虑重重,时间一拖再拖,金额一压再压,最后才补偿了208条轮胎(当时约1900万日元)。对此澳大利亚咨询专家曾委婉地表示,业主对承包商的索赔处理得太慢太严。

实际上,鲁布革水电站引水系统工程承包商的全部索赔金额为229.1万元,仅占合同总额的2.83%。世界银行来华视察的专家以及外国驻现场的咨询专家都认为,这是水电建设项目"少见的低索赔"。

案例分析2

背景:某市服务公司因建办公楼与建设工程总公司签订了建筑工程承包合同。其后,经服务公司同意,建设工程总公司分别与市建筑设计院和市××建筑工程公司签订了建设工程勘察设计合同和建筑安装合同。建筑工程勘察设计合同约定由市建筑设计院对服务公司的办公楼、水房、化粪池、给水排水及采暖外管线工程提供勘察、设计服务,做出工程设计书及相应施工图纸和资料。建筑安装合同约定由××建筑工程公司根据市建筑设计院提供的设计图纸进行施工,工程竣工时依据国家有关验收规定及设计图纸进行质量验收。合同签订后,建筑设计院按时做出设计书并将相关图纸资料交付××建筑工程公司,建筑公司依据设计图纸进行施工。工程竣工后,发包人会同有关质量监督部门对工程进行验收,发现工程存在严重质量问题,是由于设计不符合规范所致。原来市建筑设计院未对现场进行仔细勘察即自行进行设计导致设计不合理，给发包人带来了重大损失。由于设计人拒绝承担责任，建设工程总公司又以自己不是设计人为由推卸责任，发包人遂以市建筑设计院为被告向法院起诉。法院受理后，追加建设工程总公司为共同被告，让其与市建筑设计院一起对工程建设质量问题承担连带责任。

本案中，某市服务公司是发包人，市建设工程总公司是总承包人，市建筑设计院和××建筑工程公司是分包人。对工程质量问题，建设工程总公司作为总承包人应承担责任，而市建筑设计院和××建筑工程公司也应该依法分别向发包人承担责任。总承包人以不是自己勘察设计和建筑安装的理由企图不对发包人承担责任，以及分包人以与发包人没有合同关系为由不向发包人承担责任，都是没有法律依据的。根据《合同法》第二百七十二条中的"总承包人或者勘察、设计、施工承包人经发包人同意，可以将自己承包的部分工作交由第三人完成。第三人就其完成的工作成果与总承包人或者勘察、设计、施工承包人向发包人承担连带责任。承包人不得将其承包的全部建设工程转包给第三人或者将其承包的全部建设工程肢解以后以分包的名义分别转包给第三人"的规定，所以本案判决市建设工程总公司和市建筑设计院共同承担连带责任是正确的。

实战演练

【背景】

某施工单位根据领取的某 2000 m^3 两层厂房工程项目招标文件和全套施工图纸，采用低价策略编制了投标文件，并获得中标。该施工单位(乙方)于某年某月某日与建设单位(甲方)签订了该工程项目的固定价格施工合同。合同工期为 8 个月。甲方在乙方进入施工现场后，因资金短缺，无法如期支付工程款，口头要求乙方暂停施工一个月，乙方亦口头答应。工程按合同规定期限验收时，甲方发现工程质量有问题，要求返工。两个月后，返工完毕。结算时甲方认为乙方迟延交付工程，应按合同约定偿付逾期违约金。乙方认为临时停工是甲方要求的。乙方为抢工期，加快施工进度才出现了质量问题，因此延迟交付的责任不在乙方。甲方则认为临时停工和不顺延工期是当时乙方答应的。乙方应履行承诺，承担违约责任。

在工程施工过程中，遭受到了多年不遇的强暴风雨的袭击，造成了相应的损失，施工单位及时向监理工程师提出索赔要求，并附有与索赔有关的资料和证据。索赔报告中的基本要求如下。

1. 遭受多年不遇的强暴风雨的袭击属于不可抗力事件，不是因施工单位原因造成的损失，故因有业主承担赔偿责任。

2. 给已建部分工程造成破坏损失 18 万元，因由业主承担修复的经济责任，施工单位不承担修复的经济责任。

3. 施工单位人员因此灾害导致数人受伤，处理伤病医疗费用和补偿总计 3 万元，业主应给予赔偿。

4. 施工单位进场的在使用机械、设备收到损坏，造成损失 8 万元，由于现场停工造成台班费损失 4.2 万元，业主应负担赔偿和修复的经济责任。工人窝工费 3.8 万元，业主应予支付。

5. 因暴风雨造成的损失现场停工 8 天，要求合同工期顺延 8 天。

6. 由于工程破坏，清理现场需费用 2.4 万元，业主应于支付。

【问题】

1. 该工程采用固定价格合同是否合适？

2. 该施工合同的变更形式是否妥当？次合同争议依据合同法律规定范围应如何处理？

3. 监理工程师接到施工单位提交的索赔申请后，应进行哪些工作？

4. 因不可抗力发生的风险承担的原则是什么？对施工单位提出的要求，应如何处理？

思考题

1. 解释建设工程项目招投标的概念。我国建设工程项目招标的方式有哪些？

2. 解释我国建设工程招标投标程序。

3. 建设工程中的合同类型有哪些？

4. 建设工程施工承包合同示范文本主要内容有哪些？

5. 建设工程担保的形式有哪些？

6. 建设工程施工合同分析的主要内容有哪些？

7. 简述建设工程项目索赔的概念及其主要特征。

第8章 建设工程项目信息管理

8.1 建设工程项目信息管理概述

8.1.1 建设工程项目信息管理概念

在整个建设工程项目管理中，最薄弱的工作环节就是信息管理。目前，多数建设单位的信息管理观念落后，对信息管理的理解，以及信息管理的组织、方法和手段基本上停留在传统的方式和模式上。然而在信息化的21世纪，建设项目的信息化管理势在必行。有研究表明，建设工程项目实施过程中有三分之二的问题与信息交流、信息沟通有关；10%～33%的项目成本的增加来源于信息交流的障碍。由此可见，信息管理在整个建设工程项目管理中的地位非常的重要。

信息是对数据的解释，反映事物的客观状态和规律，包括用口头、书面、电子等方式传输的知识、新闻、情报等。声音、文字、数字和图像都是信息表达的形式。信息管理指的是对信息传输的合理组织和控制，它是对信息的收集、整理、处理、储存、传递与应用等一系列工作的总称。

在建设工程项目信息管理中，应根据信息的特点，有计划地组织信息沟通，以保证能够及时、准确获得各级管理者所需要的信息，达到正确做出决策的目的。它是通过对建设工程项目中各个系统、各项工作和各种数据的管理，使项目的信息能方便、有效地获取、存储、存档、处理和交流。建设工程项目信息管理的根本作用在于为各级管理人员及决策者提供所需的各种信息，保证信息的可靠性、广泛性，是对项目管理的各项目标进行较好的控制，协调各方关系，为项目建设的增值服务。

建设工程项目信息管理的任务包括以下几个方面：

(1)组织项目基本情况的信息并使其系统化，编制项目手册。按照项目的任务、项目实施的要求设计项目实施和项目管理中的信息和信息流，确定它们的基本要求和特征，保证项目实施过程中信息流畅。

(2)项目报告及各种资料的规定，例如资料的格式、内容、数据结构要求。

(3)按照项目实施、项目组织、项目管理工作过程建立项目管理信息系统，在实际工作中保证系统正常运行，控制信息流(包括费用控制信息，进度控制信息，质量控制信息，合同管理信息，项目其他信息)。

8.1.2 建设工程项目的信息流程

建设工程项目的信息流程包括项目信息的收集、加工处理和反馈的过程。建设工程的信息收集根据介入的阶段不同，决定收集不同的内容。建设工程信息收集的内容包括以下几个方面。

1. 项目决策阶段的信息收集

(1)项目相关市场方面的信息。如产品预计进入市场后的占有率、社会需求量、预计产品价格变化趋势、影响市场渗透的因素、产品的生命周期等。

(2)项目资源相关方面的信息。如资金的筹措渠道、筹措方式、原材料、矿藏来源,劳动力、水、电、气供应等。

(3)自然环境方面的信息。如城市交通、运输、气象、工程地质、水文、地形、地貌、废料处理的可能性等。

(4)新技术、新设备、新工艺、新材料、专业配套能力方面的信息。

(5)政治环境、社会治安状况、当地法律、政策、教育方面的信息。

2. 设计阶段的信息收集

(1)可行性研究报告,前期相关的文件资料,存在的疑点,建设单位的意图,建设单位的前期准备和项目审批完成情况。

(2)同类工程相关信息,包括建设规模、结构形式、造价构成,工艺设备的选型,地质处理方式以及效果,建设工期,采用新材料、新工艺、新设备、新技术的实际效果以及存在的问题,技术经济指标。

(3)拟建工程所在地的相关信息,包括地质、水文、地形、地貌、地下埋设和人防设施,城市拆迁政策和拆迁户数,青苗补偿,水、电、气的接入点,周围建筑、交通、学校、医院、商业、绿化、消防、排污等。

(4)勘查、测量、设计单位的信息,包括同类工程的完成情况,实际效果,完成该工程的能力,人员构成,设备投入,质量管理体系完善情况,创新能力,收费情况,施工期技术服务主动性,处理发生问题的能力,设计深度和技术文件的质量,专业配套能力,设计概算和施工图预算的编制能力,合同履约的情况,采用设计新技术、新设备的情况。

(5)工程所在地政府相关信息,包括国家和地方政策、法律、法规、规范、规程、环保政策、政府服务情况和限制等。

(6)设计进度计划、质量保证体系、合同执行情况,偏差产生的原因,纠偏措施,专业设计交接情况,执行规范、规程、技术标准,特别是强制性条文执行情况,设计概算和施工图预算的编制和执行情况,了解设计超限额的原因,了解各设计工序对投资的控制情况等。

3. 施工招投标阶段的信息收集

(1)工程地质、水文地质勘查报告,施工图设计及施工图预算,设计概算,设计、地质勘查、测绘的设备、审批报告,特别是该建设工程有别于其他工程的技术要求、材料、设备、工艺、质量等有关方面的信息。

(2)建设单位前期工作的有关文件,包括立项文件、建设用地、征地、拆迁许可文件等。

(3)工程造价信息。

(4)施工单位的技术、管理水平、质量保证体系。

(5)本工程使用的规范、规程、技术标准。

(6)工程所在地有关招投标的规定,国际招标、国际贷款制定的适用范本、合同条件等。

(7)工程所在地招标代理机构的能力、特点,招标管理机构以及管理程序。

(8)本工程采用的新技术、新材料、新设备、新工艺,投标单位对这“四新”的了解程度、经验、措施和处理能力。

4. 施工阶段的信息收集

(1)施工准备期

施工准备期应从以下几个方面收集信息：

① 监理大纲，施工图设计及施工图预算，工程结构特点，工艺流程特点，设备特点，施工合同体系等。

② 施工单位项目部的组成情况；进场设备的规格、型号、保修记录；施工场地的准备情况，施工单位的质量保证体系，施工组织设计；特殊工程的技术方案；承包单位和分包单位情况等。

③ 建设工程场地的工程地质、水文、气象情况，地上、地下管线，地上、地下原有建筑物情况，建筑红线、标高、坐标，水、电、气的引入标志等。

④ 施工图会审记录以及技术交底资料，开工前监理交底记录，对施工单位提交的开工报告的批准情况等。

⑤ 与本工程有关的建筑法律、法规、规范、规程等。

(2)施工期

施工期应从以下几个方面收集监理信息：

① 施工单位人员、设备、水、电、气等能源的动态信息。

② 施工气象的中长期趋势以及历史同期的数据。

③ 建筑原材料、半成品、成品、构配件等工程物资进场、加工、保管、使用信息。

④ 项目经理部的管理资料，质量、进度、投资的控制措施，数据采集、处理、存储、传递方式；工序交接制度，事故处理制度，施工组织设计执行情况，工地文明施工及安全措施。

⑤ 施工中需要执行的国家和地方规范、规程、标准，施工合同执行情况。

⑥ 施工中地基验槽及处理记录，工序交接记录，隐蔽工程检查记录等。

⑦ 建筑材料试验的有关信息。

⑧ 设备安装的试运行和测试有关信息。

⑨ 施工索赔的相关信息，包括索赔程序、索赔依据、索赔处理意见等。

(3)竣工保修期

竣工保修期要收集的信息主要有：

① 工程准备阶段的有关文件，如立项文件，建设用地、征地、拆迁文件，开工审批文件。

② 监理文件，包括监理规划，监理实施细则，有关质量问题和质量事故处理的相关记录，监理工作总结以及监理过程中的各种控制和审批文件。

③ 施工资料，分为建筑、安装工程和市政基础设施两大类分别收集。

④ 竣工图，分为建筑、安装工程和市政基础设施两大类分别收集。

⑤ 竣工验收资料，包括工程竣工总结，竣工验收备案表，电子档案等。

信息的加工处理和反馈包括信息的分类，信息的编码体系和编码，信息流程图和搭建信息工作平台。业主方和项目参与各方可根据各自的项目管理的需求确定其信息管理的分类，但为了信息交流的方便和实现部分信息共享，应尽可能作一些统一分类的规定，如项目的分解结构应统一。另外，可以从不同的角度对建设工程项目的信息进行分类，如：按项目管理工作的对象，即按项目的分解结构，如子项目1、子项目2等进行信息分类；按项目实施的工作过程，如设计准备、设计、招投标和施工过程等进行信息分类；按项目管理工作的任务，如投资控制、进度控制、质量控制等进行信息分类；按信息的内容属性，如组织类信息、管理类信息、经济类信息、技术类信息和法规类信息。为了满足项目管理工作的要求，往往需要对建设工程项目信息进行综合分类，即按多维进行分类，如第一维：按项目的分解结构；第二维：按项目实施的工作过程；第三维：按项目管理工作的任务。

在信息分类的基础上，要进一步对信息进行编码。编码由一系列符号和数字组成，编码是信息处理的一项重要的基础工作。一个建设工程项目有不同类型和不同用途的信息，为了有组织地存储信息，方便信息的检索和信息的加工整理，必须对项目的信息进行编码。编码主要包括：项目的结构编码、项目管理组织结构编码、项目的政府主管部门和各参与单位的编码、项目实施的工作项编码、项目的投资项编码、项目的成本项编码、项目的进度项编码、项目进展报告和各类报表编码、合同编码、函件编码、工程档案编码。

建设项目信息流程反映了工程建设过程中各参与单位、部门之间的关系（包括业主单位、建立单位、设计单位、施工单位以及供应商）。本书着重介绍建设项目管理内部信息流程，指为了保证工程的实施，项目内部信息在项目管理组织结构内部上下级之间的传递。建设项目管理组织内部存在着三种信息流，一是自上而下的信息流；二是自下而上的信息流；三是各管理职能部门横向间的信息流。在建设工程项目信息管理的过程中，三种信息流都应畅通无阻。

(1)自上而下的信息流：从项目经理开始，信息流向中层项目管理人员及基层项目管理人员。信息源在上，信息接收者在组织结构的下层。这类信息主义包括建设项目管理目标和任务，项目管理工作制度，指令、办法及规定，业务指导意见等。

(2)自下而上的信息流：从基层项目管理人员开始，流向中层项目管理人员及项目经理的信息。此时信息源在下，而信息接收者在组织结构的上层。这类信息主要是指建设项目实施情况和项目管理工作目标的完成情况，包括工程进度、费用支出、质量、安全及项目管理人员的工作情况等。

(3)横向间的信息流：在建设项目管理工作中，同一层次的职能部门或工作人员之间相互提供和接收的信息。这类信息一般是由于分工不同而产生的。为了共同的目标，各项目管理部门之间需要相互协作、共享信息。

在信息流的基础上，工程项目信息管理要通过搭建信息工作平台来实现项目管理的信息化。在当今的时代，信息处理已逐步向电子化和数字化的方向发展，信息处理向着基于网络的信息处理平台方向发展。建设工程项目的业主方和项目参与各方往往分散在不同的地点，或不同的城市，或不同的国家，因此其信息处理应考虑充分利用远程数据通信的方式，如：通过电子邮件收集信息和发布信息；通过基于互联网的项目专用网站实现业主方内部、业主方和项目参与各方，以及项目参与各方之间的信息交流、协同工作和文档管理；或通过基于互联网的项目信息门户（PIP）ASP 模式为众多项目服务的公用信息平台实现业主方内部、业主方和项目参与各方，以及项目参与各方之间的信息交流、协同工作和文档管理；召开网络会议；基于互联网的远程教育与培训等。信息工作平台的搭建，有利于工程管理信息资源的开发和信息资源的充分利用，可吸取类似项目的正反两方面的经验和教训，许多有价值的组织信息、管理信息、经济信息、技术信息和法规信息将有助于项目决策期多种可能方案的选择，有利于项目实施期的项目目标控制，也有利于项目建成后的运行。通过信息平台的搭建，使得工程项目参与各方从点对点的信息交换，升级为信息的集中存储和交换（图 8－1）。

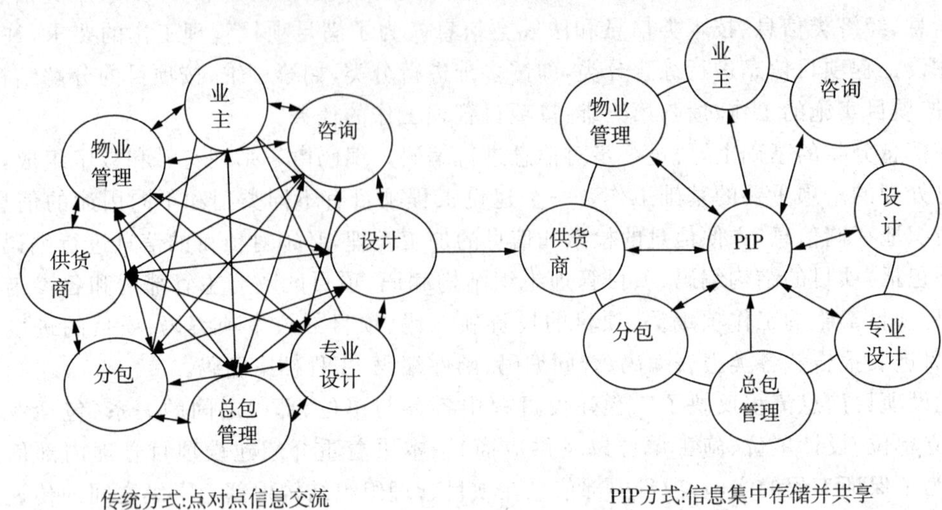

图 8-1 建设工程信息关系图

8.1.3 建设工程项目信息管理的基本要求

在实际工作中,建设工程项目信息管理应满足以下几个方面的基本要求:

(1)时效性。提供适时的信息,信息的价值比较大,而且可以带来较大的经济效益。

(2)针对性和实用性。决策者往往面对大量的信息,因此信息管理要求提供针对性的且实用的信息,节约决策者的时间,提高决策效率。

(3)精确性。要使信息具有必要的精确度,需要对原始数据进行认真的审查和必要的校核,避免分类和计算错误。但信息的精度应以满足使用要求为限,不必要的精度会造成时间及费用的增加,造成浪费。

(4)信息管理的成本。各项资料的收集和处理所需要的费用直接与信息收集的多少有关,因此,在建设工程项目信息管理中,必须要综合考虑信息成本及信息所产生的收益,寻求最佳的切入点。

8.2 工程项目管理信息系统

8.2.1 工程项目管理信息系统

在项目管理中,信息、信息流和信息处理各方面的总和称为项目管理信息系统。管理信息系统是将各种管理职能和管理组织沟通协调一致的神经系统。建立管理信息系统,并使它顺利地运行,是项目管理者的责任,也是其完成项目管理任务的前提。项目管理者作为一个信息中心,不仅与每个参加者有信息交流,而且本身也有复杂的信息处理过程。不正常的管理信息系统常常会使项目管理者得不到有用的信息,同时又被大量无效信息所纠缠,而损失大量的时间和精力,容易使工作出现错误。

针对建设工程项目,项目管理信息系统是项目规划和控制信息的系统,是一个针对建设工程的计算机应用软件系统,通过及时地提供工程项目的有关信息,支持项目管理人员确定项目规划,在项目实施过程中控制项目目标,包括进度目标、费用目标及质量目标。

建设工程项目管理系统是以建设工程项目为目标的系统,根据计算机处理数据的综合集成度可划分为:

(1)部分程序。一个部分程序只能解决一个问题的某一部分。

(2)单项软件。可以解决一个完整的问题,进行单项事务处理,其主要是模仿人工工作过程,如计算工资、编制施工图预算、进度计划编制等。

(3)软件链。一个软件链是由若干个单项软件组成,它是从单项应用发展至数据共享的职务事务处理系统。

(4)软件系统。由几个数据关联的软件链组合而成。

在实际工作中,建设工程项目管理信息系统的建立要确定如下几个基本问题。

(1)信息的需要。项目管理者和各职能部门为了决策、计划和控制需要哪些信息?以什么形式,何时,从什么渠道取得信息?上层系统和周边组织在项目过程中需要什么信息?

这是调查确定信息系统的输出。不同层次的管理者对信息的内容、精度、综合性有不同的要求,上述报告系统主要解决这个问题。管理者的信息需求是按照其在组织系统中的职责、权力、任务、目标而设计的,即确定他所要完成的工作,行使其权力所需要的信息,以及向其他方面提供的信息。

(2)信息的收集和加工。

①信息的收集。在项目实施过程中,每天都要产生大量的原始资料,如记工单、领料单、任务单、图纸、报告、指令、信件等。必须确定,由谁负责这些原始数据的收集,这些资料、数据的内容、结构、准确程度怎样,由什么渠道(从谁处)获得这些原始数据、资料,并具体落实到责任人,由责任人进行原始资料的收集、整理,并对它们的正确性和及时性负责。通常由专业班组的班组长、记工员、核算员、材料管理员、分包商、秘书等承担这项任务。

②信息的加工。这些原始资料面广量大,形式丰富多彩,必须经过信息加工才能符合不同层次项目管理的要求。信息加工的概念很广,包括:A. 一般的信息处理方法,如排序、分类、合并、插入、删除等;B. 数学处理方法,如数学计算、数值分析、数理统计等;C. 逻辑判断方法,包括评价原始资料的置信度、来源的可靠性、数值的准确性,利用资料进行项目诊断和风险分析等。

(3)编制索引和存储。为了查询、调用的方便,建立项目文档系统,将所有信息分类、编目。许多信息作为工程项目的历史资料和实施情况的证明,必须被妥善保存。一般要保存到项目结束,有些则要作长期保存。按不同的使用和储存要求,数据和资料储存于一定的信息载体上,要做到既安全可靠,又使用方便。

(4)信息的使用和传递渠道。信息的传递(流通)是信息系统活性和效率的表现。信息传递的特点是仅传输信息的内容,而保持信息结构不变。在项目管理中,要设计好信息的传递路径,按不同的要求选择快速的、误差小的、成本低的传输方式。

8.2.2　工程项目管理信息系统的结构和功能

一个完整的建设工程项目管理信息系统是由费用控制子系统、进度控制子系统、质量控制子系统、合同管理子系统组成。一般开发建设工程项目管理信息系统,需要遵循一定的系统性步骤,如图 8-2 所示。

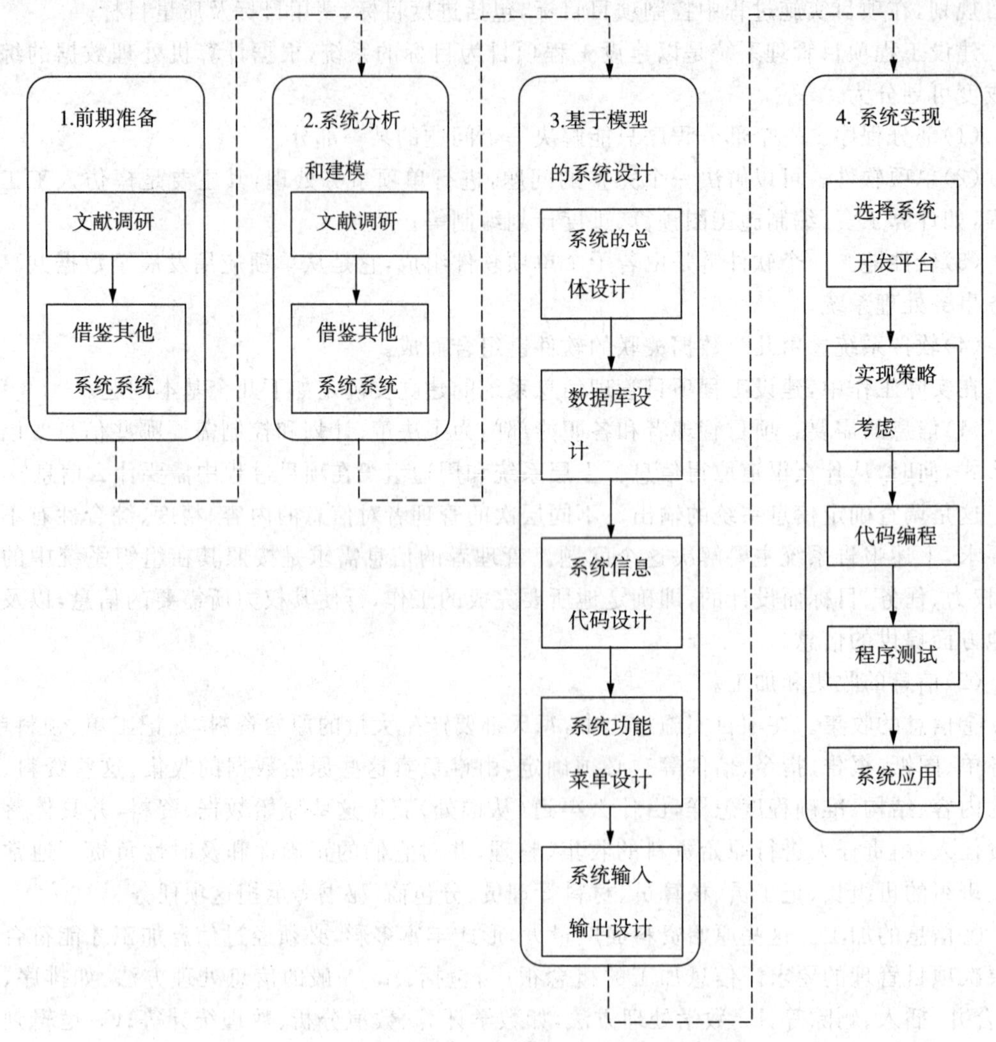

图 8-2 建筑工程项目管理信息系统开发的一般步骤

由于建设工程项目管理信息系统包含多个子系统,整个信息系统的功能包括以下几个方面。

(1)预算的指导作用:预算中的工程消耗量可以借助于信息化的处理手段,使其达到科学合理的统计及分析的结果。除了工程量方面的控制,管理信息系统还可以针对工程不同阶段的预算价格进行有效的处理,使工程的价格可以依据市场变化及企业自身经营水平的改变而合理的调整。

(2)物料的主控作用:借助信息化的管理手段和方法从用料计划、库存及采购、仓库管理、账务管理等各个环节形成有序的信息流。从避免材料浪费上节省直接成本,从提高周转材料利用率、降低库存等方式降低流动资金占有率。

(3)进度的监控作用:除了传统的网络计划图等工具来控制工程进度,信息化管理系统中的进度计划可以与其他工程参与节点实现信息交互,从而将进度、资金、物料等方面联系起来，合理地安排进度，提高资金的利用率。

(4)成本的控制作用：通过事前预算、事中控制及事后核算的方式，控制建设工程的成本及费用。

8.2.3　建设工程项目管理化管理系统的设计

建设工程项目管理的主要任务就是采取有效的组织管理措施，对建设项目的工期、质量、投资三大目标实施动态控制，确保三大目标得到最合理的实现。建设项目管理信息系统就应该能够辅助项目管理人员完成上述任务，为此，建设项目管理信息系统的基本结构应包括如下子系统：进度控制子系统、质量控制子系统、投资控制子系统合同管理子系统、文档管理子系统和管理决策子系统。各子系统之间既相互独立，各有其自身目标控制的内容和方法；又相互联系，互为其他子系统提供信息。

1. 进度控制子系统

建设工程项目进度控制子系统不仅要辅助项目管理人员编制和优化建设项目进度计划，更要对建设项目的实际进展情况进行跟踪检查，并采取有效措施调整进度计划已纠正偏差，从而实现建设项目进度的动态控制。进度控制子系统应具备以下逻辑结构，如图8-3所示。

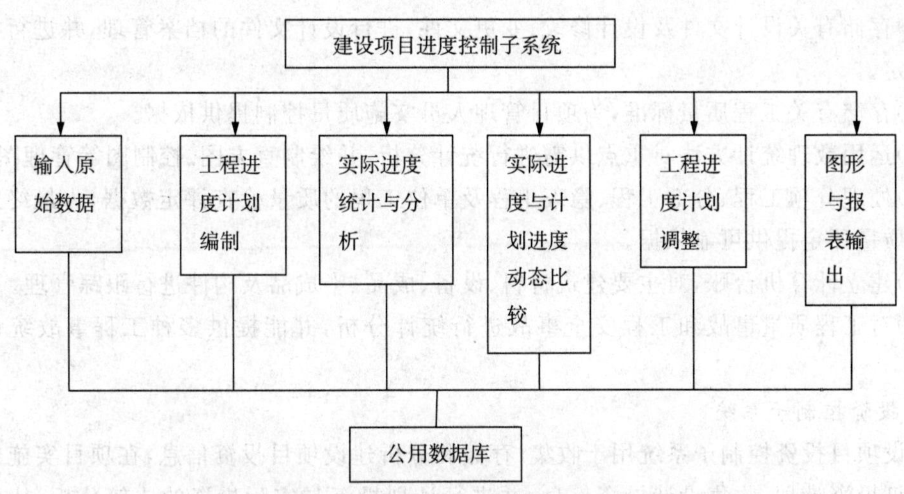

图8-3　进度控制子系统的逻辑结构图

(1)输入原始数据，为建设项目进度计划的编制及优化提供依据。

(2)根据原始数据编制进度计划，包括横道计划、网络计划及多级网络计划系统。

(3)进行进度计划的优化，包括工期优化、费用优化和资源优化。

(4)工程实际进度的统计分析。即随着工程的实际进展，对输入系统的实际进度数据进行必要的统计分析，形成与计划进度数据有可比性的数据。同时，可对工程进度做出预测分析，检查项目按目前进展能否实现工期目标，从而为进度计划的调整提供依据。

(5)实际进度与计划进度的动态比较。即定期将实际进度数据同计划进度数据进行比较，形成进度比较报告，从中发现偏差，以便于及时采取有效措施加以调整。

(6)进度计划的调整。当实际进度出现偏差时，为了实现预定的工期目标，就必须在分析偏差产生原因的基础上，采取有效措施对进度计划加以调整。

(7)各种图形及报表的输出图形包括:网络图、横道图、实际进度与计划进度比较图等。报表包括:各类计划进度报表、进度预测报表及各种进度比较报表等。

2. 质量控制子系统

项目管理人员为了实施对建设项目质量的动态控制,需要建设项目质量控制子系统提供必要的信息支持。质量控制子系统的逻辑结构如图 8-4 所示。

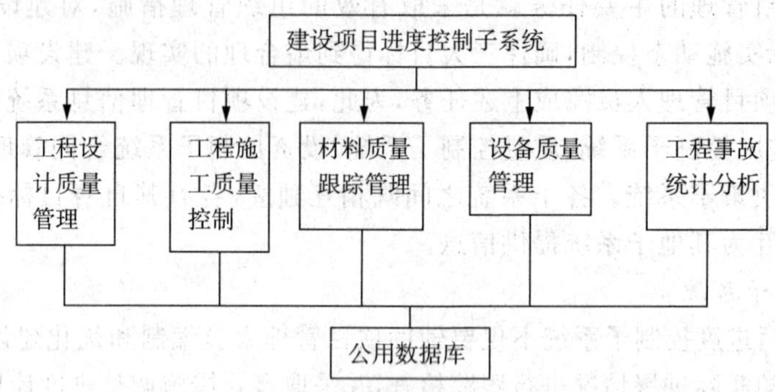

图 8-4 控制子系统的逻辑结构图

(1)存储有关设计文件及设计修改、变更文件,进行设计文件的档案管理,并进行设计质量的评定。

(2)存储有关工程质量标准,为项目管理人员实施质量控制提供依据。

(3)运用数理统计方法对重点供需进行统计分析,并绘制直方图、控制图等管理图表。

(4)处理分项工程、分部工程、隐蔽工程及单位工程的质量检查评定数据,为最终进行建设项目质量评定提供可靠依据。

(5)建立计算机台账,对主要建筑材料、设备、成品、半成品及构件进行跟踪管理。

(6)对工程质量事故和工程安全事故进行统计分析,并能提供多种工程事故统计分析报告。

3. 投资控制子系统

建设项目投资控制子系统用于收集、存储和分析建设项目投资信息,在项目实施的各个阶段制订投资计划,收集设计投资信息,并进行计划投资与实际投资的比较分析,从而实现建设项目投资的动态控制。该投资控制子系统包含以下的逻辑结构(图 8-5)。

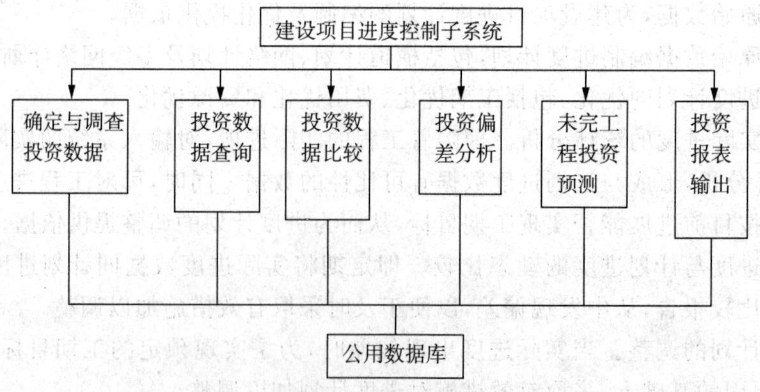

图 8-5 投资控制子系统的逻辑结构图

(1)输入计划投资数据,从而明确投资控制的目标。

(2)根据实际情况,调整有关价格和费用,以反映投资控制目标的变动情况。

(3)输入实际投资数据,并进行投资数据的动态比较。

(4)进行投资偏差分析。

(5)未完工程投资预测。

(6)输出有关报表。

4. 合同管理子系统

建设项目合同管理子系统主要是通过公文处理及合同信息统计等方法辅助项目管理人员进行合同的起草、签订,以及合同执行过程中的跟踪管理。合同管理子系统包含以下的逻辑结构(图 8-6)。

(1)提供常规合同模式,以便与项目管理人员进行合同模式的选用。

(2)编辑和打印有关合同文件。

(3)进行合同信息的登录、查询及统计。

(4)进行合同变更分析。

(5)索赔报告的审查分析与计算。

(6)反索赔报告的建立与分析。

(7)各类经济法规的查询等。

因此,建设项目管理信息系统不应是一个孤立存在的系统,它由进度控制、质量控制、投资控制及合同管理等多个子系统构成的综合系统。其功能的实现要靠公用数据库的支持,该公用数据库将各子系统公用的数据按一定的方式组织并存储起来,以实现各子系统之间的数据共享。其目的是实现建设项目信息的全面管理、系统管理、规范管理和科学管理,从而为项目管理人员进行建设项目的进度控制、质量控制、投资控制及合同管理等提供可靠的信息支持。建设工程项目管理信息系统的总体概念如图 8-7 所示。

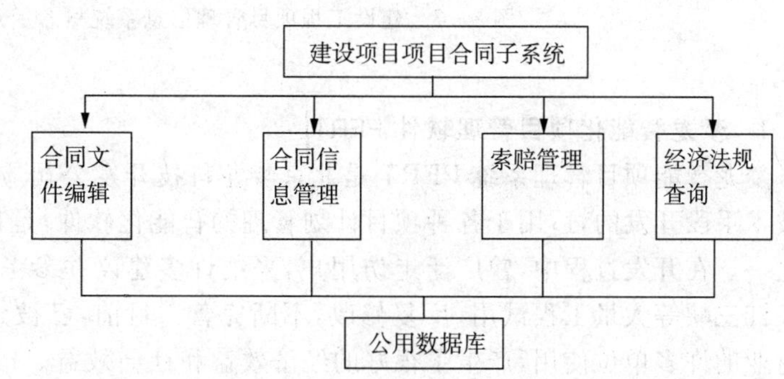

图 8-6 合同管理子系统的逻辑结构图

8.3 工程项目管理软件介绍

在实际工作中,流行着数种不同的工程项目管理软件,它们的主要功能也不尽相同。国内的项目管理软件偏重于事务性信息的管理,但缺乏决策支持系统或专家系统的支持。国外的项目管理软件主要功能模块包括网络计划(进度)的生成与处理模块、资源安排与优化模块、成本(投资)控制模块,并有相应的图形和报告生成模块。针对我国的实际情况,下面介绍几种常用的工程项目管理软件。

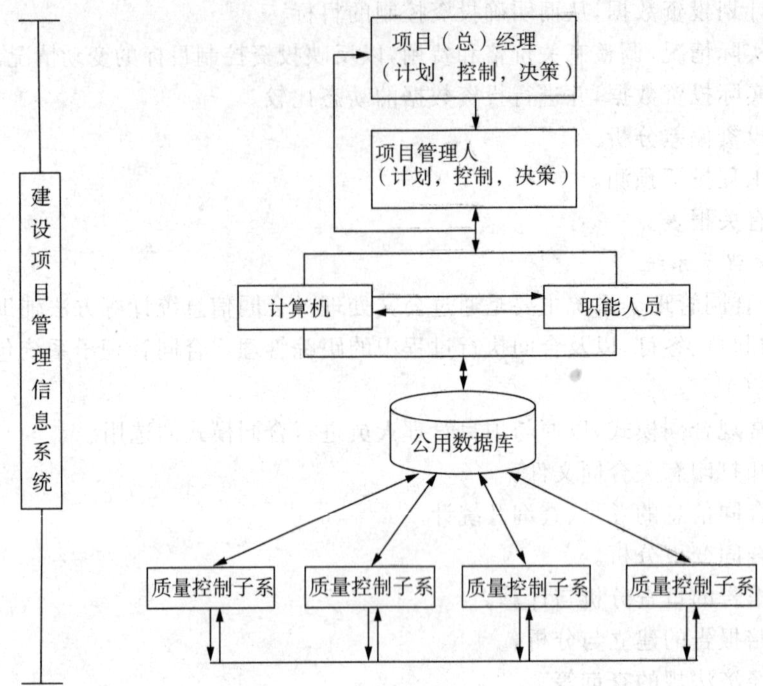

图 8-7　建设工程项目管理信息系统概念示意图

8.3.1　梦龙智能化项目管理软件 PERT

梦龙智能项目管理系统 PERT 是北京梦龙科技开发公司应用网络技术的原理，采用高新技术手段开发的，适用于各种项目计划管理的智能化软件，是目前国内先进的项目管理软件之一。在开发过程中，曾广泛走访用户，采纳许多建议并参考了国内外其他软件的特点，经长江三峡等大量工程试用，反复修改，不断完善。目前，已被建筑、安装、科研、监理、军事等行业的许多单位使用，产生了很好的经济效益和社会效益。PERT 系统适合我国国情、界面新颖友好、操作简单直观、功能丰富可靠、对软硬件环境适应性好等，有其独特的优越功能。

1. 灵活方便的作图功能

我们知道手工编制网络计划图很繁琐，关键线路、时差等参数要计算确定，编号要排好，一旦漏画工作，还须重新作图，很麻烦，造成了开工前画好一张图，一直贴到工程完工的必然结果，从而失去了网络计划技术应有的作用。用计算机管理势在必行，而国内外现已开发的软件，一般都要先输入逻辑关系，再生成网络图；做单代号只能做单代号网络图，做双代号只能做双代号网络图，并且增加、删除、修改工作及逻辑关系很麻烦；在实际应用中必须事先画好一张草图，再输入逻辑关系。而用梦龙公司的 PERT 软件做网络图，简直是一种享受，比画草图还容易地在计算机屏幕上直接做网络图。增加工作随心所欲，不合逻辑自动提示，漏画工作在图形上任意插入，多画工作删除方便并智能连接，逻辑关系任意调整，相同内容随意复制，关键线路及节点自动生成，网络图层次分明并可随意调整，网络图可随时转换成另一种形式：双代号逻辑网络图、时标网络图、时标逻辑网络图、横道图、单代号网络图、汇聚单代号网络图、单双混合方框网络图及中外两种文字的网络图等，这是许多软件不可比拟的。

PERT还提供了文本方式三种输入方法做网络图:①双代号输入法;②紧前关系输入法;③紧后关系输入法。三者之间可相互转换,任一种方法输入即可自动生成网络图。

2. 瞬间即可生成流水网络

流水施工方法是组织施工的一种科学方法,它可以充分地利用工作时间和操作空间,减少非生产性的劳动消耗,提高劳动生产率,缩短工期,节约施工费用。但流水网络关系复杂,很容易做错,一旦按照错误的流水网络施工,必然导致严重后果。用梦龙PERT软件做流水网络,瞬间即可生成。只要作好一个标准层,其他层自动生成普通流水网络或小流水(分层分段的立体流水)网络(小流水施工法对工期控制非常有效),自动带层段号。用梦龙流水功能,您一定会感到作网络图再也不是心烦意乱的苦事了,代之而来的是轻松愉快。

3. 方便实用的网络图分级管理功能(子网络功能)

通常一个复杂的工程要用多级网络进行控制,根据工程的实际情况可分为一级、二级……多级网络,不同的管理层对应不同级别的网络,使之任务明确、责任分明。用手工画网络图,即使作出分级网络图,下级网络的数据也几乎不可能返回到上级网络中,这样就难以实现分级管理。用梦龙PERT软件可以做到真正的分级网络管理。

(1)从上级网络可以直接进入下级网络进行查看,从下级网络也可回到上级网络,并且将下级网络中的数据带到上级网络中以供上级网络计算和决策。

(2)可将一个独立编好的网络图并入到另一个网络中成为子网。工程上多任务、多工种以及分包工程都可以做相对独立网络,然后并入上级网中成为子网。另外,用户可以建立工程网络库,根据需要提取所要的网络,例如:可以做好几十种房间装修的网络,再新建一个网络时,如果遇到房间装修的内容可直接从库中提取相近的网络,这样就可以快速做出准确的网络图。该功能对实际数据的积累和快速投标都有十分重要的意义。

(3)可随意将子网展开并成为主网的一部分,也可将主网中的相对独立的一部分合并成为下级子网,这样根据工程实际进展情况和重要程度不同进行动态的分级管理。

(4)子网的分离功能、显示层次结构功能、建立、删除功能会使子网操作灵活自如。

4. 真正的动态控制及其前锋线功能

网络图做得再好如果不能做到动态控制,也就不会带来更大的效益。梦龙PERT能做到真正的动态管理,将工程完成情况输入计算机,可显示带前锋线的网络图。

(1)前锋线就是对实际进度的记录,根据前锋线可直接看出那些工作提前和落后,利于管理和控制。

(2)将前锋线拉直预测完工时间并给出新的关键线路及相对原计划提前或落后的时间,为领导决策提供准确的依据。

(3)将模拟预测后的网络图锁定,通过调度会的形式,根据实际情况及计算机提供的数据对影响总工期的工按费用最低进行调整,最终形成新的下一轮计划,这样往复进行,就可以做到真正的优化动态控制。

5. 资源费用优化控制

资源费用控制与工程的进度密切相关,是工程项目管理的重要组成部分,它直接反映项目运营状况。(1)在资源税按人、机、材分开管理,按不同属性缝补,符合工程实际,还可根据定额分别计算出人机材的费用;(2)资源可按不同种类管理,可自定义名称,通过网络可作出各种资源的分布曲线及报表,对这些资源及数据可进行优化计算;(3)根据不同分布曲线可分布做出用工计划、机具安排计划、材料供应计划及费用投资计划,做到统筹兼顾,合理安排资源。

6. 系统的集成管理

梦龙项目管理集成系统,是根据企业的特点,利用计算机网络技术,开发了以网络计划为核心的项目管理集成系统,它可以使用投资控制,人事管理,材料管理,设备管理,合同管理等各部门的资源,这些资源数据可通过各部门采集处理,并且各系统之间数据共享、协调工作。

8.3.2 P3(Primavera Project Planner)

P3(Primavera Project Planner)是美国的 Primavera System 公司开发,是美国工程项目管理使用最为广泛的软件之一。该软件 1995 年由建设部组织推广,在我国许多监理公司、施工企业中得到应用。

P3 是在 Windows 窗口操作系统下工作的,在中文 Windows 环境下,可使用汉字绘制网络图。同时 P3 与其他应用软件或数据库、电子表格之间也有良好的交互界面,可与 Lotus, FOXBASE 等直接交互数据。

8.3.3 CA - Super Project for Windows & OS/2

CA - Super Project for Windows & OS/2 简记为 Super Project,由美国的 Computer Associates International Inc. 公司开发。该软件是一套功能全面的软件,但使用方法较为繁琐。Super Project 的解题容量大,每个项目可同时容纳 16000 项工作,并可提供先进的计划和跟踪管理功能,如非肯定型网络的概率分析、工作的合并(即概要法功能)、灵活的加班时间模拟、资源效率系数的赋予,以及资源均衡和进度优化等。如果用户打算在整个公司联网使用,或用户需要先进的计算功能时,可以选用 Super Project。

8.3.4 Microsoft Project for Windows

Microsoft Project for Windows 简记作 MS - Project,是由美国微软公司开发的,其用户界面友好,提供基本的进度计划、资源安排和成本计算等功能。MS - Project 与微软的 office 系列类似,带图标的对话框和按鼠标右键弹出的菜单。MS - Project 还支持动态数据交换,允许用户建立不同软件之间的数据联系,如用鼠标牵引 Excel 表格中的数据到 MS - Project 中,或建立工作表或 Word 中文字报告的数据联系。MS - Project 的图形报告中还可任意添加其他图形形成文字。除了使用方便,MS - Project 还支持联网传递数据及编程功能,可以自动产生电子邮件的请求信息,通知项目资源库中有关人员完成相应的工作。

思考题

1. 如何理解建设工程项目信息管理?
2. 简述建设工程项目信息管理的基本要求。
3. 简述工程项目管理信息系统的结构和功能。
4. 有哪些常用的工程项目管理软件?

参考文献

[1] 中华人民共和国建设部,中华人民共和国国家质量监督检验检疫总局．建设工程项目管理规范 GB/T 50326—2006[S]. 北京:中国建筑工业出版社,2006.

[2] 中华人民共和国建设部,中华人民共和国国家质量监督检验检疫总局．建设工程项目总承包管理规范 GB/T 50358—2005[S]. 北京:中国建筑工业出版社,2005.

[3] 中华人民共和国国家质量监督检验检疫总局,中国国家标准化管理委员会．职业健康安全管理体系 GB/T 28001—2011[S]. 北京:中国建质检出版社,2011.

[4] 中华人民共和国国家质量监督检验检疫总局,中国国家标准化管理委员会．环境管理体系要求及使用指南 GB/T 24001—2011/ISO 140012004[S]. 北京:中国建质检出版社,2011.

[5] 中国建筑业协会工程项目管理委员会．中国工程项目管理知识体系[M]. 北京:中国建筑工业出版社,2011.

[6] Institute P M. A Guide to the Project Management Body of Knowledge: PMBOK(R)Guide[M]// A guide to the project management body of knowledge(PMBOK 庐 Guide). Project Management Institute,Inc. 2009:104 - 104.

[7] Movassaghi K K. Project management－A managerial approach [J]. European Journal of Operational Research,1990,45(2 - 3):372 - 373.

[8] 全国一级建造师执业资格考试用书编写委员会．建设工程项目管理[M]. 北京:中国建筑工业出版社,2015.

[9] 孙剑,佘健俊．工程项目管理[M]. 北京:中国水利水电出版社,2014.

[10] 成虎．工程项目管理(第三版)[M]. 北京:中国建筑工业出版社,2009.

[11] 陆惠民．工程项目管理[M]. 南京:东南大学出版社,2010.

[12] 王祖和．现代工程项目管理[M]. 北京:电子工业出版社,2009.

[13] 白思俊．现代工程项目管理[M]. 北京:机械工业出版社,2010.

[14] 邱菀华．项目管理学[M]. 北京:科学出版社,2001.

[15] 王雪青．国际工程项目管理[M]. 北京:中国建筑工业出版社,2000.

[16] 谢钰敏,魏晓平．项目利益相关者管理研究[J]. 科技管理研究,2006,26(1):168 - 170.

[17] 刘伊生．建设工程项目管理理论与实务[M]. 北京:中国建筑工业出版社,2011.

[18] 丁士昭．工程项目管理理论与实务[M]. 北京:中国建筑工业出版社,2011.

[19] 李慧民．工程经济与项目管理[M]. 北京:中国建筑工业出版社,2009.

[20] 何亚伯．建筑工程经济与企业管理[M]. 武汉:武汉大学出版社,2009.

[21] 丛培经．工程项目管理[M]. 北京:中国建筑工业出版社,2012.

参考文献

[illegible]